Wolfgang Mewes
Beratergruppe Strategie (Hrsg.)

Mit Nischenstrategie zur Marktführerschaft

Strategie-Handbuch für mittelständische Unternehmen

Wolfgang Mewes
Beratergruppe Strategie (Hrsg.)

Mit Nischenstrategie zur Marktführerschaft

Strategie-Handbuch
für mittelständische Unternehmen

orell füssli Verlag AG

© 2000 Orell Füssli Verlag AG, Zürich
Alle Rechte vorbehalten
Projektmanagement & Lektorat: Dr. Sonja Klug, Bad Honnef
Buchbeirat: Dr. Bernd Brogsitter, Hans Bürkle, Günter Reimers
Umschlaggestaltung: cosmic BSW, Mario Moths, Zürich
Umschlagabbildung: George Schill (SIS Paris)
Satz und Grafiken: HELDT+Partner, Hamburg
Druck und Bindearbeiten: Freiburger Graphische Betriebe, Freiburg i. Brsg.
Printed in Germany

Internet Publishing: www.strategieerfolg.de
© 2000 HELDT+Partner, Hamburg
Alle Rechte für die Internetnutzung

ISBN 3-280-02660-1

■

Die Deutsche Bibliothek – CIP-Einheitsaufnahme:

Mewes, Wolfgang:
Mit Nischenstrategie zur Marktführerschaft:
Strategie-Handbuch für mittelständische Unternehmen /
Beratergruppe Strategie (Hrsg.). Wolfgang Mewes. - Zürich: Orell Füssli, 2000
ISBN 3-280-02660-1

Die **Beratergruppe Strategie e.V.** besteht seit 1987 und ist eine Vereinigung von Unternehmensberatern, die auf der Grundlage der Engpaß-Konzentrierten Strategie (EKS) von Wolfgang Mewes arbeiten. Die Beratergruppe ist unabhängig und nicht an andere Verbände, Unternehmen oder Interessengruppen gebunden. Die Mitglieder – derzeit 120 – sind spezialisiert auf Zielgruppen, d. h. auf Problemlösungen für Branchen in bestimmten Fachgebieten. Die Berater sind offen für Kooperationen sowie Erfahrungsaustausch und unterstützen sich gegenseitig im Training der Strategie. Mitglieder der Beratergruppe und weiterführende Informationen zum Buch finden Sie unter: *www.strategieerfolg.de*.

BERATERGRUPPE
STRATEGIE

Inhalt

11   Vorwort von Wolfgang Mewes

Strategie

Dr. Bernd Brogsitter:
15   Die Zukunft sichern – Mit Spezialisierung zur Marktführerschaft

Wolfgang Mewes:
35   Die großen Chancen des „kleinen" Mittelstandes –
     Erfolgreich zwischen den Großunternehmen

Dr. Thomas Jebens:
45   Unternehmenserfolge in Chemie und Biotechnologie –
     Durch Zielgruppenbefragung und Direktmarketing
     Wettbewerbsvorteile erlangen

Wolfhard H. A. Schmid:
69   Ertragsstärkung durch Kooperationen –
     Eine Alternative für mittelständische Unternehmen

Hans Fraenkler:
87   Erfolgreiche Firmensanierung durch Spezialisierung und
     Erschließung der erfolgversprechendsten Marktlücke

Image-Aufbau

Dr. Sonja Klug:
109 Gezielter Image-Aufbau durch Presse- und Öffentlichkeitsarbeit –
     Strategie, Beispiele, Methoden

Peter Sawtschenko:
127 Wege zur Markenentwicklung –
     Werden Sie die Nummer eins im Kopf Ihrer Zielgruppe

Personalmanagement

Michael Maly:
147 Qualitätsorientierte Personalentwicklung –
Mehr Erfolg durch effizienten Mitarbeitereinsatz

Hans Bürkle:
167 Outplacement – Ein Instrument der Personalführung

Dr. Erich Jedelhauser:
183 Generationswechsel bei geöffneten Fenstern –
Die Unternehmensnachfolge vertraglich regeln

Informations- und Qualitätsmanagement

Günther H. Gruhn:
199 Marktgerechte Logistik für mittelständische Unternehmen

Dr. Gunda Lederer:
217 Aufbau eines Qualitätsmanagement-Systems –
So nutzen Sie ISO 9000 gewinnbringend für Ihr Unternehmen

Logistik und Gebäudeplanung

Erhard F. Gläser:
237 Wenn es zu eng wird im Betrieb – Neue am Bedarf orientierte
Betriebskonzepte für Umbau oder Neubau schaffen Platz

Alfred Schleicher:
261 Image und Farbe – Mit sinnvoller Farbigkeit von Gebäuden
zum Unternehmenserfolg

Gerd Brüggemann / Wolfgang Guth:
279 Nicht genutzte Gewerbeimmobilien erfolgreich wiederbeleben

295 **Kurzvorstellung der Autoren**

Mit Nischenstrategie zur Marktführerschaft: Inhalt von Band 2

Vorwort von Wolfgang Mewes

Strategie und Innovationen

Joachim Lund:
Mit Innovationen zu höherem Kundennutzen und steigendem Unternehmenserfolg

Wolfgang Mewes:
Strategie für ein neues Jahrhundert

Karl Max Thiedecke:
Mit Innovationen im Elektro-Fachhandel zum Marktführer werden

Dr.-Ing. Albrecht Hartmann:
Erfolg und Überlegenheit durch optimierte Fertigungstiefe und erfolgversprechende Partnerschaft

Herbert G. Faustmann:
Visionen verwirklichen – Persönliches strategisches Prozeßmanagement

Marketing

Prof. Dr. Lothar J. Seiwert:
Kundenorientierte Unternehmensstrategie – Wettbewerbsvorteile durch Fokussierung auf Kernkompetenzen und konsequente Kundenorientierung

Eckart Krüger:
Systematische Kundengewinnung – In neun Schritten zum Auftrag

Helmut A. Kluger:
Vom Telefonmarketing zum Aktiven Kundenbetreuungssystem – Erfolgreiche systematische Kundenbetreuung am Beispiel der Automobilbranche

Günter Reimers:
Markt-Chance Franchising

Hartmut Gunkler:
Nutzen sichtbar machen – Durch Visualisierung Informationsblockaden überwinden

Persönlichkeits- und Teamentwicklung

Dr. Karl Matheis:
Fit for Business – Gesundheitscoaching für Manager

Axel Petzold:
Den Wandel trainieren – Mitarbeiterpotentiale erkennen und ausschöpfen

Friedbert Gay:
Teamentwicklung mit DISG

Finanzmanagement

Siegfried Hoffmann:
Sicherung der langfristigen Unternehmensexistenz durch ganzheitliche Innen-, Außen- und Umsatzfinanzierung

Reinhard Werry:
Subventionen – auch für mittelständische Unternehmen? So kommen Sie an die Fördermittel von EU, Bund und Ländern

Vorwort

Mittelständische Unternehmen stehen heute vor einer Vielzahl von Problemen: der Gefahr, von Großunternehmen „an die Wand gedrückt" zu werden; der zunehmenden Globalisierung mit unkalkulierbaren Verflechtungen kausaler Handlungsketten; dem unvorhersehbaren Auf und Ab an den Börsen; der sprunghaften Steuerpolitik, die keine langfristige Planung mehr erlaubt; der explosiven technischen Entwicklung, ausgelöst nicht zuletzt durch Internet und Biotechnologie. Die wirtschaftlichen und gesellschaftlichen Verhältnisse werden, so scheint es, immer orientierungsloser, dynamischer und chaotischer. Die hohen Wellen, die oft ohne vorherige Sturmwarnung über das Wasser der Wirtschaft hinwegbrausen, machen es Mittelständlern – und nicht nur ihnen! – immer schwerer, ihr Unternehmensschiff auf Kurs zu halten, geschweige denn einen Vorsprung vor der Konkurrenz zu gewinnen.

Hier weist die EKS einen klaren Weg – kein „Patentrezept", aber einen gangbaren, in Schritten nachvollziehbaren und seit mehreren Jahrzehnten praxiserprobten Weg: eine *Strategie*.

„EKS" steht für *Energo-Kybernetische*, *Engpaß-Konzentrierte* oder *Evolutions-Konforme Strategie*. Die EKS ist das Resultat meiner über 20 Jahre währenden Analyse außergewöhnlicher Karriere- und Unternehmenserfolge unter der Fragestellung: Was macht Unternehmen (und einzelne Menschen) erfolgreich? Warum sind manche zehn- oder auch hundertmal erfolgreicher als andere? Warum entwickeln sich einzelne trotz hervorragender Anfangsbedingungen (Intelligenz, Kräfte und Mittel) nur schlecht, während andere trotz negativer Startvoraussetzungen erstklassige Erfolge aufzuweisen haben oder gar Weltmarktführer werden? Ein zentrales Ergebnis meiner Untersuchungen ist: Nicht die berufliche Ausbildung, vorhandene Kenntnisse oder das Kapital ist entscheidend für den Erfolg, sondern vielmehr die *Strategie*.

> Unter Strategie verstehe ich den gezielten Einsatz der vorhandenen Mittel und Kräfte durch Konzentration auf den wirkungsvollsten Punkt.

Die aus den Untersuchungen und der Praxis gewonnenen Erkenntnisse wurden von mir in den fünfziger Jahren zunächst in einem Kostenrechnungs- und Controller-Fernlehrgang vermittelt. Unter der fortwährenden praktischen Erprobung durch Zehntausende von Lehrgangsteilnehmern wurden die zunächst nur groben Erkenntnisse im Laufe von fast 50 Jahren zunehmend verbessert und schließlich narrensicher methodisiert. In den frühen siebziger Jahren habe ich sie in die Form eines leicht verständlichen Fernlehrgangs gefaßt, der nach mehrfachen Aktualisierungen heute unter dem Namen EKS® – Die Strategie vom gleichnamigen Verlag in Pfungstadt vertrieben wird (vgl. dazu die Information am Buchende). Von diesem Fernlehrgang haben in über 25 Jahren mehr als 70.000 Anwender in vielen europäischen Ländern profitiert.

Einer der wichtigsten Ecksteine der EKS ist die Konzentration auf die unter den gegebenen Verhältnissen erfolgversprechendste *Marktnische*. Erklärtes Ziel ist immer, durch die spitzere Konzentration auf diese Marktnische die *Marktführerschaft* zu erreichen. In dem Maße, wie dies gelingt, läßt sich durch *Kooperation* mit anderen die Marktführerschaft auf Nachbarmärkte ausdehnen. Darüber sowie über viele weitere mittelstandsorientierte Themen erhalten Sie im vorliegenden Buch nähere Informationen. Vor Ihnen liegt ein Werk, das die EKS-Strategie in Buchform speziell auf *mittelständische Unternehmen* praktisch anwendet.

Die Autoren sind durchweg erfahrene Unternehmensberater, die zum Teil schon seit mehreren Jahrzehnten auf der Basis der EKS Unternehmen beraten und in der „Beratergruppe Strategie" zusammengeschlossen sind. Daher dürfen Sie von diesem Buch nicht nur die Vermittlung konzeptionellen Wissens erwarten, sondern auch unmittelbar aus der Beratungspraxis erwachsene Hinweise, verbunden mit einer Vielzahl von konkreten

Beispielen mittelständischer Unternehmen. Denn die EKS ist eine genuin aus der Unternehmenspraxis entstandene und für die Praxis entwickelte „Lehre".

Zusammen mit dem in Kürze erscheinenden zweiten Band bietet Ihnen das Werk *Mit Nischenstrategie zur Marktführerschaft* das erste *umfassende Mittelstandskompendium*, das alle relevanten Unternehmensbereiche abdeckt. Sie erhalten in Form von handlichen, in sich abgeschlossenen Beiträgen Einblicke in alle Themen, die die moderne Unternehmenspraxis betreffen: Im vorliegenden ersten Band geht es um Strategie, Image, Personalmanagement, Informations- und Qualitätsmanagement sowie Logistik und Gebäudeplanung. Der kommende zweite Band behandelt die Themen Innovation, Marketing, Persönlichkeits- und Teamentwicklung sowie Finanzmanagement (vgl. Inhaltsverzeichnis von Band 2 in diesem Buch). Die Strukturierung der Bände erfolgt jeweils auf der Basis der EKS-Pyramide: Sie verläuft von den immateriell-energetischen Faktoren an der Spitze zu den materiell-stofflichen an der Basis.

Parallel zum Erscheinen des Buches ist ein Internet-Auftritt mit weiterführenden Informationen geplant, und zwar unter der Domain: *www.strategieerfolg.de*. Schon heute finden Sie unter *www.eks.de* sowie unter *www.strategie.net* weitere Hinweise zur EKS.

Das Werk *Mit Nischenstrategie zur Marktführerschaft* ist auch ohne Kenntnis der EKS für jeden Leser verständlich, nachvollziehbar und praktisch anwendbar. Wer jedoch nach der Lektüre des Buches „Lust auf mehr" bekommen hat und sich stärker in Grundlagen und Methodik der Strategie vertiefen will, dem sei der Fernlehrgang empfohlen.

Auf Ihrem Weg zur Marktführerschaft wünsche ich Ihnen als mittelständischem Unternehmer viel Erfolg!

Ihr *Wolfgang Mewes*

Die Zukunft sichern –
Mit Spezialisierung zur Marktführerschaft

Bernd Brogsitter

Ein Versandhändler, dessen Umsatz ständig unter der Eine-Million-Grenze stagnierte, spezialisierte sich auf den Versand von Werbe- und Geschenkartikeln und erzielte nach wenigen Jahren mit 2000 Mitarbeitern einen Umsatz von 365 Millionen DM (Oppermann-Versand).

Eine württembergische Schraubengroßhandlung entwickelte sich an allen stärkeren und etablierteren Wettbewerbern vorbei vom Drei-Mann-Betrieb zu einem internationalen Konzern, der in mehr als 35 Ländern präsent ist und gerade die 9-Milliarden-Umsatzgrenze anpeilt (Würth 1985).

Jeder, der aufmerksam die Wirtschaftsnachrichten in den Medien verfolgt, kennt solche Fälle. Trotz aller wirtschaftlichen Risiken und Gefahren gibt es auch in der heutigen Zeit immer wieder ungewöhnlich erfolgreiche Unternehmen. Kleine und neue Wettbewerber entwickeln sich an den Konkurrenten vorbei zum Marktführer – und dies in Märkten, deren Anteile sich scheinbar fest in den Händen etablierter Unternehmen befinden. Die Nachfrage expandiert bei einzelnen Unternehmen in völlig neue Dimensionen, sogar auf Märkten, die man für völlig gesättigt hielt.

Die beiden genannten und viele andere erfolgreiche Unternehmen haben zwei Dinge gemeinsam: Sie haben es unter ungünstigen Startbedingungen und mit geringem Ressourcenaufwand auf ihrem Gebiet zum Marktführer gebracht – und die Grundlage ihres Erfolges ist die Spezialisierung anhand der EKS-Strategie von Wolfgang Mewes.

Strategisches Management nach EKS

Die EKS ist ein *Konzept für Strategisches Management*: eine konkrete Methode zur Lösung spezieller unternehmerischer Probleme und eine Unternehmensphilosophie zugleich. Bei der EKS steht im Gegensatz zu vielen anderen Konzepten die strategische Marktführungsposition des Unternehmens und damit die Sicherung des Erfolgspotentials im Vordergrund.

Das EKS-Konzept ist ausschließlich zielgruppen- sowie nutzen- und damit auch einzelkundenorientiert. Dadurch wird die oft verhängnisvolle Verengung des strategischen Blickwinkels auf unternehmens*interne* Verbesserungsprobleme konsequent vermieden. Gleichzeitig wird der Grundgedanke des Strategischen Managements verfolgt, also das Ziel, den Bedürfnissen und Interessen der Menschen, die mit dem Unternehmen in Beziehung stehen, immer besser zu entsprechen und sich Erfolgspotentiale zu sichern.

Die Engpaß-Konzentrierte Strategie (Mewes 1998) rät zur Spezialisierung, also zur Konzentration auf begrenzte Gebiete, in denen die ursprüngliche Stärke des Unternehmens liegt. Diversifikation um jeden Preis, in jede Richtung und in jeden Markt führt zu einer Verzettelung und letztlich Schwächung des Unternehmens; das hat die Praxis oft bewiesen. Zahlreiche Unternehmen haben sich darum bereits von Unternehmensteilen und Produktlinien getrennt, die im Rahmen früherer Diversifikationsbestrebungen hinzugekauft worden waren.

> Mittelpunkt des EKS-Konzepts ist folgende Erkenntnis: Ein Marktführer nimmt auch in einem noch so kleinen Marktsegment eine grundsätzlich bessere – das heißt erfolgversprechendere und überlebensfähigere – Position ein als jeder andere Wettbewerber. Die Marktführerschaft in einem kleinen Marktsegment ist wesentlich effizienter als die Position eines durchschnittlichen Wettbewerbers in einem größeren Geschäftsgebiet.

Aufgabe strategischer Unternehmensführung im Sinne der EKS ist die Ausrichtung aller Entscheidungen des Unternehmens auf das Ziel der Marktführerschaft. Im Zuge seiner Realisierung wachsen automatisch Marktmacht, Entscheidungsfreiheit, Ertragskraft, Kreditwürdigkeit, Liquidität, Wert, Existenzfähigkeit und Zukunftssicherheit des Unternehmens, und zwar ohne zusätzlich notwendige Anstrengungen seitens der Unternehmensführung. Durch entsprechende Maßnahmen kann sie diese Tendenzen natürlich noch verstärken.

Beispiel Kärcher

Ein klassisches Beispiel für den Erfolg des EKS-Konzepts ist der Gerätehersteller Kärcher in Winnenden (Hass 1988, S. 223-242). Das Unternehmen war diversifiziert und deckte ursprünglich acht Märkte mit etwa 15 Produkten ab, konzentrierte sich dann jedoch auf einen einzigen Markt und eine einzige Produktlinie: die Herstellung von Hochdruckreinigern. Kärcher löste mit diesem Gerät die speziellen Reinigungsprobleme einer fest umrissenen Zielgruppe. Inzwischen ist das Unternehmen Kärcher weltweit Marktführer in diesem Marktsegment. Aus dieser Position heraus läßt sich der Markt nun leichter und besser verteidigen und ausbauen.

Die ursprüngliche Diversifikation bei Kärcher sollte dazu beitragen, das Unternehmen im Wandel der Zeit sicherer zu machen. Diversifikation, so hieß es, sei ein Mittel zum Abbau von Risiken. Diesem Paradigma aus den achtziger Jahren widersprach damals schon Wolfgang Mewes (Mewes 1977, S. 50 ff.) vehement und zeigte auf, daß Diversifizierung zur Verzettelung führt, Spezialisierung dagegen ein Unternehmen nicht nur marktangepaßter, sondern effizienter und ertragreicher werden läßt.

Diversifizierung ist „out",
Spezialisierung – ausgehend von der Kernkompetenz – ist „in".

Vor- und Nachteile der Spezialisierung

Der englische Philosoph und Nationalökonom Adam Smith (Smith 1988) erkannte schon 1776 die Vorteile der Spezialisierung durch Arbeitsteilung. Er beschrieb am Beispiel einer Nadelfabrik, wie sich die Produktivität um ein Vielfaches steigerte, nachdem die Arbeitsteilung eingeführt worden war. So ist seit langem bekannt, daß sich Aufgaben schneller und besser erledigen lassen, wenn man sie in Teilaufgaben zerlegt.

Welche Arten der Spezialisierung gibt es? Mewes unterscheidet in seinem Strategiewerk vier Arten der Spezialisierung.

1. Die Arbeitsteilung

Komplexe Aufgaben lassen sich schneller und besser erledigen, wenn man sie in Teilaufgaben zerlegt. Durch Übung bzw. Wiederholung der Tätigkeit ergibt sich ein Lernprozeß, der die Arbeit nicht nur schneller erledigt sein läßt, sondern die Kreativität insoweit fördert, als neue Arbeitsabläufe geschaffen werden und die Arbeit somit noch effektiver gemacht werden kann. Die Arbeitsteilung führte, historisch gesehen, zur beruflichen Spezialisierung.

Es melden sich immer wieder Bedenkenträger, die der Meinung sind, Spezialisierung führe in Sackgassen und sei schädlich. Die einzige Gefahr der Spezialisierung liegt jedoch im Nichterkennen des technischen Fortschritts und des Wandels der Bedürfnisse. Diese Gefahr wird durch die „Soziale Spezialisierung" (siehe rechts unten) vermieden.

2. Technische Spezialisierung

Sie umfaßt die geschäftliche Ausrichtung auf ein technisches Verfahren, auf Rohstoffe, Materialien und Produkte. Diese kann sehr vorteilhaft sein, wenn man mit einer neuen Technik seinen beruflichen Einstieg verbindet. Eine solche Spezialisierung hat jedoch den Nachteil, daß sie in eine Sackgasse führt, wenn das Produkt nicht mehr marktfähig oder die Technik veraltet ist, was heutzutage, nicht nur im High-Tech-Bereich, sehr schnell geht. Die technische Spezialisierung dient dem Kunden und dem Unternehmer, muß jedoch immer weitergeführt werden. Patente können einen Wettbewerbsvorsprung nur begrenzt konservieren. Entscheidend sind kontinuierliche Innovationsprozesse mit Fokus auf die Zielgruppe.

Heutzutage werden manche Firmen die neue Kommunikationstechnik im Internet nicht rechtzeitig nutzen und somit schnell vom Markt verschwinden, beispielsweise die Bucheinzelhändler. Auch diese Gefahr wird durch die „Soziale Spezialisierung" vermieden.

3. Problemspezialisierung

Eine höhere und risikoarme Stufe der Spezialisierung ist diejenige auf Problemfelder. Beispielsweise liefert ein Einzelhandelsgeschäft mit bislang sinkendem Umsatz nach Änderung seiner Geschäftsstrategie nicht nur Brötchen, sondern komplette Frühstückssortimente in Frankfurt-Niederrad. Später avanciert dieses Geschäft zum Betreiber von Kantinen der dortigen Verwaltungen. Ergebnis: höhere Qualität für die Mitarbeiter und geringere Kosten für die Firmen. Das Unternehmen hat die Produktspezialisierung aufgegeben und sich auf das Problemfeld „Versorgung mit Nahrungsmitteln im Büro" spezialisiert.

Die höchste Form der Spezialisierung geht über die Problemspezialisierung hinaus. Wolfgang Mewes nennt sie die „Soziale Spezialisierung".

4. Soziale Spezialisierung

> Unter Sozialer Spezialisierung versteht man die Konzentration auf die Bedürfnisse, Wünsche und Probleme einer *klar umrissenen* und *eng eingegrenzten* Zielgruppe. Anstatt viele und sehr heterogene Probleme diverser Zielgruppen zu lösen – und sich damit in der Vielfalt zu verzetteln, spezialisiert sich ein Unternehmen auf eine bestimmte Zielgruppe.

Steitz-Secura GmbH – Spezialisierung auf „gesunde Füße"

Ein Beispiel für die richtige Spezialisierung eines mittelständischen Unternehmens ist Steitz-Secura in Kirchheimbolanden. Das Unternehmen fertigt heute nur noch Sicherheits- bzw. Arbeitsschuhe, nachdem es früher ein breites Schuhsortiment produziert hatte. Damals hatte man die Produktion der Schuhe ins Ausland geben müssen, da die Herstellkosten im Inland zu hoch waren. Eine Analyse der Nachteile und Stärken des Unternehmens sowie der Absatzmärkte deckte die Chance der Spezialisierung auf (Mewes 1966). Daraufhin wurde das Sortiment um 80 Prozent reduziert. Man konzentrierte sich voll auf ein kleines, jedoch ertragreiches Sortiment: die Sicherheitsschuhe. Der Abbau des bisherigen Sortiments erfolgte in dem Maße, wie das neue Spitzenprodukt expandierte.

Der Ansatzpunkt der neuen Strategie lag somit in der Nutzensteigerung und Innovation für exakt definierte Zielgruppen, und zwar die folgenden:

- *Industrie- und Gewerbebetriebe,*
- *der technische Großhandel und Stützpunkthändler,*
- *Empfehler wie Sicherheitsingenieure, Werksärzte, Berufsgenossenschaften und die Gewerbeaufsicht.*

Mit dieser Spezialisierung, der Entwicklung einer Problemlösung für eine spezielle Zielgruppe wurde Steitz zum Marktführer in Deutschland. Steitz ist es dadurch gelungen, die Produktion in Deutschland zu halten und Arbeitsplätze zu vermehren.

Markt- und arbeitsmedizinische Untersuchungen vor Beginn der Produktion von Sicherheitsschuhen 1989 und 1990 förderten eine Fülle ungelöster Probleme in diesem Marktsegment zutage, u.a. daß solche Schuhe von den Betreffenden nicht gerne angenommen wurden, weil sie entweder unbequem oder unmodern aussahen, obwohl sie nach Vorschrift der Arbeitsstättenverordnung aus Sicherheitsgründen zu tragen sind. Die innere Abwehr gegen solche Schuhe führte auch dazu, daß deren Träger keinen Wert auf geeignete Paßformen legten. Als Folge zeigten sich Fußschäden bei bis zu 70 Prozent der gewerblichen Mitarbeiter.

Strategie | 21

Der Unternehmensinhaber und ein Arbeitsmediziner kooperierten, um Innovationen in Produkt und Service zu entwickeln. Sie führten eine Problemanalyse auf folgenden Gebieten durch:

- *Analyse der gesundheitlichen Probleme der Anwender,*
- *Analyse der technischen Voraussetzungen für Verbesserungen,*
- *Analyse der Kundenwünsche und Wünsche des Handels wie der Empfehler.*

Mit einer Investition von 2,5 Mio. DM wurde ein neuer Schutzschuh kreiert, der in allen wesentlichen Merkmalen den herkömmlichen Schuhen überlegen ist, der das Gesundheitsproblem löst und der den Markt überzeugt hat.

Die Grundideen und Verbesserungen sehen wie folgt aus:

Herkömmlicher Schutzschuh	Steitz-Secura-Schuh
zu klobig	neue Form trotz Stahlkappe attraktiv
zu eng	drei Weiten im Angebot
zu hart	anderes Leder, vegetabil gegerbt, und andere Paßform/Leisten
falsche Größe gekauft	neues patentiertes Meßsystem und Vereinfachung der Beratung, dadurch kein Fehlkauf oder Fehlgrößen
nicht rutschsicher	rutschsicher durch neue Sohlen
keine Dämpfung	neues patentiertes Dämpfungssystem
unsympathisches Design	sympathisches Design
Lederabfärbung	keine Lederabfärbung
elektrostatische Aufladung	elektrostatische Ableitung
Verfügbarkeit jeder Größe und aller Weiten schwierig	schnelle Verfügbarkeit aller Größen
Akzeptanz des Schuhs nur aufgrund gesetzlicher Vorschriften	Akzeptanz des Schuhs uneingeschränkt

Die Strategie lag nun darin, ein ideales, kompromißloses Gesamtpaket auf dem Sektor der Schutzschuhe ohne Rücksicht auf die Kosten zu entwickeln.

Von dem idealen Schuh ausgehend, wurde die Produktionsweise umgestellt. Voraussetzung für hohe Stückzahlen war die Akzeptanz des Marktes, die über problemloses Bestellen mit dem neuen Mondo-Point-Meßsystem, einer Innovation, erzielt wurde. Innovativ war weiterhin nicht nur der Schuh selbst, sondern auch die Art und Weise der Produktion (neue Produktionsabläufe usw.) sowie des Vertriebs (Gründung eines Partnerkreises, Just-in-time-Zentrallager usw.), der auch den Einkäufern besondere Vorteile brachte, u.a. durch die schnelle Lieferfähigkeit aufgrund der Inlandsproduktion. Die gesundheitlichen Vorteile des neuen Schutzschuhs liegen in nachweislich weniger Erkrankungen der Füße, der Gelenke und des Rückens, verbunden mit modischem Design und angenehmem Tragekomfort.

Der insgesamt zwingende Nutzen bei der Zielgruppe erbrachte die erwünschte Akzeptanz, führte zur Verdrängung der Wettbewerber und schließlich zum Ziel der Marktführerschaft mit ansehnlichen Gewinnen. Während der Schutzschuh-Umsatz im konventionellen Bereich konsequent zurückging, entwickelte sich der Umsatz der Steitz-Schuhe von 0 DM im Jahre 1991 auf über 70 Mio. DM im Jahre 2000. Steitz-Secura hat auch weiterhin steigende Zuwachsraten und ist Marktführer in Deutschland, Österreich und der Schweiz.

Soziale Spezialisierung firmenintern

*Auch **innerhalb** von Unternehmen ist Soziale Spezialisierung möglich. Der Inhaber eines größeren Brillengeschäftes überlegte, wie er seine Mitarbeiter besser motivieren könne, um sich selbst von Arbeitsüberlastung zu befreien. Er dachte über die Stärken und Neigungen seiner Mitarbeiter sowie über potentielle Zielgruppen nach. Das Ergebnis: Ein Mitarbeiter konzentrierte sich auf Sportvereine, Sportler und deren Sportbrillen, eine Mitarbeiterin auf Kultur, Theater- und Schmuckbrillen, eine andere Mitarbeiterin auf Betriebe, Betriebsräte und Arbeitsbrillen. Der Inhaber selbst konzentrierte sich auf Kinder und die „Normalkunden". Durch die bessere Vernetzung mit ihren Ziel-*

gruppen wurden die Mitarbeiter selbständig in der Beratung und im Einkauf. Der Umsatz und die Kundenbindung stiegen konsequent. Um bei diesen guten Mitarbeitern, die jetzt Zielgruppenbesitzer sind, Abwanderungstendenzen zu unterbinden, wurden sie am Unternehmen und ihrem Erfolgsbeitrag beteiligt, zum Vorteil aller.

So bietet die von Mewes entwickelte „Soziale Spezialisierung" alle Instrumente, um den Kundennutzen zu optimieren und eine marktführende Position aufbauen zu können. Sie vermeidet die Schwachpunkte der technischen oder Produktspezialisierung.

So nutzen Sie die Vorteile: 9 Phasen der Sozialen Spezialisierung

Jeder Unternehmer oder Leiter eines Profitcenters sollte seinen Bereich auf Möglichkeiten zur besseren Spezialisierung prüfen. Ziel dabei ist, Marktpotentiale auf- und Verzettelungspotentiale abzubauen. Dazu dienen die neun Phasen der Sozialen Spezialisierung (nach Mewes 1977, Methodikkarte 10):

1. Phase: Analysieren Sie die Stärken Ihres Unternehmens

Ausgangsfrage für eine verbesserte Marktausrichtung ist: In welchen Eigenschaften, Sortimentsteilen, Problemlösungen unterscheidet sich Ihr Unternehmen am deutlichsten vom Wettbewerb, und wo gibt es ausbaufähige Potentiale? Oftmals werden die besonderen Eigenschaften eines Unternehmens nicht konkret hervorgehoben und als durchschnittlich eingestuft. Tatsächlich müssen jedoch Besonderheiten bewußt ausgeprägt werden.

Dies gilt auch bei der innerbetrieblichen Spezialisierung: Die Stärken, Fähigkeiten, Kenntnisse und Hobbies der Mitarbeiter sind exakt herauszuarbeiten, damit man von diesen Leistungspotentialen ausgehend überlegen kann, für welche neuen Aufgaben die Mitarbeiter eingesetzt werden könnten.

2. Phase: Arbeiten Sie die Unterschiede zum direkten Wettbewerb heraus (Differenzeignung)

Die herausgearbeiteten Eigenschaften und Stärken müssen in Relation zum Wettbewerb relativiert werden. Schriftlich dargestellt, entsteht ein sichtbares Stärkenprofil. Ausgehend von dem Stärkenprofil wird überlegt, wie man diese Stärken schnell ausbauen und somit zu einer Spitzenleistung führen kann. Prinzip:

> Statt irgendwelche Schwächen beheben zu wollen, gilt es, die vorhandenen Stärken zu einer Spitzenleistung zu profilieren.

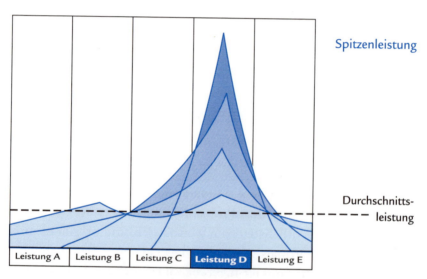

Schrittweiser Ausbau einer Leistung zur Spitzenleistung

3. Phase: Prüfen Sie, wer die Spitzenleistung Ihres Unternehmens dringend bräuchte (Chancenanalyse)

Aufgrund der Stärkenpotentiale wird nach Geschäftsfeldern und neuen Marktchancen gesucht, wo die Stärken grundsätzlich eingebracht werden könnten. Es ist eine Brainstorming-Phase. Sie müssen hierbei breit und systematisch nach allen Aufgaben bzw. Problemfeldern im Markt suchen, für deren Lösung Ihr Unternehmen besonders geeignet sein könnte. Wer hier zu oberflächlich sucht, findet nur die gleichen Lösungsansätze, die auch schon viele andere gefunden haben.

4. Phase: Machen Sie Ihre Kundenarten transparent
(Zielgruppen-Analyse)

Hinter jedem Geschäftsfeld, hinter jedem Problem stehen Menschen, die eine Problemlösung erwarten. Nun gilt es, die Zielgruppen herauszuarbeiten, die zu der besonderen Stärke oder zu einer besonderen Idee passen. Erst wenn die Zielgruppen konkret mit Adresse erfaßt worden sind, können die Ansprechpartner kontaktiert werden. Dann kann in einem ersten Schritt geprüft werden, ob die vermeintliche Spitzenleistung oder neu entwickelte Idee auf Nachfrage treffen würde.

> Es kommt also nicht darauf an, was Sie über Ihre mögliche Spitzenleistung denken, sondern einzig und allein darauf, was Ihre Zielgruppe über Sie und Ihr Leistungsangebot denkt.

5. Phase: Testen Sie Ihr Leistungsangebot aus
(Selektion der Möglichkeiten)

Wenn der neue geschäftliche Ansatz und eine dazu passende Zielgruppe klar herausgeschält geworden sind, gilt es, diese Problemlösung bei der Zielgruppe zu testen, und zwar in kleinen Schritten. Zielgruppen- und Problemforschung sind zu betreiben und die Ergebnisse schriftlich festzuhalten.

6. Phase: Praktische Erprobung und Profilierung

Bei den verbliebenen Möglichkeiten können Sie Ihre Chancen in kleinen, risikolosen Schritten im Markt erproben. Aus den Erfolgs- und Mißerfolgserlebnissen und vor allem aus den Kontakten, die Sie neu gewonnen haben, beginnen Sie ganz von selbst, sich für die beste Lösung zu entscheiden – nämlich für eine Innovation, deren Marktsog groß genug und ökonomisch sinnvoll ist.

7. Phase: Präzisierung des Angebots und Differenzierung der Zielgruppe

Häufig gehen Firmen bei der Markterschließung zu breit vor und können ihre Innovation nicht durchschlagskräftig genug gestalten. In diesem Fall bietet es sich an, die Zielgruppen zu *differenzieren* und zu *segmentieren*, um genau feststellen zu können, für welche Teilzielgruppe das neue Angebot am interessantesten ist. Bei dieser Teilzielgruppe gilt es dann, die Kräfte zu bündeln, um einen durchschlagenden Erfolg zu erreichen.

8. Phase: Erfolge sichern durch Ausbau der Stärken und Abbau der Randsortimente

Wird die Innovation von der Zielgruppe angenommen, kann die Problemlösung für den Kunden abgerundet und der Marktanteil auf- und ausgebaut werden. Parallel dazu können firmeninterne Verzettelungspotentiale abgebaut werden.

9. Phase: Reifegrad verbessern

Die zielgruppenorientierte Innovation führt in der Regel zu einem schnell erhöhten Marktanteil; die neue Leistungsstruktur muß jedoch auch innerbetrieblich verankert werden. Dabei sind unter strategischen Gesichtspunkten Outsourcing-Projekte zu diskutieren, um das Unternehmen weiterhin innovationsstark und zudem die Organisation schlank zu halten.

Die Vorgehensweise der *Sozialen Spezialisierung* hat vielen Firmen zu überraschend schnellen Erfolgen und schließlich zur Marktführerschaft verholfen, wie es die vorstehenden Beispiele gezeigt haben. Die Vorarbeiten dazu sind jedoch nicht in drei Tagen zu erledigen.

> Es empfiehlt sich in einem Unternehmen, entweder einen Arbeitskreis Strategie zu gründen, der die Aufgabe hat, die Firmenstrategie konsequent zu verbessern, oder regelmäßig Workshops mit externen Beratern durchzuführen, um den Prozeß der Sozialen Spezialisierung marktorientiert oder innerbetrieblich zu gestalten.

Bei großen Unternehmen kann diese Strategie parallel für mehrere Leistungsgebiete durchgeführt werden, wobei jedes Gebiet eigenständig geführt und auf ein klar abgegrenztes Geschäftsfeld ausgerichtet sein muß.

Beispiel Peill & Putzler (P&P)

Zur praktischen Vertiefung zwei Beispiele mittelständischer Unternehmen, die sich mit Hilfe der Sozialen Spezialisierung erfolgreich in Nischen entwickelt haben:

1. Phase: Stärkenanalyse

Durch verfehlte Geschäftspolitik in den achtziger Jahren mußte Peill & Putzler reorganisiert und strategisch neu ausgerichtet werden. Die Wettbewerber waren umsatzmäßig deutlich größer und bei den Elektrofachleuten und Architekten deutlich bekannter. Ausgangsbasis für eine verbesserte Marktausrichtung war die Stärkenanalyse: In welchen Eigenschaften, Sortimentsteilen, Problemlösungen unterschied sich P&P am deutlichsten vom Wettbewerb, und wo gab es Potentiale, die ausgebaut werden konnten? – Stärken waren
- *die lang erfahrenen Mitarbeiter am Brennofen, Spezialisten für handwerkliche Glasbläserkunst,*
- *die Fertigung gehobener Trinkgläser,*
- *die Fertigung von Opalglas-Leuchten – mit einmaligen technischen Möglichkeiten,*
- *ein großes Betriebsgelände,*
- *eine neue Geschäftsführung,*
- *Kontakte zum Fachhandel und*
- *Kontakte zu Architekten.*

2. Phase: Differenzeignung

Die Differenzeignung bestand in der Fertigung kleiner Serien und im Opalglas-Know-how.

3. Phase: Chancenanalyse

Aufgrund der wenigen, jedoch eindeutigen Stärkenpotentiale wurde nach Geschäftsfeldern und neuen Marktchancen gesucht, wo die Stärken grundsätzlich eingebracht werden könnten.

Bis bei Architekten eine hohe Empfehlungsquote und bei Ausschreibungen große Aufträge für die Leuchtenausstattung von Immobilien gekommen wären, wären zwei Jahre vergangen, in denen das Unternehmen kein Geld verdient hätte, sondern hätte investieren müssen. Daher sah man die Chance der Vermarktung von Opalglas-Leuchten statt dessen im Klein-Klein-Geschäft über den Leuchtenfachhandel.

4. Phase: Zielgruppen-Analyse

Der Leuchtenfachhandel in Deutschland wurde analysiert und differenziert, nach Größe, Lage am Standort und nach geographischer Verteilung. P&P bildete einen ersten Angebots- und Verkaufsschwerpunkt bei zwei Teilzielgruppen: Möbelhäusern und mittleren Leuchtenfachhändlern. Mit den Inhabern bzw. Abteilungsleitern wurden Gespräche geführt, wo Engpässe im Verkauf lagen. Daraus wurde ein spezielles Leuchtenangebot für die Innenraumbeleuchtung entwickelt und angeboten.

5. Phase: Selektion der Möglichkeiten

Mit dem neuen, kurzen Sortiment wurden die ersten beiden Teilzielgruppen auf Resonanz getestet. Dabei schälten sich weitere Detailprobleme heraus, die den Vertriebsleiter auf neue Ideen der Vermarktung am Point of Sales bei den Händlern brachte.

6. Phase: Praktische Erprobung und Profilierung

Die neue Verkaufsidee ließ in Kooperation mit dem Fachhandel ein Shop-in-Shop-System entstehen, das den Endverbraucher sozusagen zum automatischen Einkauf nötigte, sofern ein grundsätzlicher Bedarf vorhanden war. Dem Endverbraucher wurde die Qualität der Opalglasleuchten bewußt gemacht und zudem der Abverkauf für den Fachhändler erleichtert.

Mit diesem Shop-in-Shop-System konnte sich P&P vom Wettbewerb deutlich abheben und binnen eines halben Jahres deutliche Umsatzzuwächse erzielen. In den Folgejahren stieg der Umsatz jeweils um über 20 Prozent p.a. Peill & Putzler wurde im Geschäftsfeld der Wohn- bzw. Haushaltsleuchten bei den deutschen Fachhändlern zur Nr. 1 — also zum Marktführer.

7. Phase: Präzisierung des Angebots und Differenzierung der Zielgruppe

Statt gleichzeitig alle deutschen Händler bedienen zu wollen, ging P&P selektiv vor. Leuchtenfachhändler einer bestimmten Größe wurden zu A-Händlern erklärt, peu à peu geographisch bearbeitet und zu Neukunden für das Shop-in-Shop-System gewonnen. Durch diese Vorgehensweise wurde auch die Aufmerksamkeit bei anderen Händlern geweckt, die von sich aus P&P-Kunde werden wollten.

8. Phase: Erfolgssicherung durch Ausbau der Stärken und Abbau der Randsortimente

Die Innovation von P&P, nämlich aktuelle Leuchten optimal beim Fachhandel zu präsentieren, wurde von der Zielgruppe angenommen. Mittlerweile baut P&P den Nutzwert für den Fachhandel weiter aus. Die Problemlösung für die A- und B-Kunden wird abgerundet, und der Marktanteil weiter vergrößert. Parallel dazu werden firmeninterne Verzettelungspotentiale abgebaut, was zu einer schlanken Struktur bei P&P führte. Randsortimente — wie Trinkgläser — sind mittlerweile nicht mehr im Programm, und andere Arbeitsbereiche wurden outgesourct.

9. Phase: Verbesserung des Reifegrades

Die zielgruppenorientierte Innovation – nämlich „Optimale Abverkaufskonzepte für den Leuchtenfachhandel" führte binnen weniger Jahre zur Marktführerschaft auf diesem Gebiet. Derzeit ist P&P dabei, sich strategisch zu konsolidieren, denn starke Absatzsteigerung muß organisatorisch und personell untermauert werden, um die Zielgruppe weiterhin optimal zufriedenzustellen.

Vinum – Das internationale Weinmagazin

Vinum – Das internationale Weinmagazin *wird in Zürich verlegt. 1983 wurde zusätzlich in Deutschland ein Verlag gegründet, um das Anzeigen- und Abonnentengeschäft der* Vinum*-Deutschland-Ausgabe im deutschen Markt aufzubauen. Es wurde eine Geschäftsführerin eingestellt, die sich konsequent an der EKS-Strategie orientierte, um das Unternehmen in eine wirtschaftlich sinnvolle Größenordnung zu führen.*

Die Ausgangssituation schien nicht besonders erfolgversprechend zu sein. Vinum *war in Deutschland weitgehend unbekannt, verfügte weder über Anzeigenkunden noch über einen nennenswerten Abonnentenstamm. Einige Meinungsbildner begegneten der Zeitschrift mit Vorbehalten, weil es sich um ein Verlagsprodukt aus der Schweiz handelte. Darüber hinaus war kein Personal und lediglich ein kleines Budget vorhanden. Als erstes war die Frage zu beantworten, mit welchen Stärken sich* Vinum *vom Wettbewerb abgrenzen konnte.*

1. Phase: Stärkenanalyse

Im immateriellen Bereich zeigten sich zahlreiche Stärken:
- *Einsatz für die Weinkultur als Philosophie und Leitbild,*
- *objektive Recherchen bei Weinen, Anbaugebieten und weinproduzierenden Unternehmen,*
- *Werbemedium, auch für kleine Etats der Weinwirtschaft,*
- *internationale Verbreitung der Zeitschrift durch den Verlag* Intervinum *in der Schweiz,*
- *nationale und internationale Werbemöglichkeit,*

- *Anwesenheit an der Weinfront durch kompetente und exklusive Weinjournalisten,*
- *Auffinden von bisher unbekannten Weinen bester Weingüter im In- und Ausland,*
- *Veröffentlichung von* Vinum*-Testergebnissen in auflagenstarken Medien, nicht zuletzt*
- *der Erfolgswillen des Managements.*

2. Phase: Differenzeignung zum Wettbewerb

Vinum *wurde von den Verbrauchern und in der Weinwirtschaft aufgrund seiner Philosophie des unabhängigen Weinjournalismus akzeptiert und besaß eine nationale und internationale Zielgruppengenauigkeit. Nicht zu unterschätzen war auch die Akquisitionsstärke der Geschäftsführerin.*

3. Phase: Chancenanalyse

Für einen Zeitschriftentitel gibt es zwei Hauptzielgruppen, die für seine Existenz unverzichtbar sind: Anzeigenkunden und Abonnenten. Beide Zielgruppen gleichzeitig anzugehen, überstieg die Ressourcen des kleinen Verlags. Welches war der günstigste Ansatzpunkt im Markt und für das Unternehmen? Um die Abonnentenzahl rasch zu steigern, benötigte man Kapital, das nicht vorhanden war. Unter Einsatz der Akquisitionsstärke der Geschäftsführerin mußten im ersten Schritt Anzeigenkunden gewonnen werden, um die notwendigen Finanzmittel zu beschaffen.

4. Phase: Zielgruppenanalyse

Aufgrund der speziellen Stärken von Vinum *kristallisierten sich die Weingüter als besonders erfolgversprechende Einstiegszielgruppe heraus. In einem weiteren Schritt wurden die Gebietsweinwerber als Anzeigenkunden gewonnen. Mit dieser Referenz entwickelten sich letztere als potente Markenartikler im Wein- und Spirituosenbereich zu einer besonders erfolgreichen Zielgruppe, und zwar unter Einbindung der Werbeagenturen. Man konzentrierte sich besonders auf die Meinungsbildner als Teilzielgruppe. Mit den Stärken von* Vinum *konnten die brennendsten Probleme dieser Zielgruppen – wie geringer Werbeetat, geringes Image, niedriger Bekanntheitsgrad sowie niedrige Marktdurchdringung bei Endverbrauchern und in der Gastronomie – gelöst werden.*

Unter den erfolgversprechendsten Abonnentenzielgruppen schälten sich Weinliebhaber als Konsumenten und der Weinfachhandel heraus. Privatpersonen waren bisher mit Couponanzeigen, Preisausschreiben, Weinrätseln, Weinbüchern, Weinspielen und verschiedenen Incentivekonzepten, die in der Deutschland-Ausgabe veröffentlicht wurden, kostengünstig beworben worden. Mit Direktwerbemaßnahmen, dank der durch Anzeigen geschaffenen finanziellen Voraussetzungen, konnten nunmehr neue Abonnenten zusätzlich gewonnen werden.

5. Phase: Aufbau eines zwingenden Nutzens durch Innovation

Im Verlag wurde intern und extern zielgruppenorientiert innoviert, um die Anziehungskraft des Heftes zu erhöhen. Um den endgültigen Durchbruch im deutschen Markt zu schaffen, waren die Vorurteile gegenüber Vinum *als Weinzeitschrift schweizerischer Herkunft endgültig zu überwinden. Dazu wurde die Redaktion in Zürich über die Wünsche und Engpässe der deutschen Zielgruppe informiert. In enger Zusammenarbeit zwischen dem deutschen Redaktionsbüro und der Zürcher Redaktion wurde die deutsche Ausgabe auf Mentalität und Kultur der deutschen Meinungsbildner ausgerichtet.*

Die neuen Geschäftskontakte und Verkaufserfolge setzte Vinum *in den Aufbau einer schlagkräftigen Interessenten- und Kundenkartei um. Darüber hinaus wurden die organisatorischen Voraussetzungen für eine computergestützte Verlagsabwicklung geschaffen. Damit gelang es auch, ein Zielgruppen-Informationssystem als Grundlage des Marketings und verschiedener Serviceleistungen für die Bindung von Anzeigenkunden und Abonnenten aufzubauen.* Vinum *aktuell, ein monatlich erscheinendes Informationsblatt für Top-Kunden, Messeausstellungen, Entwicklung eigener Veranstaltungskonzepte sowie u.a. die jährliche Auslobung des deutschen* Vinum*-Rotweinpreises, später auch des deutschen Rieslingpreises, waren weitere Maßnahmen, mit denen sich* Vinum *sukzessive Anziehungskraft aufbaute, um sich als Weininstitution für Verbraucher, Händler und Produzenten zu profilieren.*

Strategie | 33

Mit einem völlig neuen System für Imageaufbau und Abverkauf des deutschen Weinfachhändlers konnten innerhalb kurzer Zeit wesentliche Marktanteile im Weinfachhandel erreicht werden. Dazu wurde das Guide Vinum*-Konzept kreiert, an dem jedes Fachgeschäft gegen Entrichtung einer jährlichen Teilnahmegebühr teilnehmen konnte. Der zwingende Nutzen für den Handel: kostenlose Eintragung des Händlers als Bezugsquelle unter Nennung seiner Sortimentsschwerpunkte in jeder* Vinum*-Ausgabe. Darüber hinaus wurden jeden Monat die Weine einer bestimmten Region von einem internationalen Degustationsteam ausgewählt und bewertet. Der betreffende Fachhändler konnte, sofern er Weine dieser Region führte, durch Einsenden von Proben regelmäßig an diesem Wettbewerb teilnehmen. Die Ergebnisse der Verkostung wurden zusammen mit einem Bericht über die betreffende Weinregion veröffentlicht. Händler mit dem besten Preis-Leistungsverhältnis wurden in* Vinum *als günstigste Bezugsquelle besonders herausgestellt.*

Als Guide Vinum*-Teilnehmer erhielten die Händler außerdem das Recht, zusätzlich vier* Vinum*-Hefte zehnmal jährlich zu einem besonderen Preis zu beziehen, zum Verschenken oder Verkaufen an ihre Kunden. Die informelle Verflechtung mit der Zielgruppe der Konsumenten bot dem Fachhandel eine verkaufsfördernde Profilierungsmöglichkeit sowie preisgünstige und wirksame Werbung. Zahlreiche Händler sicherten sich mit der Nutzung dieses Konzepts zusätzlichen Umsatz, und* Vinum *erzielte eine rasche Auflagensteigerung über den kontinuierlichen Mehrfachbezug der Hefte.*

6. Phase: Verbesserung der eigenen Leistung durch Kooperation

Aufgrund der inzwischen erreichten Akzeptanz im Markt, der deutlich gestiegenen Zahl der Abonnenten und des gewachsenen Anzeigenvolumens wurde Vinum *ein begehrter Kooperationspartner für die Verbesserung des eigenen Leistungsangebots in Redaktion und Verlag. Das galt auch für die Werbung durch Schaltung von Anzeigen und Aufnahme von Beilagen auf Gegengeschäftsbasis, der Austausch von Kundenadressen mit nicht konkurrierenden Verlagen und Weinunternehmen.*

7. Phase: Strategische Grundaufgabe

Mit dem Ausbau der eigenen Stärken und der klaren Zielgruppenorientierung erfüllte **Vinum** *das konstante Bedürfnis nach objektiver Information. Die Verfolgung dieser Strategie führte dazu, daß sich* **Vinum** *zu einer Institution für den deutschen Handel und zu einer Know-how-Zentrale für den Weinliebhaber entwickelte. Damit gelang es* **Vinum Deutschland** *gemeinsam mit* **Vinum Schweiz***, sich trotz ungünstiger Startbedingungen als auflagenstärkste Weinzeitschrift im deutschsprachigen Raum zu etablieren.*

Literatur

Brogsitter, Bernd: „Merkuria – eine strategische Vision."
 In: Die EKS-Strategie. Wolfgang Mewes zum 70. Geburtstag, Frankfurt 1994, S. 85-107.

Brogsitter, Bernd: „Kundennutzen – Herzstück der ganzheitlichen Firmenstrategie."
 In: HarvardManager 4/1988, S. 113-119.

Bürkle, Hans: „Strategie im Franchisesystem: Profil entwickeln."
 In: Nebel, Jürgen (Hrsg.): Das Franchise System, Handbuch für Franchisegeber und Franchisenehmer. Neuwied 1999, S. 13-31.

Bürkle, Hans: „EKS – Engpaßkonzentrierte Strategie."
 In: Schätzel, Otto u.a. (Hrsg.): Erfolgreich Wein vermarkten – Handbuch für Weinmarketing in der Praxis, Neustadt 1998, S. 180-187.

Bürkle, Hans: „Auf den Nutzen der Zielgruppe kommt es an! Auch beim Unternehmensverkauf."
 In: Strategie Journal 9/96, S. 10 f.

Bürkle, Hans: „Nur Strategie führt zur Marktführerschaft."
 In: Mensch & Büro 4/94, S. 48-51.

Bürkle, Hans: „Die Revolution in der Managementlehre – das Minimumgesetz für das Management." In: Friedrich, K. (Hrsg.): Die EKS-Strategie, Frankfurt 1994, S. 109-114.

Bürkle, Hans: „Krisenbewältigung durch soziale Spezialisierung."
 In: Strategiebrief 9/93, S. 3-7.

Hass, Hans: Der Hai im Management, München 1988.
 [Siehe auch Kärcher im Internet: www.karcher.de.]

Mewes, Wolfgang (1998): Die EKS-Strategie. (Lehrgang), Pfungstadt.

Mewes, Wolfgang (1977): Die kybernetische Managementlehre EKS, Frankfurt.

Mewes, Wolfgang (1966): „Nachteile lassen sich zu Vorlieben machen."
 In: FAMO-Tagungsband, S. 155-163.

Mewes, Wolfgang (1963): Machtorientierte Führungslehre, Frankfurt.

Smith, Adam: Der Wohlstand der Nationen,
 übersetzt und hrsg. von H. C. Recktenwald, München 1988.

Vinum – Das internationale Weinmagazin, Dezember 1998, 19. Jhrg.

Würth, Reinhold: Beiträge zur Unternehmensführung, Schwäbisch Hall 1985.
 [Internet: www.wuerth.com.]

Die großen Chancen
des „kleinen" Mittelstandes –
Erfolgreich zwischen den Großunternehmen

Wolfgang Mewes

Das Vordringen der Großunternehmen

Viele mittelständische Unternehmen sehen sich heute in den meisten Wirtschaftszweigen von den vordringenden Großunternehmen, der Globalisierung, aber auch von den wachsenden gesetzlichen Reglementierungen, den Steuerlasten und vor allem von den immer schnelleren Veränderungen der technischen, wirtschaftlichen, sozialen und politischen Verhältnisse „an die Wand gedrängt"; manche geben deshalb entnervt auf. Ein Beispiel sind die Tausende von kleineren und mittleren Fachbetrieben des Einzelhandels, der Gastronomie, des Handwerks, der Verarbeitung und speziell der Textilindustrie, die in den letzten Jahren eingegangen sind. Frage ist: Muß das sein?

Schon 1984 kamen Untersuchungen an der Nürnberger Wirtschaftshochschule am Beispiel der Blechwarenindustrie und der Textilwirtschaft zu dem Schluß, daß der Niedergang der mittelständischen Betriebe nicht zwangsläufig geschah, sondern ein Fehler ihrer Strategie war. „Strategie" heißt: der Art, wie sie ihre Kräfte und Mittel einsetzten.

> Der Fehler vieler gescheiterter Mittelstandsbetriebe bestand darin, daß sie versuchten, mit den Großen mitzuhalten und sie nachzuahmen. Statt dessen hätten sie sich der speziellen Vorteile bewußt werden sollen, die sie als kleinere Unternehmen den großen gegenüber haben. So hätten sie die Bedarfsnischen, die durch das Vordringen der Großunternehmen entstehen, erkennen und mit ihrem Angebot schließen können.

Die Untersuchung der Nürnberger Hochschule wie auch andere Untersuchungen kamen zu dem übereinstimmenden Schluß, daß diejenigen Betriebe, die rechtzeitig zur EKS-Strategie übergegangen waren, nicht nur überlebten, sondern sich unter den neuen, vom Vordringen der Großunternehmen geprägten Verhältnisse sogar besser entwickelten als zuvor.

Ähnliches hat auch Hermann Simon in seiner inzwischen weithin bekannten Studie über die *Hidden Champions*, die „heimlichen Gewinner", festgestellt. So schreibt er (S. 188): „Im Zusammenhang mit der Spezialisierung und Schwerpunktbildung konnten wir feststellen, daß die EKS-Methode erstaunlich oft eingesetzt wurde. Dies ist eines der wenigen ‚Geheimnisse', die wir bei den ‚Hidden Champions' aufdecken konnten."

Und Herbert Gross schrieb schon Mitte der siebziger Jahre im Hinblick auf die EKS: „Man kann durch spitz konzentriertes Vorantreiben des Know-hows ganz Wirtschaftszweige von sich abhängig machen, ohne selbst eine Maschine zu besitzen oder persönliches Risiko zu übernehmen. Die Vertiefung in diese Lehre sei jedem empfohlen."

Die Chancen des Mittelstandes zwischen den Großunternehmen

Tatsache ist, daß durch das rasante Vordringen der Großunternehmen immer noch zahlreiche bisher vorhandene Mittelstandsexistenzen vernichtet werden. Aber gleichzeitig entstehen gerade durch dieses Vordringen die Chancen für unzählige neue. Viele Mittelständler machen den

Fehler, daß sie wie angstgebannte Kaninchen auf die schwindenden Chancen starren, statt systematisch nach neuen Marktlücken zu suchen.

Daß das Vordringen der Großunternehmen die Chancen für Mittelbetriebe nicht vernichtet, sondern nur verändert, zeigt sich u.a. am Beispiel der Informationstechnologie. IBM und Microsoft haben neue Nischen für Tausende von erfolgreichen Klein- und Mittelbetrieben, z. B. Softwareentwickler und Computerfachhändler, entstehen lassen. Als Folge davon gibt es heute in der Informationstechnik mehr Mittelständler als je zuvor.

Die Chancen der mittelständischen Betriebe werden also nicht geringer, sondern größer. Das Problem ist nur: Das bisher gewohnte Vorgehen der mittelständischen Unternehmen ist durch den immer schneller werdenden Wandel der Verhältnisse falsch geworden.

> Mittelständler versuchen häufig, ihren angestammten Platz gegen die vordringenden Großunternehmen zu behaupten. Das ist vergeblich. Statt dessen müssen sie immer wieder nach den mit naturgesetzlicher Sicherheit neu entstehenden Marktlücken zwischen den Großen suchen und sich rechtzeitig in sie hinein vorwärtsentwickeln.

Das Prinzip ist ganz einfach: Statt auf den „abgegrasten Wiesen" der bisherigen Märkte immer härter und ergebnisloser mit den Großunternehmen zu konkurrieren, müssen sie frühzeitig auf die durch den dynamischen Wandel immer wieder neu entstehenden Marktlücken und damit sozusagen „auf frische Wiesen" vorwärtswandern. Sie müssen sich als die *Pioniere des Fortschritts* verstehen.

Die Chancen der mittelständischen Unternehmen sind heute größer als jemals früher. Das Problem ist nur, daß sich die Wirtschaft und mit ihr die Marktgegebenheiten schneller verändern als die Betriebe unter ihrer bisher gewohnten Denkweise. Es geht aber auch anders:

Einem Autohaus hatte die bisher vertretene Automarke wegen Einstellung der Produktion gekündigt. Die Pleite schien nur noch eine Frage der Zeit zu sein.

Statt als markenunabhängige Werkstätte mit den etablierten Marken-Werkstätten der großen Autohersteller mühsam zu konkurrieren, konzentrierte sich das Autohaus jedoch auf die unproblematischen Kfz-Reparaturen an Auspuff, Bremsen, Elektrik und Klimaanlagen. Dank dieser spitzeren Spezialisierung wurde das Unternehmen bei diesen Reparaturen schneller, besser und billiger als die Marken-Werkstätten und konnte sich schon bald vor Andrang nicht mehr retten.

Gestützt auf diesen überzeugenden und von einem Wirtschaftsprüfer bestätigten Erfolg, entwickelte das Unternehmen in Zusammenarbeit mit einem darauf spezialisierten Unternehmensberater ein Franchise-Konzept. Es erlaubt, an allen anderen Orten gleichermaßen erfolgreiche Werkstätten aufzubauen und damit das Unternehmenskonzept zu multiplizieren. Inzwischen arbeitet das Unternehmen mit über 100 Franchisenehmern zusammen. Der Vorsprung an Stückzahl, Produktivität sowie im Preisleistungsverhältnis gegenüber den Marken-Werkstätten und damit die Anziehungkraft auf weitere Kunden und Franchisenehmer wächst.

Der Schweizer Werner Kieser hat sich in dem immer härter umkämpften Markt der Fitness-Studios auf den Teilmarkt der medizinisch-wissenschaftlichen Anwendung zur Vorbeugung und Behandlung von Rückenleiden spezialisiert und auf diesem Gebiet zwischen den anderen Fitness-Studios eine einzigartige Marktführerschaft gewonnen, und zwar mit einem weitgehend ungefährdeten und sich noch immer weiter vergrößernden Marktpotential. Auch er hat inzwischen über 100 Franchisenehmer und ist kürzlich mit dem Deutschen Franchisepreis ausgezeichnet worden. Übrigens zeigt das Beispiel von Kieser auch eine große Chance für „andersartige" Schweizer Betriebe, die den Sprung in den EU-Markt schaffen wollen.

Der Nutzen der EKS

Die EKS ist inzwischen in mehr als zehntausend praktischen Fällen erprobt und über hundertmal wissenschaftlich untersucht worden. Auf diese Erfahrungen gestützt, läßt sich mit großer Gewißheit sagen, daß dieser Weg jedem mittelständischen Betrieb offensteht und – rechtzeitig eingeschlagen – zum Erfolg führt.

> Ziel der EKS ist es, auf einem wenn auch zunächst kleinen Gebiet zum Marktführer zu werden, und zwar durch genaueres Zielen auf die jeweils erfolgversprechendste Marktlücke und durch spitzere Konzentration der Kräfte. Das ist praktisch jedem möglich.

Mit der Marktführerschaft sind viele Vorteile verbunden: nicht nur die bekannten technischen, wirtschaftlichen und materiellen, sondern vor allem auch psychisch-emotionale. Als Marktführer entwickelt man eine überlegene „psychisch-soziale Anziehungskraft". Das heißt, auf den jeweiligen Marktführer kommen die Kunden, die Bewerber, die Innovatoren und auch die Presse in wachsendem Maße von selbst zu, während alle anderen Betriebe mühsam und kostspielig um ihre Gunst kämpfen müssen. Je deutlicher die Marktführerschaft ist, desto automatischer und stärker erfolgt der Zulauf von allen Seiten. Ein marktführendes Unternehmen ist bei gleichem Bilanzkapital bis zu zehnmal mehr wert als ein gleichgroßes Unternehmen ohne Marktführerschaft – was nicht zuletzt auch ein steuerlicher Vorteil ist.

Die Zukunft gehört den kleinen und den mittelständischen Betrieben – dies schon deshalb, weil sie sich *schneller und kreativer* an die immer rascheren Veränderungen der technischen, wirtschaftlichen, sozialen und politischen Verhältnisse anpassen können als die schwerfälligeren Großunternehmen.

Bisherige Wege zur Marktführerschaft

Auf allen Märkten ist der Kampf um die Marktführerschaft voll entbrannt. Großunternehmen wollen sie vor allem durch immer größere und teurere „Elefantenhochzeiten", das heißt durch *Fusionen*, erreichen. Man versucht, durch Zusammenschluß mit Mitbewerbern zu einem größeren gemeinsamen Unternehmen, häufig einem Konzern, die Marktführerschaft zu gewinnen oder zu erhalten. Doch was man an Größe gewinnt, geht fast stets durch wachsende innere Konflikte, Machtkämpfe, längere innere Kommunikationswege, Bürokratisierung usw. wieder verloren. Auf diese Weise werden Unternehmen fett, aber nicht fit.

Daß diese Art des „Wachstums" häufig nicht zum Erfolg führt, sondern das Unternehmen erst recht in überflüssige Schwierigkeiten hineinmanövriert, zeigt sich am Beispiel Daimler-Chrysler. In den späten achtziger und frühen neunziger Jahren ging der Konzern unter Edzard Reuter mit prall gefüllten „Kriegskassen" auf Einkaufstour und kaufte etliche Unternehmen, auch solche, die in ganz anderen Branchen tätig waren, hinzu. Der neue Vorstandsvorsitzende Jürgen Schrempp hat seit Mitte der neunziger Jahre alle Hände voll zu tun, viele dieser Unternehmen, die sich schließlich als unrentabel erwiesen, wieder abzustoßen, um eine Krise des Konzerns abzuwenden.

Während man in fremden Territorien wilderte und wenig überlegt Firmen aufkaufte, verlor das Unternehmen gleichzeitig in seinem **Kernbereich***, dem Geschäft mit hochwertigen PKW, an Image und an Marktanteilen. So wurden die Verkaufszahlen von Mercedes zum ersten Mal seit Jahrzehnten von denen des Konkurrenten BMW überholt. Daneben mehrten sich Klagen über Konstruktionsmängel sowie die Reparaturanfälligkeit der S-Klasse – und dies, obwohl gerade Mercedes-Fahrzeuge von jeher als qualitativ herausragend gegolten hatten! Seit der „Gesundschrumpfungskur" des Konzerns wird nun daran gearbeitet, verlorenes Terrain im Autogeschäft wiederzugewinnen. Daran zeigt sich, daß die Fusioniererei letztlich nur zur Verzettelung führt, aber keine dauerhafte Marktführerschaft begründen kann – im Gegenteil: Sie kann ein Unternehmen sogar in eine gefährliche Schieflage bringen!*

Ein weiterer Weg zur Marktführerschaft ist der von den meisten kleinen wie auch den mittelständischen Betrieben bis heute bevorzugte: Sie versuchen, durch *immer größere eigene Anstrengungen*, das heißt durch immer härteres und angestrengteres Arbeiten sowie konsequenteres Sparen, einen Vorsprung vor den Mitbewerbern zu erreichen. Doch dieser Weg muß notgedrungen an physische wie auch an ökonomische Grenzen stoßen. Letztlich darf man ein Unternehmen nicht „kaputtsparen", und auch die tägliche Arbeitszeit läßt sich nicht beliebig verlängern. So ist dieser Weg letztlich vergeblich und schiebt das Scheitern nur auf.

> Der dritte Weg zur Marktführerschaft ist die *Kooperation*, das heißt die gleichgerichtete Zusammenarbeit selbständig bleibender Betriebe. Auf diese Weise kann man die Vorteile eines Großbetriebs gewinnen, ohne die Vorteile des kleinen oder mittelständischen Betriebs zu verlieren.

Exzellent wird dies durch Franchising bewerkstelligt. Dabei arbeitet eine größere Zahl selbständiger Betriebe unter einer zentralen „Denkfabrik" zusammen. Man kennt dies u.a. von McDonald's. Hier leistet eine Zentrale die innovative Anpassungsarbeit an die sich immer schneller verändernden Verhältnisse, die der einzelne Betrieb – genau dies ist ja sein Problem – gar nicht mehr leisten kann. Jeder konzentriert sich auf das, was er am besten kann: die Zentrale auf Innovation, Marketing, Öffentlichkeitsarbeit, Organisation sowie Expansion und die örtlichen Franchisingbetriebe auf die Anpassung an die unterschiedlichen lokalen Marktverhältnisse (zum Franchising vgl. den Beitrag von Günter Reimers im zweiten Band; zur Kooperation den Beitrag von Wolfhard H. A. Schmid in diesem Band).

Durch Franchising und Kooperation wird man schneller zum Marktführer oder zum Weltunternehmen, aber ohne die genaue lokale Marktkenntnis, die stärkere Motivation und Flexibilität des selbständigen Betriebes zu verlieren. Mit der Grenzkosten-Kooperation hat die EKS einen besonders leichten, risikoarmen und effektiven Weg dazu entwickelt.

Der vierte Weg zur Marktführerschaft ist die *Marktteilung*. Das bedeutet, seinen bisherigen Markt zu unterteilen und sich auf einen erfolgversprechenden Teilmarkt zu konzentrieren.

So hat sich z. B. Porsche in dem riesigen Automarkt – der u.a. aus den Segmenten Kleinwagen, Kompaktwagenklasse, Mittelklasse, Oberklasse, Geländefahrzeuge und Sportwagen besteht – auf Sportwagen konzentriert. Während die übrigen Autohersteller mehr oder weniger „alles" anbieten, produziert Porsche ausschließlich Sportwagen auf höchstem Niveau. Und während die übrigen Autohersteller beständig um Marktanteile kämpfen müssen und versuchen, sich diese gegenseitig abzujagen, fährt Porsche mit seinen Sportwagen allen anderen davon. Die meisten Autohersteller – Mercedes, VW, Opel, Renault, Nissan usw. – sind in den letzten Jahren durch größere oder kleinere Krisen hindurchgegangen, doch nicht so Porsche, das seit Jahrzehnten mit erstklassigen Renditen arbeitet und keine Krisen kennt – ein klarer Vorteil der klaren Spezialisierung auf einen Teilmarkt!

Ein mittelständischer Möbeleinzelhändler hatte jahrelang gegen die schneller wachsenden Großunternehmen anzukämpfen versucht; es war vergeblich: Am Ende stand der Konkurs. Danach konzentrierte sich das Unternehmen auf die speziellen Möbelbedürfnisse von Arztpraxen. Durch diese Konzentration wurde der Möbelhändler auf diesem Teilmarkt in wenigen Monaten leistungsfähiger und erfolgreicher als irgendeiner von den größeren. Hätte man die Zeichen der Zeit rechtzeitig erkannt, so wäre der Konkurs überflüssig gewesen. Doch leider führt häufig erst eine tiefe Krise zum notwendigen Umdenken.

Durch die spitzere Konzentration seiner Kräfte und Mittel auf einen Teilmarkt entwickelt sich ein Unternehmen fast automatisch an den Größeren und Stärkeren vorbei zum Marktführer.

> Fast alle Klein- und Mittelbetriebe, die den Verdrängungswettbewerb bisher überlebt haben, sind den Weg der *Marktteilung* gegangen, aber meist nur intuitiv, zufällig und inkonsequent. Besser ist es, ihn – wie von der EKS gezeigt – ganz bewußt, rechtzeitig und methodisch zu gehen.

Strategie | 43

Eines von unzähligen weiteren Beispielen aus dem Mittelstand: Bei der Offsetdruckerei Walcker KG, Isny, waren trotz aller Anstrengungen die Auftragsbücher leer. Erst unter dem Druck dieser Not entschloß man sich zur EKS und suchte aus den bisherigen Aufträgen und Zielgruppen systematisch diejenigen heraus, für die man im Vergleich zu seinen Mitbewerbern am besten geeignet war. Das waren die Zeitungsbeilagen für Modehersteller. Für deren spezielle Bedürfnisse entwickelte man ein überzeugend attraktiveres Angebot, als es bisher auf dem Markt gab. Schon nach wenigen Wochen waren die Kapazitäten voll ausgelastet, und dank der Spezialisierung machte man trotz niedrigerer Preise höhere Gewinne. In wenigen Jahren entwickelte sich die Druckerei von den 3 Millionen DM Umsatz – zu denen sie etwa 20 Jahre gebraucht hatte! – zum Marktführer auf diesem Teilmarkt mit einem Umsatz von über 80 Millionen DM.

> Die EKS empfiehlt die Kombination des dritten Weges mit dem vierten, also die Kooperation mit der Marktteilung: Man konzentriert sich auf den erfolgversprechendsten Teilmarkt seines bisherigen Marktes, um dadurch an Vorsprung und Marktführerschaft zu gewinnen und dann auf der Basis dieses überzeugenden Erfolges mit anderen zu kooperieren.

Fazit

Die Zukunft gehört den kleinen und den mittelständischen Betrieben – aber nur unter der Voraussetzung, daß sie ihre bisherige Strategie überdenken und verbessern! Der einzigartige Vorteil der EKS-Strategie ist, mit den in den Naturwissenschaften entdeckten Entwicklungsgesetzen der Natur übereinzustimmen.

Literatur

Gross, Herbert: Die Chancen ändern sich. Gedanken zum Wachstum, Düsseldorf 1975.

Mewes, Wolfgang: EKS® – Die Strategie, Pfungstadt 1998ff.

Simon, Hermann: Die heimlichen Gewinner. Die Erfolgsstrategien unbekannter Weltmarktführer, Frankfurt am Main 1996.

Unternehmenserfolge in Chemie und Biotechnologie – Durch Zielgruppenbefragung und Direktmarketing Wettbewerbsvorteile erlangen

Thomas Jebens

Einführung

Produkte und Dienstleistungen, die sich von selbst verkaufen, sind ein seltener Glücksfall. Die Wahrscheinlichkeit ist so hoch wie sechs Richtige im Lotto. Ohne eine geeignete Unternehmensstrategie sowie wirkungsvolle Marketing- und Verkaufsanstrengungen ist ein erfolgreicher Absatz kaum denkbar.

Auch Produkte und Dienstleistungen aus *Chemie und Biotechnologie* müssen heute mit modernen Marketing- und Verkaufsideen vermarktet werden. Erfahrungen mit Klienten zeigen, daß sie sich aufgrund einer unklaren Unternehmensstrategie mit zu vielen verschiedenartigen Kunden und Kundenbedürfnissen beschäftigen. Außerdem sind Naturwissenschaftler aufgrund ihrer Ausbildung sehr stark auf das Know-how chemischer Produkte, Herstellungsverfahren oder Analysetechniken fixiert. Entsprechend wird in Marketing und Verkauf häufig nur mit naturwissenschaftlich-technischen Sachargumenten operiert.

Kunden dieser Branchen sind aber meistens nicht vom Fach und naturgemäß mehr an Fragen interessiert wie den folgenden: Löst das Angebot meine Probleme? Was für einen besonderen Nutzen bietet es mir? Habe ich überhaupt den richtigen Partner?

Nur mit einer effektiven Strategie lassen sich Wettbewerbsvorteile erzielen und Kunden überzeugend gewinnen. Besonderes Augenmerk liegt daher auf einem Stufenplan zur *Strategie-Entwicklung*.

Dieser Beitrag zeigt Lösungsansätze für folgende Probleme:
- Wie kann ich unter den gegebenen Voraussetzungen eine erfolgreiche Strategie entwickeln?
- Welche Strategie ist besonders erfolgversprechend?
- Wie werde ich für meine Kunden zum bevorzugten Geschäftspartner?
- Wie entwickle ich für meine Kunden ein eindeutiges und unverwechselbares Profil?
- Welche modernen Wege zu meinen Kunden soll ich nutzen?
- Welche Argumente interessieren meine Kunden?

> Vorgestellt wird das Instrument der *explorativen Zielgruppen-Interviews* mit einem Beispiel aus der Praxis. Durch Zielgruppen-Interviews bekommen Sie Kenntnis von den wichtigen und drängenden Kundenbedürfnissen. Die überzeugende Lösung für *brennende Kundenprobleme* schafft Wettbewerbsvorteile und unterstützt die Kundengewinnung.

Die traditionelle Werbung der Branche ist durch einen passiven und vor allem abwartenden Charakter gekennzeichnet. Durch Direktmarketing können dagegen neue Wunschkunden aktiv erschlossen werden.

> Mit dem Instrument des *Kompetenz-Profils* kann neuen Kunden das Potential und die Leistungsfähigkeit des Unternehmens sichtbar gemacht werden.

Die Notwendigkeit einer Strategie

Ein paar Worte über Marketing

Der Begriff Marketing ist in den Unternehmen heute in aller Munde. Dennoch wird damit oft sehr Widersprüchliches verbunden. Man unternimmt z. B. eine Direktmailing-Aktion, also eine Aussendung von Werbebriefen an gekaufte Unternehmensadressen. Aber auch eine Verkaufsförderungsaktion am POS (Point-of-Sale) ist Marketing, die Gestaltung von Prospekten und Broschüren ist ebenfalls Marketing etc. So gesehen, ist Marketing eine Frage der *Gelegenheit*.

Die Beziehungen zwischen Unternehmen und Kunden haben sich geändert. Die Märkte haben sich von Verkäufer-Märkten (das Waren-/Dienstleistungs-Angebot ist *kleiner* als die Nachfrage) zu Käufer-Märkten (das Waren-/Dienstleistungs-Angebot ist *größer* als die Nachfrage) gewandelt. Hiermit wird Marketing zur *Daueraufgabe*, die über Gelegenheitsaktionen hinausgeht.

> Erfolgreiches Marketing setzt heute permanentes, nachhaltiges Bemühen um die bestmöglichen Problemlösungen für Kundenbedürfnisse und Wünsche voraus. Diese Nachhaltigkeit kann nur durch ein schlüssiges Gesamtkonzept erreicht werden.

Die Ausgangslage

Die Analyse der Geschäftstätigkeit eines Laborunternehmers ergab folgendes typische Bild der diversen Geschäftsfelder, die gleichzeitig bearbeitet werden:

- *Für Behörden der Gewerbeaufsicht und Wasserwirtschaft werden Proben von Abwasser, Oberflächenwasser und Böden untersucht. Hierzu gibt es genormte Untersuchungsverfahren; von den Überwachungsämtern werden enge Verfahrensvorgaben gemacht. Ausschlaggebend für die Auftragsver-*

gabe ist der günstigste Preis. Kommentar eines Laborleiters dazu: „Wir werden nur zu einem Angebot aufgefordert, erhalten aber keinen Auftrag."

- *Aufträge von Umweltschutzämtern haben die Aufklärung von Umweltverunreinigungen zum Ziel. So muß in einem aktuellen Fall geklärt werden, ob die Verunreinigung eines kleinen Sees in Stadtnähe von Toiletten- oder Küchenabwässern oder gar aus der Abwasseraufbereitung herrührt. Die Aufklärung erfordert sehr viel persönliches Know-how, die analytischen Lösungsansätze sind vielschichtig und häufig zeitaufwendig.*

- *Für einen Hersteller von Betonzusatzstoffen werden Stoffproben auf Alkali- und Halogengehalt untersucht und physikalische Untersuchungen durchgeführt; aus dem Maschinenbau werden Entfettungsbäder für Drehteile auf Wirkstoffgehalt und Korrosionsschutzfähigkeit untersucht.*

- *Ein Einzelfall ist der Auftrag eines Bodenwachs-Herstellers, der die qualitative Zusammensetzung der Inhaltsstoffe eines Konkurrenzproduktes kennenlernen will. Die chemische Analyse ist ein intellektuelles Puzzlespiel. Weder kann die Tätigkeit standardisiert werden, noch läßt sie sich in „Stückzahlen" verkaufen.*

- *Der Inhaber des Labors ist außerdem noch Sachverständiger und erstellt Gerichtsgutachten. Die Auftragserteilung durch die Gerichte erfolgt zufällig, dann ist die Erstellung eines Gutachtens aber termingebunden. Die Gutachten sind komplizierte Einzelfälle und verlangen ständig neue Einarbeitung. Zur Sachverständigentätigkeit gehören Recherchen zum Thema, die Analytik, die im Extremfall von einem weiteren Spezialisten durchgeführt werden muß, und das Abfassen der Gutachten.*

Diese Analyse belegt, daß mit fünf Geschäftsfeldern zu viele Probleme bearbeitet werden und die Geschäftsziele unklar sind. Zu viele verschiedenartige Kundentypen und Aufgabenstellungen sorgen für einen kräftezehrenden und wenig effektiven Geschäftsalltag.

Das passive Reagieren auf x-beliebige Kundenanfragen wird durch einen verhängnisvollen Irrtum gefördert. Viele Unternehmer gehen davon aus, daß ihr Kunde – und noch viel schlimmer: ihr neuer Kunde – schon weiß, für welche Produkte, Dienstleistungen und Problemlösungen der Auftraggeber steht.

> Zu viele verschiedenartige Kundengruppen, kurzfristiges, nur situatives Reagieren auf Kundenwünsche und eine sehr unterschiedliche Aufgabenstellung führen zu einer *Verzettelung der Kräfte*.

In jeder Hinsicht vorteilhafter ist eine aktive Bearbeitung ausgewählter Zielgruppen. Dies ist eine Strategie, die das Unternehmen in eine *aktive, handelnde Rolle* versetzt.

Ziele und Vorteile einer solchen Handlungsweise:
- konzentrierte, gezielte Bearbeitung weniger Zielgruppen,
- aktives Herbeiführen von Geschäftsbeziehungen zu erwünschten Kunden,
- kräfte- und kapitalsparende Bearbeitung von gleichartigen Kundenaufträgen,
- langfristig orientiertes, aktives Bearbeiten von auftragsentscheidenden Kundenbedürfnissen.

Das Strategiekonzept der Konzentration und Spezialisierung

In mittelständischen Laborunternehmen stehen begrenzte Mittel an Arbeitskraft, Kapital, Laborgerätschaft etc. zur Verfügung. Werden die Kräfte ohne Konzept eingesetzt, werden sie schnell ohne große Wirkung verpuffen. Der Frankfurter Systemforscher Wolfgang Mewes hat in seiner Engpaß-Konzentrierten Strategie (EKS) Prinzipien beschrieben, wie man herausragende Leistungen mit begrenzten Möglichkeiten erzielen kann. Der wichtigste Grundsatz für unternehmerischen Erfolg lautet:

> Notwendig ist die Konzentration und Spezialisierung auf ausgewählte Zielgruppen und die Lösung von deren brennendsten Problemen.

Dieses Vorgehen ist dann am wirkungsvollsten, wenn es im Einklang mit den Unternehmensressourcen und den besonderen Interessensschwerpunkten des Unternehmens bzw. Unternehmers steht.

Ziel der Konzentration Ihrer Kräfte ist die Entwicklung von *Spitzenleistungen* (sprich: *Spitzen-Problemlösungen*) für Ihre Kunden. Durch das Angebot des größeren oder sogar größten Nutzens für Ihre Kunden werden Sie gegenüber der Konkurrenz zum attraktivsten Geschäftspartner: zur Nr. 1 in Ihrer Spezialistennische.

Ihrem Kunden ist mehr gedient, wenn er für die Lösung seiner wirklich brennenden Probleme die Spitzenleistung eines Spezialisten in Anspruch nehmen kann. Ein breites, diversifiziertes Angebot bleibt, besonders im Mittelstand, allenfalls Durchschnitt. Ihre zukünftige Strategie kann nach einem Stufenplan aufgebaut werden.

1. Stufe: Ermittlung des Kompetenz-Profils

Wo liegen Ihre besonderen Eigenschaften, Stärken und Fähigkeiten? Welche besondere Ausbildung bringen Sie mit, welches Spezialwissen? Welchen besonderen Nutzen können Sie Ihren Kunden bieten? Das sind die Pfunde, die Sie in die Waagschale im Wettstreit um Ihre Kunden werfen können.

Am besten listen Sie so viele Stärken wie möglich auf, wobei Sie die Schwächen nicht ganz vergessen. Das Ziel ist aber nicht, sich anschließend mit seinen Schwächen zu beschäftigen. Schwächen sind nur in zweierlei Hinsicht interessant:

- Sie verweisen auf eine interessante verwertbare Erfahrung, die sich hinter einer vermeintlichen Schwäche verbirgt.
- Sie sind ein Warnhinweis, in welche Richtung die Strategie-Entwicklung nicht unbedingt vorangetrieben werden sollte.

Betrachten Sie Ihre Stärken! Welche könnten Ihnen einen Wettbewerbsvorteil gegenüber der Konkurrenz verschaffen? Würden Ihre Kunden das ähnlich sehen? Welche Produkte und/oder Dienstleistungen bieten Sie an? Wie unterscheiden Sie sich von Ihren Mitbewerbern? Welche Produkte oder Dienstleistungen werden besonders stark nachgefragt? Welche Zielgruppen-Probleme lösen Sie? Welche könnten Sie lösen? Welche Aufgaben machen Ihnen besonderen Spaß? Welche Kundenprobleme würden Sie gerne oder könnten Sie lösen? Notieren Sie die wichtigsten Kompetenzen des Unternehmers bzw. Ihres Unternehmens.

Die Kompetenz-Suche hat Sie entmutigt? Leider Fehlanzeige mit besonderen Kompetenzen? Don't worry! Vergessen Sie nicht: Manchmal ergibt erst die Verbindung von zwei durchschnittlichen Kompetenzen eine besondere Stärke, den gewünschten Wettbewerbsvorteil.

Ein Labor-Unternehmen betreibt – wie viele andere Wettbewerber ebenfalls – Wasseranalytik. Allein durch Konzentration auf die Analytik einer bestimmten Wasserart, z. B. Trinkwasser, Abwasser etc., läßt sich jedoch keine besondere Stärke oder Leistungsspitze (kein unverwechselbarer Wettbewerbsvorteil) erarbeiten. Das Unternehmen besitzt aber Spezialwissen in Mikrobiologie, verfügt über die notwendigen Räumlichkeiten und apparativen Einrichtungen eines Mikrobiologie-Labors und ist als solches amtlich zugelassen. Durch spezielles Know-how kann die besonders gefährliche Bakterienart Legionella pneumophila nachgewiesen werden (Legionellen verursachen eine besonders schwere und manchmal tödlich verlaufende Form der Lungenentzündung).

Hier zeichnet sich eine eindeutige Stärkenspitze ab, die das Unternehmen dem nur auf chemische Analytik spezialisierten Wettbewerb überlegen macht. Auch reinen Mikrobiologie-Labors ist es überlegen, da diese nicht in der Lage sind, chemische Wasseranalytik zu betreiben.

2. Stufe: Ermittlung von Spezialgebieten, die zum Kompetenz-Profil passen

Im zweiten Schritt müssen Sie zu Ihrem Kompetenz-Profil die passenden Spezialgebiete suchen. Dies sind Aufgaben, für deren Lösung Sie die idealen Voraussetzungen mitbringen. Bedingung für die Spezialgebiete ist, daß Sie sich am tatsächlichen Bedarf der Kunden orientieren und daß eine Bereitschaft zur Bezahlung angebotener Problemlösungen vorliegt.

Die zukünftigen Arbeitsgebiete sollten vom Unternehmen selbst bestimmt und nicht von x-beliebigen Kunden aufgedrängt werden. Es geht nicht darum, „König Kunde" zu entmachten. Allerdings soll die weitverbreitete Tendenz, es allen Kunden immer recht machen zu wollen, verhindert werden. Der Gewinn Ihrer Wunschkunden liegt darin, daß Ihre Leistungen durch die Spezialisierung immer wichtiger und vorteilhafter werden.

Ziel ist, sich in Übereinstimmung mit Ihrem Kompetenz-Profil und ausgewählten Spezialgebieten zum Spezialisten zu entwickeln. Zur Nr. 1 in Ihrem – wenn auch zunächst kleinen – Spezialgebiet. Kunden mit einem bestimmten Problem sollen bei der Suche nach Abhilfe zukünftig automatisch zuerst an Sie denken.

Welche Spezialgebiete bedienen Sie schon heute? Welche Spezialgebiete ergeben sich direkt aus Ihren Kompetenzen? Auf welchen Spezialgebieten könnten Sie leicht zur Nr. 1 werden? Auf welchem Spezialgebiet gibt es die größte Nachfrage?

Bei einem Auftrag zur Untersuchung von Schwimmbadwasser haben sich die Kompetenzen in chemischer Analytik und die mikrobiologischen Untersuchungsmöglichkeiten des oben vorgestellten Labors als ideal erwiesen. Die Konzentrationsbestimmung des Desinfektionsmittels Chlor zur Reinigung von Schwimmbadwasser ist für ein Wasseranalytik-Labor Routine. Aber erst durch die vorhandenen mikrobiologischen Einrichtungen kann das Schwimmbadwasser gleichzeitig auf seine Belastung mit krankmachenden Keimen untersucht werden. Das Unternehmen hat sich für diesen Auftrag zusätzlich Kenntnisse über einschlägige Normen und Verordnungen zur Desinfektion und Hygiene von Schwimmbadwasser erarbeitet. Mehr zufällig gewinnen jetzt auch die vorhandenen Kenntnisse über und Erfahrungen mit Legionellen an Bedeutung.

Als interessantes Spezialgebiet des Unternehmens wurde die Qualitätssicherung der Desinfektion von Schwimmbadwasser sowie dessen Hygiene-Sicherheit in Bädereinrichtungen identifiziert.

Strategie | 53

3. Stufe: Zielgruppen auswählen

Zu Ihren Kompetenzen und Spezialgebieten müssen Zielgruppen gefunden werden, die auch wirklich Bedarf an Ihren Leistungen haben. Zielgruppen sind Menschen mit gleichen Wünschen, Problemen und Bedürfnissen. Die erfolgversprechendsten Zielgruppen sind diejenigen, zu denen Ihre Stärken, Fähigkeiten, persönlichen Interessen und Spezialgebiete am besten passen.

Durch die Konzentration und Spezialisierung auf ausgewählte Zielgruppen und deren brennendste Probleme entstehen wirtschaftliche Vorteile, die sich aus der Gleichartigkeit von Problemen, Bedürfnissen und Wünschen einer Zielgruppe ergeben.

1. Vorteil:
Eine einmal erarbeitete Problemlösung kann mehrfach verkauft werden. Selbst teure Problemlösungen werden rentabel, wenn Sie vielfach verkauft werden können.

2. Vorteil:
Durch die Kenntnis vieler Facetten gleichliegender Probleme, Bedürfnisse und Wünsche lassen sich immer optimalere Problemlösungen und damit letztlich Spitzenleistungen erarbeiten.

3. Vorteil:
Das sogenannte „schlanke Unternehmen" ergibt sich von selbst. Alle Geschäftsprozesse werden einheitlicher und übersichtlicher.

Für das bekannte Laborunternehmen waren Betreiber von Frei- und Hallenbädern die geeignetste Zielgruppe. Für sie sind sowohl das Schwimmbadwasser als auch Bädereinrichtungen wie z. B. Duschanlagen (Stärke: Legionellen-Testung) zu untersuchen. Die Aufgabenstellungen sind gleichartig und die Untersuchungsmethoden standardisiert. Außerdem läßt sich die Dienstleistung in „großer Stückzahl" verkaufen. Allein im näheren Umfeld des Labors sind 190 potentielle Kunden angesiedelt.

4. Stufe: Die brennendsten Probleme

Menschen und Kunden öffnen sich immer dann, wenn man sich ihrer tatsächlichen Probleme und Bedürfnisse annimmt und sie löst bzw. erfüllt. Orientiert sich ein Unternehmen daran, wirken sie für den eigenen Erfolg wie ein Kompaß. Ausschlaggebend ist, daß es sich um die wichtigsten Probleme, Bedürfnisse und Wünsche *aus der Sicht Ihrer Zielgruppe* handelt. Von Ihnen nur *vermutete* Probleme führen leicht in die Irre. Die Akzeptanz von Problemlösungen steigt proportional zur Größe des Problems und der Genauigkeit, mit der das Angebot dieses Problem löst. Die brennendsten Probleme, Bedürfnisse und Wünsche können nur im direkten Kontakt, in einem ständigen *Feedback-Prozeß* mit der Zielgruppe, erkannt werden.

> *Parallel zur externen Überwachung von Schwimmbadwasser und Bädereinrichtungen führen die Badebetreiber eine eigene Überwachung durch. Wenige Informationsgespräche förderten bereits brennende Probleme bei dieser Aufgabe zutage. Die Überwachungsbeauftragten wissen, daß die Meßwerte der wirksamen Chlorkonzentration vom Ort der Probennahme abhängig sind. Mit dem genauen Prozedere der Analyse kennt man sich meist nicht ausreichend aus. Diese Unsicherheit bei der Probennahme und der anschließenden Analytik des Schwimmbadwassers werden als gravierendes Problem empfunden.*

5. Stufe: Entwicklung von Spitzenleistungen

Ziel der Strategieentwicklung ist es, unverwechselbare Wettbewerbsvorteile zu entwickeln, d. h. dem Wettbewerb permanent einen Schritt voraus zu sein. Wirkungsvollster Ansatzpunkt sind innovative Problemlösungen für die brennendsten Probleme der Zielgruppe.

> *Das besagte Labor kann seine Attraktivität als Dienstleister für Schwimmbadbetreiber weiter steigern. Da es sich für die Probleme bei der Eigenüberwachung interessiert hat, kann jetzt zusätzlich eine Beratungsleistung angeboten werden. Das Labor berät mit seinem Know-how seine Kunden, wie sie zu zuver-*

lässigen Meßergebnissen kommen. Die Überwachungsbeauftragten erhalten Kenntnisse zur geeigneten Probennahme und zur Durchführung der eigentlichen Analyse.

Der Schwimmbadbetreiber hat dadurch die Sicherheit, daß die Badegäste vor Krankheitskeimen geschützt sind und daß die Desinfektionsmittel-Konzentration nicht die Haut belastet. Gegenüber dem Gesundheitsamt können die Vorschriften eingehalten werden. Diese neue Sicherheit wird publikumswirksam nach außen dokumentiert. Das Labor bescheinigt in einem Überwachungszertifikat die gesundheitliche Unbedenklichkeit von Schwimmbadwasser und Bädereinrichtungen.

Da sich Probleme, Bedürfnisse und Wünsche ständig verändern, müssen auch die Problemlösungen ständig angepaßt werden. Innovation bedeutet somit ständige Leistungsverbesserung – angefangen beim freundlichen Lächeln über die Einhaltung zugesagter Liefertermine bis zum wegweisenden neuen chemischen Produkt.

> Werden Sie sich Ihrer Kompetenzen und Spezialgebiete bewußt. Lösen Sie nicht mehr für jeden alle Probleme und Problemchen, sondern konzentrieren Sie sich auf wenige Zielgruppen. Liefern Sie für deren brennendste Probleme, Bedürfnisse und Wünsche Spitzenlösungen.

Zielgruppen im Dialog kennenlernen

In enger Kooperation mit der Zielgruppe entwickelte Lösungen haben für Sie als Problemlöser einen unschlagbaren Nutzen: Ihr eigenes Leistungsangebot und Ihre Unternehmensentwicklung kann nicht am Markt vorbeigehen, da die Zielgruppe den Erfolgsweg weist.

Zielgruppen-Interviews

Wie kann man nun die brennendsten Bedürfnisse seiner Zielgruppen-Kunden kennenlernen? Durch einen aktiven Dialog, d. h. persönlichen Kontakt und persönliches Gespräch – mit der Zielgruppe!

Um schnell zu ersten Ergebnissen zu kommen, bieten sich *explorative Zielgruppen-Interviews* an. Es geht nicht darum, die Zielgruppe bei der ersten Befragungsaktion 120prozentig kennenzulernen, sondern darum, einen kontinuierlichen Befragungsprozeß einzuleiten.

Explorative Zielgruppen-Interviews sind intensive, persönliche Befragungen. Der Befragte soll seine Gedanken frei äußern. Ein Fragebogen dient dem Interviewer mehr als Gesprächsleitfaden. Eigentliche Aufgabe des Interviewers ist, den Befragten zu öffnen und zum Reden zu bringen. Ist der Befragte dann bereit preiszugeben, was ihn wirklich bewegt, liegt der Erfolg im guten Zuhören.

Häufig wird empfohlen, Kundenbefragungen ersatzweise schriftlich oder durch ein Institut durchführen zu lassen. Bei größeren Befragungsaktionen geht es oft nicht anders. Zu Problemen kommt es aber, wenn weder Befragter noch Interviewer die Frage richtig verstehen. Gerne gehen dabei auch wichtige Informationen verloren. Selbst ein fachkundiger Interviewer nimmt manches verborgene Problem zunächst nur am Rande wahr. Durch geschicktes Hinterfragen werden oft interessante Einzelheiten zutage gefördert.

Der Interviewtermin

Wählen Sie im Vorfeld den richtigen Gesprächspartner aus, der zu den gewünschten Informationen auch über das geeignete Know-how verfügt. Interviews sollten nicht mit Überraschungseffekten und unter Zeitdruck durchgeführt werden. Die Bekanntgabe des Themas, eine rechtzeitige Terminvereinbarung und die Bekanntgabe der ungefähren Interviewdauer bereiten den Befragten optimal auf den Gesprächstermin vor. Informieren Sie Ihren Gesprächspartner offen zu allen Aspekten des Interviews. Räumen Sie ihm bereits zum Zeitpunkt der Verhandlung über ein Interview die Möglichkeit ein, aus seiner Sicht indiskrete Fragen ablehnen zu können.

Zum Gesprächsbeginn muß für eine gelöste Atmosphäre (Auflockerungsphase) gesorgt werden. Ein guter Weg ist, die Befragten zunächst über sich selber und/oder ihre Geschäftätigkeit berichten zu lassen.

Ziele der Befragung

Zunächst muß die Zielsetzung einer Befragungsaktion geklärt werden. Hat man begonnen, sich mit dem Thema zu befassen, interessiert man sich schnell für eine Fülle von Dingen. Setzen Sie Prioritäten! Diese Art von Interviews soll überwiegend der Klärung von Meinungen und Gedanken dienen.

Beginnen Sie nach der Auflockerungsphase mit der Gewinnung von Informationen zum Ist-Zustand des eigenen Produktes oder der eigenen Dienstleistung. Lassen Sie die Befragten dazu Stellung nehmen. Im nächsten Schritt regen Sie zu Verbesserungsvorschlägen an. Hier wird dann schnell auch über Probleme von Produkt oder Dienstleistung diskutiert. So gelangen Sie vom Ist- zum Soll-Zustand mit naheliegenden Lösungsmöglichkeiten.

> Zu einem vertieften Verständnis kommen Sie, wenn Sie versuchen, die besonderen Probleme der Geschäftätigkeit Ihres Kunden in Erfahrung zu bringen. Diese sind oft der Schlüssel für zukünftige, innovative Problemlösungen.

Fragen und Fragebogen

Richtig formulierte *Fragen*, die zu ergiebigen Antworten führen, und eine Fragen-Reihenfolge, die die Befragung in Schwung bringen und halten, sind das A und O für den Erfolg.

W-Fragen ebnen den Weg zur Erkenntnis: Sie beginnen mit wer, wie, was, warum, wann, wo, wieviel usw. *Offene Fragen* sind ohne Antwortvorgabe, haben aber „Leerzeilen" für die Antwort. Der Befragte schildert den Sachverhalt mit seinen Worten und aus seiner Sicht. Es ist sinnvoll, die Antworten so gut wie möglich im Originalton festzuhalten. *Geschlossene Fragen* sind Fragen mit Antwortvorgaben. Hier sollen Sachverhalte meist bewertet werden.

Jedes Interview muß außerdem Fragen enthalten, die den Befragten richtig einzuordnen helfen. Dies sind z. B. Fragen nach Betriebsgröße, Umsatzvolumen, genauem Leistungsangebot etc.

Konkurrenzanalyse und Marktforschung

Jede Befragungsaktion gibt auch die Möglichkeit – und diese muß wahrgenommen werden – zur Informationsgewinnung über die Konkurrenz. Von Interesse sind die aktuellen Leistungsangebote und hier insbesondere Problemlösungsangebote, die Marketingaktivitäten der Konkurrenz, neue Wettbewerber etc.

Will man sich neue Zielgruppen erschließen, können durch die Befragung wichtige Marktinformationen gewonnen werden.

Befragungsumfang und Zeitbedarf

Meist erhält man schon von wenigen Kunden (ca. 3 bis 5 aus derselben Zielgruppe!) gute Informationen über entscheidende Probleme, Bedürfnisse und Wünsche. Der Zeitbedarf für ein Interview liegt zwischen 40 und 60 Minuten. Dieser Zeitrahmen soll aus Akzeptanzgründen beim Befragten nicht überschritten werden.

Die nachfolgend beispielhaft angeführte Befragung dient der Erschließung einer neuen Zielgruppe. Außerdem sollten aktuelle Marketingaspekte (Produkt-/Dienstleistungsgestaltung, Vertrieb, Kommunikation) geklärt und Informationen über den Wettbewerb gewonnen werden.

Befragung von industriellen Laborkunden

Firma : ....

Interviewpartner : ....

Datum / Uhrzeit : ....

Dauer : ....

Interviewer : ....

1. Nennen Sie bitte Art und Umfang Ihrer Geschäftstätigkeit.
2. Welche Produkte und Stoffe (Rohstoffe, Abfall, Wasser, etc.) müssen bei Ihnen untersucht/analysiert werden?
3. Welche Bedeutung/welchen Stellenwert hat die chemische Untersuchung/Analytik für Ihr Unternehmen ?
   - Qualitätsüberwachung
   - Einhaltung von Vorschriften und Gesetzen
   - Verwertung für PR
   - Sonstige
4. Muß kontinuierlich analysiert/überwacht werden?
5. Mit wie vielen Fremd-Labors arbeitet Ihr Unternehmen zusammen?
6. Warum geben Sie die Analytik außer Haus?
7. Betreiben Sie Analytik auch im eigenen Haus?
8. Wie groß ist Ihr an Labors vergebenes jährliches Analysevolumen in DM? Wie vielen Analysen entspricht das?
9. Für welche Probleme, Bedürfnisse und Wünsche möchten Sie Lösungen?
10. Wie sollen/könnten die Lösungen aussehen?
11. Welche zusätzliche(n) Dienstleistung(en) würde(n) das Angebot eines Labors abrunden/komplettieren?
12. Wenn Sie einen Wunsch frei hätten: Was müßte unbedingt und am dringendsten von Ihrem/einem Analytik-Labor verbessert werden?
13. Welche Gründe, Umstände, Tatsachen sprechen für Ihre jetzigen Auftragnehmer?

14. Ein neues Labor will Ihren Auftrag! Welche Themen interessieren Sie während der Geschäftsanbahnung mit einem potentiellen (dem neuen) Auftragnehmer am meisten? [Assoziieren oder nach Rangfolge]
15. An welchen Informationen über Analytik-Labors sind Sie besonders interessiert?
16. Ein neues Labor will Ihren Auftrag! Auf welche Kontaktmaßnahme würden Sie am ehesten reagieren? [Rangfolge festlegen]
    - Anzeige in Fachzeitschrift
    - Gelbe Seiten
    - Mailing
    - Telefon
    - persönlicher Besuch
    - Messe
    - Sonstiges
17. Welche Bedeutung hat für Sie:

	sehr wichtig				unwichtig
	1	2	3	4	5
Beratung					
Service					
Termintreue					
Kulanz					
Sonstige					

18. Überprüfen Sie Ihre (neuen) Auftragnehmer nach kaufmännischen und/oder technischen Gütekriterien? Welchen? [Assoziieren, Rangfolge]
19. Welche Umstände führen zum Ausschluß eines neuen Bewerbers von der Vergabe?
20. Wer ist für die Auftragsvergabe zuständig (eventuell mehrere Personen)?
21. Werden die Aufträge für bestimmte Zeiträume vergeben?

22. Wann ist die nächste Vergabe? (Wann findet die nächste Anschaffung statt?)
23. Für welche Leistungen bezahlen Sie?
24. Welchen Service erwarten Sie? Was für einen Service erwarten Sie?
25. Was ist Ihnen dieser zusätzliche Service wert?
26. Welche Fragen hätte ich noch stellen sollen?

Mehr Erfolg mit Direktmarketing

Ob Sie die Kundenanzahl einer vorhandenen Zielgruppe vergrößern oder sich eine neue Zielgruppe erschließen wollen, Sie müssen in jedem Fall mit potentiellen Kunden der Zielgruppe Kontakt aufnehmen, d. h. sie umwerben und zu einer Reaktion veranlassen.

Kernfragen der Kommunikationspolitik sind: Wie lautet meine Botschaft („welchen besonderen Nutzen biete ich?") und wie nehme ich Kontakt auf? Dies sind Fragen, die von Anbeginn im Rahmen eines strategischen Gesamtkonzeptes entschieden werden müssen. Und nicht erst, wenn Aktionen nötig sind, weil der Umsatz rückläufig ist!

Passive Kundenwerbung durch traditionelle Werbung

Üblicherweise wird zur Kontaktaufnahme „Werbung" betrieben. Als Werbeträger kommen in Betracht: Tageszeitungen, Gemeindeblätter, Zeitschriften, Rundfunk, Internet, Gelbe Seiten etc. Durch diese Medien werden die Leistungen des Unternehmens einem breiten Publikum angeboten. Kleinere Unternehmen und Dienstleister entscheiden sich gerne für eine Anzeige in den Gelben Seiten oder der Zeitung.

Kaufinteresse und Auswahlverhalten

Wer für einen Einkauf oder eine Beschaffungsaufgabe die Gelben Seiten zu Rate zieht, darf zu den heißesten Kaufinteressenten gezählt werden. Laut Untersuchung haben 87 Prozent der Nutzer der Gelben Seiten akuten Bedarf und suchen systematisch. Weitere 69 Prozent aller Nutzer der

Gelben Seiten telefonieren unmittelbar danach mit Anbietern. Dies ist aber nur die eine Hälfte der Wahrheit.

Eine von uns durchgeführte Exploration zeigt die zweite Hälfte: Über die Auswahlkriterien, die zur Beauftragung eines Anbieters führen, ist damit nichts gesagt. Fragen Sie Nutzer von Gelben Seiten nach Ihrem Auswahlverhalten, ergeben sich überwiegend zwei Motive:

- örtliche Nähe des Anbieters,
- Größe der Anzeige und werblicher Auftritt des Anbieters.

Nutzer der Gelben Seiten und anderer gängiger Einkaufsführer bezeichnen ihr Verhalten überdies als subjektiv; über die Qualifikation des Anbieters wisse man leider nichts. Tatsächlich bemängeln 58 Prozent aller Benutzer das Fehlen von weiterführenden Angaben über das Waren- und Dienstleistungsangebot, über Geschäftszeiten, Parkmöglichkeiten etc.

Das folgende Beispiel gibt typische Werbeaussagen von „gestalteten Anzeigen" in den Gelben Seiten wieder.

Die Anzeige ist viel zu allgemein gehalten und spiegelt den sonstigen Auftritt des Unternehmens wider: Das Dienstleistungsangebot ist austauschbar und wird nicht präzise aufgeführt. So kann Wasser z. B. eingeteilt werden in Trinkwasser, Abwasser, Brauchwasser, Schwimmbadwasser; untersucht werden kann auf chemische Inhaltsstoffe wie Schwermetalle, Lösungsmittel, Öle etc. oder unter mikrobiologischen Gesichtspunkten, z. B. auf Keimarten und Keimbelastung. Es wird in der Anzeige durch nichts signalisiert, für welche Problemlösungen das Labor besonders geeignet ist.

Aktive Kundenwerbung durch Direktmarketing

Zweck von Werbung ist es, Produkte und Dienstleistungen bekannt zu machen und dafür Kaufinteresse zu erwecken. In der Regel wird mit breit streuenden Werbemedien aber kein direkter Kontakt zwischen Anbieter und Kunde hergestellt. Die unmittelbare Reaktion des Kunden kann nicht beobachtet werden.

Will man Wunschkunden gezielt erreichen und zu einer Reaktion auffordern, muß der Kundenkontakt *aktiv* hergestellt werden. Direktmarketing ist ein *aktiver Kontaktprozeß*, um der Zielgruppe ein Produkt oder eine Dienstleistung zu präsentieren und zugänglich zu machen.

Das Direktmarketing-Instrument „Mailing" ist die moderne Alternative zur Werbung. Ein Mailing heißt nichts anderes, als Kunden mit einem Brief zu umwerben. Durch Direktmarketing per Werbebrief kann man neue Kontakte anbahnen, verkaufen, informieren, Wunschkunden besser kennenlernen, Werbebotschaften testen. Ferner ist es weit günstiger, bestehende oder neu gewonnene Kunden zu halten, als ständig Neukunden zu gewinnen. Mailings sind auch ein intelligenter Weg, dauerhafte, persönliche Kundenbeziehungen aufzubauen und zu pflegen.

Direktmarketing funktioniert nicht?

Der Vorschlag, Kunden mit Direktmarketing zu umwerben, wird gerne mit der Antwort quittiert: „Das haben wir auch schon probiert, aber der Erfolg war nicht besonders."

Viele Faktoren können dafür verantwortlich sein:
- Das Angebot ging an die falsche Zielgruppe,
- das Angebot trifft nicht die brennenden Probleme,
- das Unternehmen hat sich falsch dargestellt,
- Ziele und Erwartungen des Direktmarketings waren unrealistisch.

Zielgruppen und Adressen

Zur Durchführung von Mailings benötigen Sie Kundenadressen. Das käuflich zu erwerbende Adressenmaterial zu optimieren, ist allerdings eine Kunst für sich. Zielgruppenadressen stehen aber oft nur mit demografischen Daten (Name, Anschrift, Telefon, Geschlecht, Alter, Beruf, Tätigkeit im Unternehmen etc.) und nur sehr eingeschränkt mit Informationen über Probleme, Bedürfnisse und Wünsche zur Verfügung. Es werden Kundenadressen zu Zielgruppen zusammengefaßt, die sich in der Praxis dann doch unterscheiden.

Um Ihre Angebote und Informationen nicht an die falschen Adressen auszusenden, müssen Sie Ihre Kunden kennenlernen. Dazu geeignet sind explorative Zielgruppen-Interviews. Zu Beginn ist es dabei ausreichend, aus ersten Erkenntnissen aus den Interviews Lösungsvorschläge und Werbebotschaften zu formulieren. Steigt die Zahl der potentiellen Kunden stark an, kommen auch Umfragen per Telefon und Brief in Betracht.

Kompetenz-Profil eines Chemie-Labors

Durch das *Kompetenz-Profil* lassen sich die Potentialfaktoren und Leistungen des Anbieters sowie das Lösungsangebot in komprimierter Form darstellen, ggf. auch visualisieren. Idealerweise sollte das Kompetenz-Profil als Ergebnis aus der Zielgruppenbefragung und der Strategie-Entwicklung hervorgehen.

Angenommen, zur Ausweitung seines Geschäftes will sich ein Chemie-Labor die neue Zielgruppe *Hersteller von Betonzusatzstoffen* erschließen. Das folgende Kompetenz-Profil zeigt die in der Beratung erarbeitete Lösung.

Während das Unternehmen in den Anzeigen der Gelben Seiten bisher lediglich unspezifische Angebote gemacht hat, werden im Kompetenz-Profil Problemlösungen präzise aufgezeigt und Nutzen geboten. *Das unverwechselbare Profil wird sichtbar!*

Anwendungstechnische Analytik
Leitung: Dr. rer. nat. Eberhard Meyer

Kompetenz-Profil-Str. 20
7XXX5 MUSTERSTADT
Tel.: (07X3X)X7X0X0
Fax: (07X3X)X7X4X1
eMail: dr.e.meyer@X.XXX.de

Lichtbild

Die Ansprüche Ihrer Überwachungsstelle an Ihre zugelassenen Betonzusatzstoffe:

Sicherstellen, daß mit gleichbleibender Qualität produziert wird und die Grenzwerte für bauschädliche Salze eingehalten werden.

Ihr Gewinn:

Durch unsere Überwachung Ihrer Produktions-Qualität können Sie die Ansprüche Ihrer Überwachungsstelle voll erfüllen. Sie haben die Sicherheit, durch nachgewiesen gleichbleibende Qualität zu überzeugen.
Wir fertigen Ihnen schnell und zuverlässig die erforderlichen IR-Spektren für die externe Qualitätskontrolle und bestimmen für Sie Gesamtalkali- und Halogengehalt.

Schwerpunkte der Institutstätigkeit

Chemische Analytik

Spezialarbeitsgebiet:

Untersuchungen von Putz, Mörtel und Mauerwerk historischer Bauten, Untersuchung zur Fremdüberwachung zulassungspflichtiger Betonzusatzstoffe

Weitere Arbeitsgebiete:

Lebensmittelsicherheit von Trinkwasser, Umweltsicherheit von Abwasser, Sickerwasser und Abfällen, Qualifizierung der Unbedenklichkeit oder Kontamination von Grundwasser und Böden

Beratung

Information zu Hintergrundwissen auf diesen Arbeitsgebieten, optimale Gestaltung von Untersuchungsprogrammen, Erklärung von Untersuchungsergebnissen, Festlegung von Maßnahmen in Abhängigkeit von Untersuchungsergebnissen

Auftragsforschung und Expertisen

Beratung, Machbarkeitsprüfung, Entwicklung von Untersuchungsprogrammen, Durchführung, Abfassung von Ergebnisberichten, Berichterstattung, Ergebnispräsentation

Analytische Verfahren

Infrarot-Spektrometrie, Atomabsorptions-Spektrometrie, Flammenphotometrie, UV/Vis-Spektrometrie, Gaschromatographie, Dünnschichtchromatographie

Qualitätssicherung des Instituts

Regelmäßige Teilnahme an Ringversuchen verschiedener Institutionen:
- Analytische Qualitätssicherung Baden-Württemberg (AQS)
- Niedersächsisches Landesgesundheitsamt Aurich

Die Arbeitsabläufe des Instituts sind in einem Qualitätssicherungshandbuch festgelegt.

Institutsgeschichte

1985 nebenberufliche Bearbeitung von Forschungsaufträgen zur Optimierung der Aufbereitung von Abwasser aus industriellen

Waschanlagen, 1986 Gründung des Instituts „Anwendungstechnische Analytik", Auftragsanalytik mit Schwerpunkt Wasser- und Umweltchemie, 1987 Bezug der heutigen Laborräume, seit 17.12.1990 öffentlich bestellter und vereidigter Sachverständiger, 1991 Erweiterung der Laborräume um ein Lösemittellabor und 1996 um ein mikrobiologisches Labor, seit 1993 Spezialisierung auf die Untersuchung und Überwachung zulassungspflichtiger Betonzusatzstoffe

Personalien

Dr. rer. nat. Eberhard Meyer

1981 Promotion zum Dr. rer. nat. im Fach Anorganische Chemie an der Universität Stuttgart, 1981 – 1983 Versuchsleiter zur kontinuierlichen Bleigewinnung nach dem QSL-Verfahren bei der LURGI Chemie, 1983 – 1986 Technischer Leiter eines Herstellers von Offsetdruck-Chemikalien (Produktentwicklung, Qualitätskontrolle, Analytik), seit 1986 selbständig

Mitgliedschaften

GDCh Gesellschaft Deutscher Chemiker, Fachgruppe Wasserchemie. AFU Arbeitsgemeinschaft freier chemischer Laboratorien in Baden-Württemberg

Zulassungen

- Öffentlich bestellter und vereidigter Sachverständiger der IHK Stuttgart („Sachverständiger für chemische Analysen und deren Bewertung von Wasser, Abwasser und Böden")
- Zugelassene Untersuchungsstelle nach §19 TrinkwasserV

PS: Rufen Sie uns an Tel.: 07X3X/X7X0X0 , damit wir Ihre konkreten Maßnahmen besprechen können!

Kunden durch Wiederholung und Überzeugungsarbeit ernsthaft interessieren und gewinnen

Es ist unrealistisch zu glauben, daß Auftragskunden mit einer einzigen Direktmarketingaktion in großer Zahl gewonnen werden können. Der Erfolg liegt in der *ständigen Wiederholung*. Dazu reicht es nicht, nur seine Dienste wiederholt anzubieten und auf die Erfahrung hinzuweisen. Kompetenz und Spezialisierung müssen demonstriert werden. Es muß Überzeugungsarbeit geleistet werden, auch mit Mailings.

> Bieten Sie potentiellen Kunden (und übrigens auch Auftragskunden) neben wechselnden Angeboten ständig *wertvolle Informationen* an.

Informieren Sie z. B. über Normen und Vorschriften aus dem Arbeitsgebiet der Kunden. Welche Besonderheiten oder Neuerungen gibt es? Was bedeutet das für ihn? Berichten Sie über Änderungen: Was haben diese für Konsequenzen? Informieren Sie über neue Trends in seinem Arbeitsgebiet usw.

Gewöhnen Sie ihre Wunschkunden langsam, aber sicher und beständig an Ihr Unternehmen!

Literatur

Friedrich, Kerstin/Seiwert, Lothar J.: Das 1x1 der Erfolgsstrategie, Offenbach, 5. Auflage 1995.

Friedrich, Kerstin: Empfehlungsmarketing, Offenbach 1997.

Kastin, Klaus S.: Marktforschung mit einfachen Mitteln, München 1999.

Geller, Lois K.: Response! Die unbegrenzten Möglichkeiten des Direktmarketing, Landsberg am Lech 1997.

Dieser Artikel ist gewidmet allen Mitgliedern meiner Großfamilie und I.
Alle zeigen mir auf ihre Weise die Schönheit und Großartigkeit des Lebens.

Ertragsstärkung durch Kooperationen – Eine Alternative für mittelständische Unternehmen

Wolfhard H. A. Schmid

Warum überhaupt Kooperationen?

Fast täglich lesen wir von Kooperationen großer Konzerne. Das Beispiel Daimler-Benz und Chrysler steht für viele solcher Partnerschaften. Manches spricht dafür, daß auch mittelständische Unternehmen Kooperationen eingehen, um die Vorteile mittelständischer Flexibilität voll auszuschöpfen.

> Kunden neigen heute dazu, von ihren Lieferanten eine *Komplettlösung* zu erwarten. Wer diese bietet, gilt als kompetent und ist Einzelanbietern deutlich überlegen. Statt selbst eine Komplettlösung zu entwickeln und „das Rad noch einmal zu erfinden", bietet es sich an, adäquate Kooperationspartner zu suchen, mit denen sich die gemeinsame Marktposition wesentlich stärken läßt.

Eine Studie der Deutschen Ausgleichsbank DTA (Wirtschaft & Markt „Extra") belegt: Wer kooperiert, kann auf den Märkten entscheidende Wettbewerbsvorteile realisieren. Bei der Befragung wurden faktisch alle unternehmerischen Bereiche genannt:

Kooperationsfelder	In %
• Fertigung	56,5
• Beratung	28,9
• Einkauf	22,1
• Vertrieb	11,2
• Franchising	5,7
• Fertigung & Entwicklung	4,4
• Finanzen	0,9
• Sonstiges	9,5

(Mehrfachnennungen möglich)

Trotz der positiven Einstellung zu betrieblichen Kooperationen – 54 Prozent der Befragten mit Kooperationserfahrung sind an einer weiteren Zusammenarbeit interessiert – zeigt sich aber, daß das Herr-im-Hause-Prinzip bei Kooperationen eine wichtige Rolle spielt.

Die in der betriebswirtschaftlichen Praxis zu beobachtenden Vorteile von Unternehmenskooperationen dürfen nicht über die Schwierigkeiten bei der Realisierung solcher Partnerschaften hinwegtäuschen. Mißtrauen gegenüber möglichen Formen der Zusammenarbeit besteht in vielen Unternehmen, und das Mißtrauen ist um so größer, je kleiner die Unternehmen sind, wie Studien ergeben.

Kooperationen, so gaben die befragten Unternehmer zu Protokoll, werden in erster Linie eingegangen, weil man glaubt, durch sie die unternehmerischen Ziele effizienter erreichen zu können. Allerdings machte die Studie auch deutlich, daß die meisten Unternehmer das größte Problem darin sehen, den richtigen Partner zu finden. Fast 70 Prozent der Befragten sehen darin eines der Haupthindernisse.

Einerseits bestätigt die Studie der Deutschen Ausgleichsbank die große Bedeutung von Kooperationen für KMUs (kleine und mittelständische Unternehmen), andererseits zeigt sie aber auch, daß es für die meisten Unternehmer sehr schwierig ist, den geeigneten Partner für eine dauerhafte Kooperation zu finden.

> Um eine Kooperation erfolgreich anzubahnen und vor allen Dingen dauerhaft im Alltag mit Leben zu erfüllen, bedarf es einer sorgfältigen Vorbereitung und der Sicherstellung, daß die geplanten Ziele auch realisiert werden. Ein solches Projekt kann nicht nebenbei ablaufen, sondern nur durch systematisches Vorgehen zum Erfolg führen. Die Erfahrung hat gezeigt, daß es dabei nützlich ist, die Hilfe eines Spezialisten in Anspruch zu nehmen.

Wie die Studie der DAT zeigt, sind Kooperationen auf den verschiedensten Gebieten möglich. Dies bestätigt auch die folgende Abbildung.

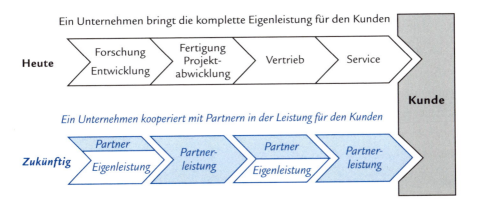

Je nach Bedarf können Kooperationen in Forschung und Entwicklung, in der Fertigung, in Vertrieb und Service, aber auch in Beschaffung und Logistik verwirklicht werden. Entscheidend ist jedoch, welches Ziel sich der Unternehmer setzt!

> Das Ziel einer Kooperation sollte immer sein, den gemeinsamen *Kundennutzen* und damit die Attraktivität der Produkte oder Dienstleistungen bzw. des Unternehmens für den Kunden zu erhöhen.

Wenn unter dieser Zielsetzung das Kooperationsprojekt angegangen wird, ist automatisch eine Stärkung des eigenen Unternehmens gegeben.

Bedenken gegen Kooperationen bei mittelständischen Unternehmen

Die gegen Kooperationen bestehenden Bedenken lassen sich wie folgt zusammenfassen:

- Verlust des Know-hows,
- starke Alleinstellung auf dem Markt, auch ohne Partner,
- höhere Qualität als andere („Wir sind die Besten."),
- effizientes Krisenmanagement („Wir werden mit Krisen allein fertig."),
- möglicher Verlust der eigenen Position,
- unklarer Führungsanspruch
  („Wer hat bei einer Kooperation das Sagen?"),
- Angst, „geschluckt" zu werden.

Diese Sorgen sind verständlich und leider oft berechtigt. Wird ein Kooperationsprojekt ernsthaft angegangen, sollten diese Bedenken jedoch zurückgestellt werden. Die Erfahrung zeigt immer wieder, daß es genügend Unternehmer gibt, die an einer ausgewogenen Kooperation interessiert sind, besonders dann, wenn *beide* Partner den Nutzen in einer Zusammenarbeit erkennen.

> Bei einem systematisch vorbereiteten Kooperationsprojekt ist dafür zu sorgen, daß in den einzelnen Projektstufen ein ausgewogenes Geben und Nehmen zwischen den Partnern gewährleistet bleibt; beiden muß die Kooperation letztlich Vorteile bringen. Nur so wird die Basis für eine dauerhafte und erfolgreiche Zusammenarbeit geschaffen. Potentielle Partner, die diese Voraussetzung nicht bieten, sind für eine Kooperation ungeeignet.

Ein erfahrener Berater, der wiederholt Kooperationsprojekte begleitet hat, weiß, wie ein solches Projekt vorbereitet werden muß und wie die Probleme in der Anbahnungsphase gelöst werden. Außerdem kann er den Unternehmer in den einzelnen Verhandlungsstufen unterstützen, damit

Strategie | 73

es schnell zu einer Klärung kommt, ob eine Partnerschaft den gewünschten Nutzen bietet.

Das Vorgehen bei einem Kooperationsprojekt vollzieht sich in folgenden Schritten:

Ist-Analyse des eigenen Unternehmens

Zunächst werden in einer Bestandsaufnahme die Stärken des eigenen Unternehmens überprüft. Dabei ist nicht entscheidend, wie man selbst seine Stärken bewertet, sondern wie die *Kunden* (Zielgruppe) die Stärken sehen. Die Frage lautet also: *Wo bin ich aus Kundensicht stark*?

Wolfgang Mewes bemerkt dazu: „Viele Spezialisten suchen in erster Linie die Zustimmung ihrer Fachkollegen, statt die Zustimmung ihrer Zielgruppe und damit derjenigen Leute, deren Probleme sie lösen sollten. Wenn die Spezialisten sich gegenseitig nur beweihräuchern, bleiben die Probleme, die sie eigentlich lösen sollten, praktisch ungelöst!"

Wenn das Unternehmen spezialisiert ist und eine klar umgrenzte Zielgruppe bedient, ist diese Frage leichter zu beantworten, als wenn es eine breite Zielgruppe bedient.

Es ist unbedingt erforderlich, diese Frage vorab zu klären, denn auf ihrer Antwort beruht die Attraktivität für einen potentiellen Kooperationspartner.

Für die Erstellung eines Stärkenprofils können z. B. folgende Unterlagen dienen
- Umsatzzahlen mit einzelnen Kunden,
- Auswertung von vorbereiteten Kundenbefragungen,
- besonders gefragte Produkte/Dienstleistungen,
- Auswertung von Marktanteilen,
- Kundenwünsche und Markttrends,
- Bedeutung immaterieller Werte Ihres Unternehmens,
- Entwicklungspotential Ihres Unternehmens,

- vorhandene Patente,
- Know-how der Mitarbeiter.

Bei der Erstellung des Stärkenprofils kommt es nicht auf Perfektion an, sondern auf eine qualitative Bewertung. In den meisten Fällen reicht hierfür bereits eine grafische Stärken-/Schwächenbewertung der unternehmensrelevanten Merkmale mit klassischer Benotung von z. B. - 4 (größte Schwäche) bis + 4 (größte Stärke). Bei komplexeren Situationen kann ein Portfolio gute Dienste leisten. Man sollte allerdings für die Erstellung und Bewertung eines Portfolios einen erfahrenen Moderator hinzuziehen, denn das Risiko, daraus falsche Rückschlüsse zu ziehen, ist sehr groß.

Außerdem sollten bei der Ausarbeitung tragende Mitarbeiter eingebunden werden. Vertrieb und Kunden-Service haben dabei eine Schlüsselrolle, sind sie es doch, die in erster Linie den Input für die Bewertung aus Kundensicht durch ihre Erfahrungen und Beobachtungen einbringen. Eine Analyse der Kundenzufriedenheit und die Beurteilung von Reklamationen sind weitere wichtige Bausteine für die Definition der Stärke des Unternehmens.

Sollte sich bei der Analyse herausstellen, daß die Bewertung der Stärken ein zu diffuses Bild ergibt, muß unbedingt eine schriftliche Kundenbefragung, gestützt auf telefonische Nachbefragung und unter Mitwirkung des Außendienstes, vorangestellt werden (vgl. dazu den Beitrag von Helmut A. Kluger: „Vom Telefonmarketing zum Aktiven Kundenbetreuungssystem" im 2. Band). Auch für diese Aktion ist eine sorgfältige Vorbereitung erforderlich, um die immateriellen Werte (Soft Facts) einfließen zu lassen, die in ihrer Bedeutung nur allzu oft unterschätzt werden.

Zum Ausbau der Stärken erforderliche Schritte

Sind die Stärken im Unternehmen definiert worden, dann ist die nächste Überlegung: Wie lassen sich diese Stärken weiter ausbauen?

Es ist verständlich, wenn oft erst einmal daran gedacht wird, die Schwächen im Unternehmen zu beseitigen. Die Praxis hat jedoch immer wieder gezeigt: Wenn man sich auf die Beseitigung der Schwächen konzentriert, vernachlässigt man automatisch die Konzentration auf die Stärken. Die Folge: Das Unternehmensprofil nivelliert zu Lasten seiner Stärken und verliert sein individuelles Nutzenprofil gegenüber seiner Zielgruppe. Unternehmen, die sich konsequent auf die Weiterentwicklung ihrer Stärken konzentrieren, werden bald feststellen, daß die Schwächen automatisch geringer werden!

Deshalb ist es sehr empfehlenswert, sich voll auf den Ausbau der Stärken zu konzentrieren. Um Ihre Stärken auszubauen, benötigen Sie ggf.
- zusätzliche Kapazitäten für Forschung und Entwicklung,
- mehr Fertigungskapazität,
- mehr Planungs-/Engineering-Kapazität,
- mehr Vertriebsaktivität,
- Stärkung von Materialwirtschaft und Logistik,
- mehr Service,
- Lösung von Finanz- und Währungsproblemen.

Aus der Analyse ergibt sich dann der größte Engpaß für die Weiterentwicklung der Unternehmensstärken.

Grundsätzlich läßt sich natürlich der Engpaß durch Initiativen im eigenen Unternehmen lösen. Aber in einer sich sehr schnell verändernden Wirtschaft, die von globalen Ereignissen beeinflußt wird, ist eine Umsetzung im eigenen Unternehmen *kostspielig* und vor allen Dingen *zeitraubend*. Auch aus diesen Gründen bietet sich eine Kooperation mit einem adäquaten Partner an. Beispielsweise stehen oftmals bei KMUs, die sich mit innovativen Technologien beschäftigen, größere Investitionen für Forschung und Entwicklung an. Hier bietet ein Kooperationspartner die Möglichkeit, Entwicklungshürden schneller zu überspringen.

Mögliche Kooperationspartner zur Engpaßlösung

Auch das Institut für Innovationsforschung der Ruhr-Universität Bochum bestätigt, daß der Auswahl der Kooperationspartner ein größeres Gewicht zukommt, als es die Praxis zumeist vermutet. Deshalb muß bei der Auswahl der potentiellen Partner sehr sorgfältig und systematisch vorgegangen werden. Immer wieder läßt sich feststellen, daß ein zunächst als ideal angesehener Wunschpartner für eine Kooperation deshalb nicht in Frage kommt, weil er für sein Unternehmen keinen Nutzen in einer Partnerschaft mit dem suchenden Unternehmen sieht.

> Für die Auswahl möglicher Kooperationspartner, die angesprochen werden sollen, müssen immer zwei Überlegungen im Vordergrund stehen:
> - Welchen Nutzen zieht der potentielle Partner aus einer Partnerschaft mit mir?
> - Welchen Nutzen kann er meinem Unternehmen bieten?

Hilfreich ist die Erstellung von Checklisten, um sich hier ein klares Bild zu verschaffen:
- Welcher Partner erhöht meinen Kundennutzen in den Bereichen:
  - Entwicklung,
  - Fertigung/Auftragsabwicklung,
  - Vertrieb,
  - Service,
  - Kunden (Partnerschaft)?
- In welchen Bereichen bin ich stark?
- In welchen Bereichen ist die Konkurrenz stark?

Mögliche Kooperationspartner in verschiedenen Bereichen:
- Entwicklung: Konkurrenten, Ingenieurbüros, eventuell Institute,
- Fertigung/Auftragsabwicklung: Konkurrenten, Lieferanten (Teilfertigungen), Dienstleistungsunternehmen wie Montagefirmen, Automatisierungshersteller usw.,

- Vertrieb: Konkurrenten, Vertriebspartner-Firmen mit Ergänzungsprogramm,
- Service: Konkurrenten, Montagefirmen usw.

Vorbereitung der Kontaktaufnahme mit potentiellen Partnern

Auswahl der anzusprechenden Firmen

Je nach Branche und Marktposition (Stärke) werden die Firmen für einen Erstkontakt entsprechend ausgewählt. Es ist möglich, daß in einem Nischenmarkt nur drei bis fünf Unternehmen für eine Kooperation in Frage kommen, was eine besonders günstige Ausgangsposition schafft. Allgemein hat jedoch die Erfahrung gezeigt: Je mehr geeignete Firmen angesprochen werden, desto größer ist die Chance für eine erfolgreiche Kooperation.

Es hat sich bewährt, 40 bis 60 Firmen gleichzeitig zu kontaktieren, wobei diese Zahl auch noch größer sein kann und stark von der Zielgruppenorientierung des suchenden Unternehmens abhängig ist. Wichtig ist dabei, daß die Namen der anzusprechenden Entscheidungsträger aus Geschäftsleitung oder Vorstand bekannt sind. Stellt sich heraus, daß man auch einem Großkonzern durch ein Kooperationsangebot entsprechenden Nutzen zu bieten vermag, sollte man ruhig den zuständigen Vorstand ansprechen. Bei Interesse wird er den Kontakt an die zuständige Bezugsperson weiterleiten und dessen Namen bekanntgeben. Viele Großunternehmen kooperieren bereits heute erfolgreich mit kleineren Firmen. Deshalb sind auch große Unternehmen in die Überlegungen mit einzuschließen.

Vorbereitung des Erstkontaktes

Nachdem die anzusprechenden Firmen ausgewählt worden sind, wird ein kurzer und prägnanter Text entworfen, der Ihren angebotenen Nutzen verdeutlicht. Führungskräfte haben wenig Zeit. Deshalb sollte der Text möglichst auf nur einer Seite Ihre Botschaft beinhalten und gegebenenfalls mit Zusatzinformationen in einer Anlage ergänzt werden. Dieser Text dient als Grundlage für den Erstkontakt per Telefon und wird als Bestätigung des Erstgesprächs sofort nachgereicht. Ziel des ersten Gespräches ist ein Termin für ein persönliches Kennenlernen.

Vorbereitung von Präsentationsunterlagen

Für das Kennenlernen werden sorgfältig Präsentationsunterlagen ausgearbeitet, um den Nutzen für eine Kooperation zu verdeutlichen. Erfahrungsgemäß sind die im Unternehmen vorhandenen Unterlagen sehr oft für den vorgesehenen Zweck ungeeignet, da sie nicht auf die Entscheider des potentiellen Partners zugeschnitten sind. Einen Finanzchef in einem Unternehmen interessieren keine technischen Details, sondern eine Nutzendarstellung, welche die Möglichkeit für einen Mehrertrag, die Reduzierung von Entwicklungskosten oder intensivere Kundenbindung – also insgesamt eine Stärkung seines Unternehmens – verdeutlichen.

> Entwerfen oder überarbeiten Sie die vorhandenen Präsentationsunterlagen so, daß sich die Entscheidungsträger eines möglichen Partners auch angesprochen fühlen! Machen Sie vor allem deutlich, welchen Nutzen Ihr Unternehmen dem potentiellen Partner bieten kann und welchen gemeinsamen Nutzen Sie und Ihr Partner dem Markt bringen können (= Synergie).

Telefonische Kontaktaufnahme mit den Entscheidern potentieller Partner

Ziel der Telefonaktion ist es, mit wenigen Worten den Nutzen für den potentiellen Partner klar und prägnant herauszustellen, so daß Interesse für ein gegenseitiges Kennenlernen geweckt wird. Erfahrungsgemäß wird der erste Kontakt mit der zuständigen Sekretärin sein. Deshalb ist es wichtig, ihr Vertrauen zu gewinnen, damit Sie die Bedeutung Ihrer Botschaft erkennt und Sie zu ihrem Chef durchstellt. Nach dem Gespräch wird der vorbereitete Text mit Anlagen per Brief oder besser per Fax nachgereicht und ein weiterer Anruf möglichst kurzfristig vereinbart, bei dem der Termin für das persönliche Kennenlernen vereinbart wird. Stellt sich bereits hier eine Verzögerung ein, so kann daraus entnommen werden, daß das Interesse an einer Kooperation nicht allzu groß ist. Dann gilt es, sich auf die anderen Kontakte zu konzentrieren!

Unter bestimmten Voraussetzungen ist auch eine *anonyme Kooperationsanbahnung* sinnvoll, bei welcher der erste Telefonkontakt und das Gespräch vor Ort von einem beauftragten „Anbahner" allein geführt werden. Bei einfühlsamer Gesprächsführung ist es dabei möglich, eine ausreichende Basisinformation für Sie als Suchenden einzuholen, die Ihnen eine Entscheidung erlaubt, ob Sie den Kontakt fortsetzen sollen oder nicht. Bei positiver Entscheidung ist dann allerdings die Lüftung des Inkognitos Voraussetzung.

Gegenseitiges Kennenlernen

Die vorbereiteten Präsentationsunterlagen haben das Ziel, den Nutzen einer Kooperation detailliert aufzuzeigen. Sehr oft zieht der potentielle Partner für dieses Gespräch seine engsten Mitarbeiter hinzu. Es hat sich als vorteilhaft erwiesen, wenn Sie für dieses und auch für die Folgegespräche eine außenstehende Person Ihres Vertrauens hinzuziehen. Sie können sich so auf die Präsentation Ihrer Stärken konzentrieren und Ihr Vertrauter auf die Verhaltensweise des oder der Gesprächspartner. Auf diese Weise ergibt sich für Sie eine sinnvolle Ergänzung in den einzelnen Verhandlungsstufen.

Die erste Besprechung muß nicht nur mit Präsentationsunterlagen gut vorbereitet sein, sondern auch zur Klärung führen, welche Ziele das angesprochene Unternehmen in einer Kooperation mit Ihnen verwirklichen möchte. Entsprechen diese Ziele Ihren Vorstellungen, sollte ein Einstieg in Kooperationsverhandlungen vereinbart werden. Dabei ist eine kurzfristig nachgeschobene Absichtserklärung *(Letter of Intent)* eine gute Maßnahme für die Definition der gemeinsamen Zielsetzung.

> Eine gemeinsam definierte Zielsetzung ist der erste Schritt und damit die Basis für eine erfolgreiche Kooperation!

Durchführung der Kooperationsverhandlungen

Abklärung der gemeinsamen Ziele

Aus den Erstkontakten schälen sich Firmen heraus, die Interesse an einer Weiterverhandlung haben. Bereits in dieser Phase ist es wichtig zu klären, ob man zusammenpaßt oder nicht. Bevor es zu detaillierten Vertragsverhandlungen kommt, müssen beide Partner übereinstimmend die Ziele ihrer Kooperation, deren Richtung bereits in der Absichtserklärung festgelegt wurde, im einzelnen definieren. Die anschließende Vertragsgestaltung muß in jedem Fall juristisch begleitet werden, um alle wesentlichen Punkte im Vertrag zu berücksichtigen.

Beachtung der jeweiligen Firmenkultur

Ein nicht zu unterschätzender Aspekt ist die Beachtung der jeweiligen Firmenkultur der beiden Kooperationspartner. Wenn die Partner mit gegenseitigem Respekt im Alltag ihrer Zusammenarbeit vorgehen, ist von vornherein eine gute Ausgangslage gegeben. Deshalb ist dafür zu sorgen, daß zumindest die unmittelbar betroffenen Firmenbereiche möglichst früh informiert werden, warum eine Kooperation vorgesehen ist, z. B. um das eigene Unternehmen langfristig zu stärken.

Ferner sollten die tragenden Mitarbeiter intern in Details mit eingebunden werden, sobald es die Verhandlungssituation zuläßt. Mitarbeiter können aus ihrem Erfahrungsschatz mit wichtigen Einzelheiten beitragen, die von der Firmenleitung zunächst bei den Verhandlungen unberücksichtigt geblieben sind. Schließlich ist auch der langfristige Erfolg einer Kooperation stark von der Motivation der Mitarbeiter abhängig. Ein weiterer Schritt hierzu ist das gegenseitige Kennenlernen der jeweiligen Bezugspersonen in den einzelnen Bereichen der vorgesehenen Kooperation, wobei gezielte Workshops einen guten Beitrag leisten.

Die Bedeutung rechtlicher Aspekte für die Form der Zusammenarbeit

Die Erfahrung zeigt, daß die günstigste Form der Zusammenarbeit sich erst im Laufe der Verhandlungen herausstellt. Nachdem die gemeinsame Zielsetzung einer Kooperation sorgfältig definiert wurde, stellt sich automatisch die Frage, wie sich diese Zielsetzung am besten verwirklichen läßt. Die Form der Zusammenarbeit kann nicht verallgemeinert werden, sondern ist im Einzelfall abzuklären.

Handelt es sich bei dem Kooperationspartner z. B. um ein ausländisches Unternehmen, vielleicht auch außerhalb der EU, ist der Rechtslage eine besondere Bedeutung beizumessen. Steuerrechtliche und arbeitsrechtliche Fragen oder u. U. auch das Kartellrecht können eine Rolle spielen. Selbst wenn die Kooperation ohne finanzielle Verflechtungen geplant wird, dürfen z. B. *Garantie- und Haftungsfragen* nicht unterschätzt werden. Deshalb muß unbedingt ein international versierter Rechtsberater in die Art und Form der Vertragsgestaltung eingebunden werden.

Ist eine Kooperation mit einem Großunternehmen vorgesehen, wird ein solcher Partner ohnehin seine Rechtsabteilung für die Vertragsverhandlungen hinzuziehen. Selbst wenn sich die unmittelbar Beteiligten über eine ausgewogene Partnerschaft einig sind, sehen die Rechtsabteilungen der Großkonzerne ihre natürliche Aufgabe häufig darin, in erster Linie die Interessen ihres Unternehmens festzuschreiben. Erfahrungsgemäß hat bei einem entsprechend hohen Nutzen für beide Kooperationspartner der kleinere Partner aber durchaus die Möglichkeit, seine Interessen in einem ausgewogenen Vertragswerk zu verwirklichen.

Die Bedeutung einer zügigen Vorgehensweise

Man trifft immer wieder Unternehmen an, die eine zögernde Verhaltensweise bei den ersten Kontaktaufnahmen an den Tag legen und deshalb für die angestrebte Kooperation nicht in Frage kommen. Für einen Außenstehenden ist es oft schwierig nachzuvollziehen, warum ein zunächst als ideal angesehener potentieller Partner zögert. Die Gründe können vielschichtig sein. Sei es, daß das angesprochene Unternehmen sich in einer Restrukturierungsphase befindet oder die angestrebte Partnerschaft völlig anders bewertet, als man selbst es tut. Jedenfalls sollte man sich in solchen Fällen unbedingt auf einen Alternativpartner konzentrieren und sich nicht auf langfristige Verhandlungen einlassen, die nur bestätigen, daß dieser potentielle Partner keinen oder nur geringen Nutzen in der angestrebten Partnerschaft sieht.

Erkennt ein Unternehmen jedoch den Nutzen, den es durch eine Partnerschaft zu erzielen vermag, wird es von sich aus alles daran setzen, die Verhandlungen zügig fortzusetzen. Auch aus diesem Grunde ist die eingangs beschriebene sorgfältige Vorbereitung einer Kooperationsanbahnung sehr wichtig.

> Eine zügige Vorgehensweise bei den Verhandlungen ist der beste Indikator, daß beide Partner ihren Nutzen in einer Kooperation erkannt haben.

Warum mit mehreren potentiellen Partnern gleichzeitig verhandeln?

Im Idealfall ist der erste Kontaktpartner auch derjenige, mit dem eine Kooperationsvereinbarung getroffen wird. In der Praxis ist dies jedoch nur selten anzutreffen. Immer wieder zeigt sich, daß zunächst sehr erfolgversprechende Verhandlungen in der Endphase – aus welchen Gründen auch immer – plötzlich scheitern. Deshalb ist es sehr zweckmäßig, mit allen interessierten Unternehmen in die Endverhandlungen zu gehen. Allerdings ist die erste Voraussetzung hierfür äußerste Diskretion, um für die potentiellen Partner vertrauenswürdig zu bleiben. Nichts ist schädlicher für das suchende Unternehmen, als den Eindruck zu erwecken, daß man kein vertrauenswürdiger Verhandlungspartner ist. Der daraus entstehende mögliche Image-Verlust kann weitreichende Folgen haben.

Außerdem hat die Verhandlung mit mehreren potentiellen Partnern den Vorteil, daß man in den einzelnen Verhandlungsstufen für seine Entscheidung Vergleichsmöglichkeiten erhält. Hinzu kommt, daß man automatisch für die potentiellen Vertragspartner Sicherheit ausstrahlt, die das eigene Unternehmen attraktiver erscheinen läßt – ein nicht zu unterschätzender immaterieller Aspekt für eine erfolgreiche Kooperationsvereinbarung.

Anbahnung einer Kooperation durch einen Außenstehenden

Oft wird unterschätzt, daß der Erfolg einer Kooperation wesentlich von der Anlaufphase der Zusammenarbeit abhängig ist. Im Gegensatz zu einer Kooperation zwischen Großkonzernen haben mittelständische Unternehmer nicht die personellen Ressourcen, um die vereinbarten Punkte einer Zusammenarbeit im Detail sicherzustellen. Dies gilt selbstverständlich für beide Partner. Der erfahrene Spezialist kann durch Begleitung der Kooperation in der Anfangsphase mitwirken, daß die einzelnen Bereiche der Zusammenarbeit auch mit Leben erfüllt werden.

Erfolgreiche Kooperationen zeichnen sich durch folgende Merkmale aus:
- Respekt und Vertrauen zueinander,
- gegenseitiges Geben und Nehmen,
- Zeit und Geduld auf beiden Seiten,
- klare Zieldefinition der Partner,
- klare Struktur für die Kommunikation:
  - Jede Seite verfügt über Ansprechpartner mit Kompetenz und interner Unterstützung.
  - Jeder kennt jeden. Dies schafft Vertrauen auf allen Hierarchiestufen.
  - Respekt geht vor Unabhängigkeit.
  - Keine Überforderung des Partners beim Informationsaustausch.

Erfolgreiche Kooperationen setzen zunächst eine gute Organisation voraus, die sorgfältig vorbereitet werden muß. Dazu kommen viele sog. „Soft Facts", die beachtet werden müssen. Der Spezialist wird dazu beitragen, daß alle erforderlichen Voraussetzungen erfüllt werden.

Fallbeispiele aus der Praxis

Nachstehend sollen kurz zwei typische Fälle aus der Praxis vorgestellt werden. Der erste Fall beschreibt, warum eine Kooperation mit einem interessierten Großunternehmen scheiterte; das zweite Beispiel zeigt das Ergebnis einer erfolgreichen Kooperation.

Ein Kleinunternehmen hatte eine Optimierungssoftware entwickelt, die allerdings auf Grund ihrer Konzeption nur für den Einsatz bei Großunternehmen in Frage kam. Es lagen einige hervorragende Referenzen aus verschiedenen Einsatzgebieten vor. Beispielsweise konnte ein Automobilhersteller mit dieser Optimierungssoftware in einer kleineren Fertigungslinie Einsparungen von mehreren Millionen Mark erzielen.

Der dort zuständige Fertigungsleiter war sofort bereit, ein entsprechendes Referenzschreiben für das Kleinunternehmen zu verfassen, das neben Referenzschreiben aus anderen Bereichen, (z. B. aus der Optimierung in der Logistik) dem interessierten potentiellen Kooperationspartner, einem weltweit tätigen Großunternehmen aus dem Transport- bzw. Verkehrsbereich, vorgelegt wurde.

Dieses Unternehmen erwartete von der Optimierungssoftware eine wesentliche Reduzierung seiner Logistikprobleme, was auf Grund des angebotenen Konzeptes möglich war. Ziel der Zusammenarbeit sollte eine Entwicklungsvereinbarung sein, d. h. das suchende Unternehmen sollte als exklusiver Kooperationspartner durch sein Know-how langfristig die vorhandenen Probleme in der Logistik lösen. Zunächst war vorgesehen, einen Vertrag zu vereinbaren, der endgültig in Kraft treten würde, wenn in einem gemeinsamen Pilotprojekt die erwartete Optimierung bestätigt wurde.

Der zuständige Geschäftsführer im Großunternehmen wies zu Recht darauf hin, daß das Risiko für Folgeschäden bei Ausfall der Know-how-Träger im Kleinunternehmen zu eliminieren sei. Daraufhin wurde der Vorschlag unterbreitet, den Quellencode für die Software bei einem beiderseitig akzeptierten Notar zu hinterlegen. Bei entsprechendem Ausfall der Know-how-Träger würde das Großunternehmen die notariell festgelegte Freigabe für den Quellencode erhalten. Dieser Vorschlag wurde nach einigem Hin und Her von dem Großunternehmen nicht akzeptiert. Man verlangte vielmehr den sofortigen Zugriff auf den Quellencode der Software. Die Verhandlungen wurden daraufhin abgebrochen, weil diese Verhaltensweise klar zeigte, daß man ohne großen Aufwand das Know-how des kleinen Unternehmens zu erwerben trachtete, also an keiner ausgewogenen Kooperation interessiert war.

Ein skandinavisches Kleinunternehmen hatte sich mit selbstentwickelten innovativen elektronischen Meßgeräten einen guten Namen geschaffen. Die Meßgeräte waren als präventive Prüfgeräte im Einsatz, um kostspielige Störfälle zu vermeiden. Durch eine Marktrecherche hatte das Unternehmen in Erfahrung gebracht, daß es für dieses Meßprinzip gute Absatzchancen auf dem deutschen Markt gibt.

Da die Geräte stark erklärungsbedürftig waren und sich über Handelsvertreter nur schwer verkaufen ließen, war bisher der Break Even bei den sehr hohen Vertriebskosten nicht erreicht worden. Außerdem fehlten bei diesem Unternehmen auch die Personal-Ressourcen, um die Handelsvertreter optimal zu betreuen. Es wurde daher ein Vertriebspartner mit einer in Deutschland flächendeckenden Verkaufs- und Serviceorganisation gesucht, der mit komplementären Produkten die gleiche Zielgruppe bediente.

Die Kooperation mit dem gefundenen Partner verläuft sehr erfolgreich. Schon nach wenigen Monaten wurden die von den Handelsvertretern erreichten Umsätze übertroffen, wie die folgende Abbildung zeigt. Eine Erweiterung der Kooperation auf andere Bereiche ist vorgesehen.

Break-Even-Vergleich zwischen Vertretungsgeschäft und Kooperation

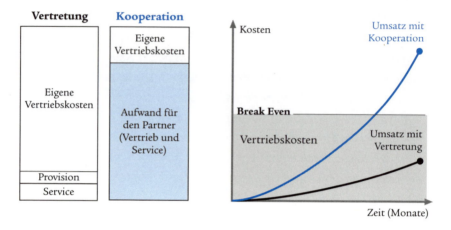

Heutiger Stand in der Kooperation zwischen mittelständischen Unternehmen

In den letzten Jahren ist immer häufiger zu erkennen, daß es hauptsächlich im *Vertrieb* Handlungsbedarf gibt. Die Schwierigkeiten vieler Unternehmen sind durch Engpässe im Vertrieb begründet, bei denen nicht erkannt wird, daß sie sich mit einem Kooperationspartner lösen lassen. Die Statistik des BDU über Unternehmensberatungen (Veröffentlichungen von 1997) besagt, daß sich in Deutschland Beratungen im Marketing nur im einstelligen Bereich bewegen – ein deutliches Zeichen für einen verdeckten Bedarf!

Die immer größere Forderung nach Systemleistungen (Komplettlösungen) weicht bestehende Branchengrenzen auf. Daher besteht ein wachsender Bedarf an Kooperationen.

Erfolgreiche Firmensanierung
durch Spezialisierung und Erschließung der erfolgversprechendsten Marktlücke

Hans Fraenkler

Firma Felix, ein mittelständischer Familienbetrieb mit 60 Mitarbeitern, war mit ca. 12 Mio. DM Umsatz ein erfolgreicher Hersteller von Bauelementen. Der Kundenkreis bestand aus unterschiedlichen Zielgruppen: private Bauherren, Bauträger, Wohnungsbaugesellschaften, gewerbliche Bauherren und Kommunen. Sie wurden im regionalen, zum Teil aber auch im überregionalen Bereich angesprochen und betreut.

Die Produkte der Firma Felix wurden auch von den Wettbewerbern in gleicher Qualität angeboten. Im Markt war schon eine Überkapazität eingetreten, die bereits in einen Preisdruck mündete.

Das Unternehmen wurde vom Inhaber geführt. Er hatte auf seinem Geschäftsfeld genügend Erfahrungen sammeln und die Firma bisher an allen Klippen vorbeisteuern können.

Die zukünftigen Perspektiven waren so gut, daß Herr Felix größere Investitionen im Umfang von ca. 3 Mio. DM für seinen Maschinenpark und die Automatisierung vorgenommen hatte. Es sollte vor allem die überwiegende Handarbeit in der Fertigung durch Automaten und CNC-gesteuerte (numerisch gesteuerte) Maschinen ersetzt werden. Herr Felix wollte seine Fertigungskapazität steigern und gleichzeitig rationelle Abläufe einführen.

Die Lage änderte sich aber schlagartig, als ein Großabnehmer in Konkurs ging. Er hatte in der Vergangenheit den Betrieb mit über 50 Prozent ausgelastet. Der Umsatz bei Felix ging dramatisch zurück, die Ertragslage veränderte sich negativ. Die eingeleiteten Investitionen belasteten die Liquidität; das Unternehmen war aktuell gefährdet.

In dieser Situation wurde dem Betrieb ein Unternehmensberater vermittelt und mit dem Krisenmanagement beauftragt. In den ersten Gesprächen überraschten Herrn Felix die Fragen nach den besonderen Stärken seiner Firma. Aber gerade in den Stärken liegen die Chancen der Zukunft. Üblicherweise wird auf eine kritische Situation mit Personalentlassungen, Kürzungen, Verkauf von Firmenwerten etc. reagiert.

> Mit dieser klassischen Kostensanierung (die auch Herr Felix von einem Unternehmensberater erwartet hatte) werden aber nur Fehler der Vergangenheit korrigiert; eine zukünftige positive Entwicklung läßt sich langfristig damit nicht gestalten. Wer eine strategische Firmenentwicklung erreichen will, muß anders vorgehen.

Wichtig für die notwendige Sanierung und für das strategische Konzept ist dabei die *Außenorientierung*, also der Blick auf den Marktplatz, und nicht die Innenorientierung auf die Werkbank. Die Außenorientierung ist deshalb notwendig, weil die Chancen im „Markt" zu suchen sind: in der Marktlücke oder -nische. Die Innenorientierung führt dagegen nur zu einer Verzettelung der Kräfte auf die vielfältigen internen Probleme. Diese Probleme werden aber erst dann befriedigend gelöst, wenn wieder genügend Aufträge vorhanden sind.

Bereits durch diese Konzentration der Kräfte nach außen werden Chancen der Zukunft erkannt und die Verzettelung in der Innenorientierung vermieden.

Anhand unseres realen Fallbeispieles „Felix" möchten wir Ihnen einen Leitfaden an die Hand geben, wie Sie sich aus einer Sanierungssituation heraus zu einem erfolgreichen Unternehmen entwickeln.

Die Firma Felix stellte sich in der Analyse der Vergangenheit wie folgt dar:

G+V Rechnung der letzten drei Jahre Ermittlung der %-Kennzahlen		
- Umsatz	=	100 %
- Materialkosten	=	35 %
- Rohertrag	=	65 %
- Personalkosten	=	40 %
- Sonstige Kosten	=	23 %
Summe Kosten	=	63 %
- Betriebsergebnis	=	2 %
- Kapitaldienst	=	3,5 %
- Gewinn v. Steuer	=	-1,5 %
- Gewinn n. Steuer	=	-1,5 %
AfA	=	3,0 %
= Cash Flow	=	+ 1,5 %

Damit befand sich die Firma Felix bereits in der Ertragskrise. Sie verzeichnete einen Verlust von 1,5 Prozent nach Steuern. Sie konnte jedoch noch einen positiven Cash Flow aufweisen. Die übliche Vorgehensweise wäre jetzt die Reduzierung der Kosten, um so ein rosiges Bild der Firma entwickeln zu können. Dieser steinige Weg führt aber zu hohen Frustrationen in der Belegschaft und ist von einem nur kurzweiligen Erfolg gekennzeichnet.

Das Bestreben im Rahmen der Beratung ging von Anfang an dahin, mit den vorhandenen Mitarbeitern und bei gleichen Kosten im Personalbereich den Ausfall des Großkunden auszugleichen und zusätzlich eine Umsatzsteigerung von 10 Prozent kurzfristig zu erreichen. Dieser zusätzliche Umsatz sollte jedoch bereits in der zukünftigen erfolgversprechendsten Zielgruppe aufgebaut werden.

Als strategische Vision wurde anvisiert, mit dem vorhandenen Personal 10 Prozent mehr Umsatz abzuwickeln, anstatt den üblichen Weg des Abbaus der Arbeitsplätze zu gehen. Bereits diese motivierende Zielvorgabe sicherte die Kooperation aller Mitarbeiter im Betrieb und förderte auch das Verständnis und die Unterstützung für die notwendigen Maßnahmen.

Bei gleicher Materialkostenstruktur veränderte sich innerhalb eines Jahres der Rohertrag nicht. Die Personalkosten jedoch sanken prozentual auf 36,36 Prozent, die sonstigen Kosten auf 20,90 Prozent. Das Betriebsergebnis stieg auf 7,74 Prozent und der Gewinn vor Steuer auf 4,24 Prozent. Das konnte sich sehen lassen!

Der erste Schritt: Ist-Situation und Stärken-Analyse

Wie bei einem Arzt setzt eine erfolgreiche Therapie die richtige Diagnose voraus. Bei einem kranken Unternehmen bedeutet dies, die Ist-Situation zu ermitteln – ohne Beschönigungen. Festgehalten werden sollten aber eben nicht nur negative Momente und Zustände. Wichtiger noch sind die ins Bewußtsein zu holenden Stärken des Unternehmens. Diese sind fast immer vorhanden; sie müssen nur „entdeckt" werden. Sie können bei der Suche nach der weiteren strategischen Ausrichtung entscheidend sein.

> Vor allem besondere Eignungen und Erfahrungen, insbesondere die Problemerfahrungen in der Lösung von Kundenproblemen, stehen im Vordergrund der Untersuchung; aber auch Neigungen und Interessen des Unternehmers und der Mitarbeiter/innen. Sie sind der Schlüssel für die künftige Entwicklung.

Die Übereinstimmung in der Beurteilung der Lage und der zu treffenden Maßnahmen zwischen Ihnen und Ihrem Berater ist eine nicht zu unterschätzende Erfolgskomponente. Sie sollten nicht überredet werden, sondern von dem neu eingeschlagenen Weg und den gemeinsamen Bemühungen überzeugt sein.

Bei diesem ersten Schritt sollten Sie sich ruhig Zeit lassen. Wieviel Zeit Sie haben, hängt von dem Ausmaß Ihrer Unternehmenskrise ab. Sie können grob drei Krisenstadien unterscheiden: die Strategie-, die Ertrags- und die Finanzierungskrise. Fangen Sie bereits in „guten Zeiten" an, die weitere strategische Ausrichtung Ihres Unternehmens zu planen, so geraten Sie nicht in Zeitnot. Befinden Sie sich dagegen in Liquiditätsengpässen, wird es schwierig, sich die notwendige Zeit tatsächlich zu nehmen. Auf jeden Fall aber sollten Sie sich so viel Zeit lassen, wie Sie für die Entwicklung einer Strategie benötigen. Blinder Aktionismus mag kurzfristig beruhigend wirken. Sind Ihre knappen und aufgezehrten Kräfte aber nicht geplant und effektiv gebündelt, verpufft der Aktionismus wirkungslos. Schlimmer noch: Weitere wertvolle Zeit ist vergeudet worden.

Die Einbeziehung Ihrer Kunden und Lieferanten kann fruchtbare weitere Erkenntnisse bringen. Hinterfragen Sie bei abweichender Beurteilung die Gründe. Die Erfahrung zeigt, daß sich erst aus diesen unterschiedlichen Sichtweisen das allgemeine Bild ermitteln läßt. Auf jeden Fall empfiehlt sich ein schriftliches Vorgehen. Hilfsmittel – wie nachstehend – helfen dabei:

Unser Fragenkatalog kann Ihnen bei der Ermittlung Ihrer Stärken helfen:

Stärken-Profil ermitteln:
- Was sind unsere besondere Stärken?
- Was unterscheidet uns von unseren Wettbewerbern?
- Welche Kunden bedienen wir besonders gut?
- Auf welche Kundengruppe sollen wir uns besonders konzentrieren?
- Mit welcher Firma können wir gemeinsam den Markt bedienen?
- Welche besonderen Erfahrungen/Know-how haben die Mitarbeiter?
- Welchen Nutzen verkaufen wir mit unserer Leistung?
- Welchen *zwingenden Nutzen* können wir unseren Kunden bieten?

Checkliste: Stärken- und Schwächenanalyse

Nummer	STÄRKEN / SCHWÄCHEN-ANALYSE	sehr schlecht	weniger schlecht	gleich gut	etwas besser	viel besser

Maßstab für die Beurteilung sind bei dieser Checkliste unmittelbare Wettbewerber.

Im Beispielfall Felix stand nur wenig Zeit zum Handeln zur Verfügung. Das Unternehmen Felix war bereits in die Ertragskrise geraten. Aus der Analyse der Ist-Situation in Verbindung mit der Wettbewerbsbewertung und Markteignung konnte zunächst das Krankheitsbild, also das Schwächen-Profil, erstellt werden:

- *austauschbare Produkte*
- *Überkapazitäten im Markt*
- *Auftragserteilung nach Ausschreibung*
- *Vergabe nach Niedrigpreis*
- *geringer Maschinennutzungsgrad*
- *lange Durchlaufzeit*
- *zu hohe Kapitalbindung im Lager und im Fertigungsbereich*
- *sinkende Umsatzentwicklung*
- *steigende Personalkosten*
- *negative Bilanzentwicklung*
- *Zwang zur Reduzierung der Mitarbeiter*
- *negative Entwicklung der Bankverbindung*
- *zu geringe Kapitalausstattung*
- *sinkende Zahlungsmoral der Kunden*
- *Preisverfall der Leistung*
- *Liquiditätsproblem*
- *keine Vorstellung über die zukünftige Entwicklung der Firma*

Bei der Suche nach dem Stärken-Profil wurden folgende Punkte festgehalten:

- *Moderne Fertigung durch die vorgenommenen Investitionen*
- *Projektmanagement*
- *Erfahrung in der Großkundenbetreuung*
- *Zusätzliche Dienstleistungen für die Großkunden*
- *gute Einkaufskonditionen bei Lieferanten*
- *gute Produktkenntnisse*
- *Kapazitätsplanung und Koordinierung mit den Montageterminen.*

Der zweite Schritt: Zielbestimmung

In dieser Stufe entwickeln Sie eine Vision der zukünftigen Positionierung Ihrer Firma in Ihrer Branche. Ihr unternehmerisches Leitbild wird von Ihren Mitarbeitern als motivierend verstanden und von Ihren Kunden bestätigt. Ihre zukünftigen Handlungen orientieren sich an diesem Leitbild und prägen die zukünftige Entwicklung.

> Die strategische Vision ist ein Idealbild, eine Vorstellung, vielleicht auch ein Traum, aber auf jeden Fall Ihr strategischer Kompaß. Ausgehend von dieser Vision werden die jährlichen Zielsetzungen formuliert, die jeweils erreicht werden müssen, um Ihre Vision mit praktischen Maßnahmen in die täglichen Handlungen einzubeziehen.

Für den neuen Weg sind aber zunächst Vorkehrungen zu treffen. Oftmals wird die neue strategische Ausrichtung durch eine *Blockade-Politik* der Führungsebene erschwert. Dafür gibt es Gründe. Die vielen Beratungen und Gespräche mit Inhabern und Firmengründern zeigen: Persönliche Vorstellungen über die zukünftige Entwicklung der Firma sind mehr auf finanzielle Ziele konzentriert:
- mehr Gewinn machen,
- mehr Einnahmen erzielen,
- die Schulden bezahlen können.

Nur wenige sehen ihre Zielvorstellungen in Verbindung mit der Branche; zum Beispiel
- „Wir sind der beste Betrieb für die Herstellung und Montage von ...";
- „Wir haben das größte Sortiment und die größte Auswahl.";
- „Wir haben die besten Fertigungsmöglichkeiten."

Ganz selten sind konkrete Vorstellungen, die sich bereits mit der Zielgruppe beschäftigen:
- „Wir sind der komplette Anbieter für Kindergarten-Ausstattungen.";
- „Wir sind der führende Anbieter von ...".

Von Nachteil ist auch der Umstand, daß in vielen Firmen kein gemeinsamer Geist der Zukunft vorhanden ist. Jeder wickelt sein Tagesgeschäft ab, der Kunde wird oft noch als störend empfunden. Daher ist es besonders wichtig, das Verständnis für die gemeinsame Zielbestimmung zu schaffen, in der sich alle Beteiligten wiederfinden. Es läßt sich in diesem Stadium nicht auf jede Frage eine konkrete Antwort finden. Es läßt sich aber ein gemeinsamer, konstruktiver Geist, eine Wunschliste oder auch ein konstruktives Anforderungsprofil erstellen, an dem alle beteiligt werden.

Voraussetzungen für die Zielbestimmung schaffen!
- Persönliche Zustimmung der Beteiligten erreichen
- Andere Möglichkeiten der Firmensanierung ausschließen
- Keine Schuldzuweisungen zulassen, gemeinsam die Ursachen beseitigen
- Die üblichen destruktiven Argumente entkräften:
    - „Unsere Finanzlage erlaubt keine Experimente."
    - „Dazu fehlen uns geeignete Mitarbeiter."
    - „Ich habe dazu keine Zeit."
    - „Was soll ich sonst noch alles machen?"
    - „Wer soll das alles machen?"
    - „Alles nur graue Theorie."
    - „Das bringt doch nichts."

Und um einen ständigen Überblick über die laufende Entwicklung zu behalten, sollten Sie Ihre zukünftige Soll-Situation beschreiben:

Strategische Zielsetzung formulieren
- Die Firma hat sich erfolgreich auf eine Marktlücke spezialisiert.
- Diese Spezialisierung wird von der konkreten Zielgruppe bestätigt.
- Über die Spezialisierung wird ein wettbewerbsüberlegener Nutzen geboten.

Ertragszielsetzung bestimmen
- Das Betriebsergebnis schließt pro Monat mit ...% vom Umsatz positiv ab.
- Der Gewinn vor Steuer schließt pro Monat mit ...% vom Umsatz positiv ab.
- Der Cash Flow ist mit ....% vom Umsatz positiv und ermöglicht die laufenden Finanzierungen.

Liquiditätszielsetzung festhalten
- Die laufende Bedienung der Darlehen erfolgt ohne Probleme.
- Die Kontokorrent-Linie wird nur zu 30 % genutzt.
- Skontonutzung für alle Rechnungen wird eingehalten.

Die Firma Felix mußte aus den folgenden vorhandenen Strukturen ihre Zielbestimmung entwickeln:
- *Zwang zur Serienfertigung*
- *Reserven der Produktivität*
- *Senkung der Stückkosten*
- *Verbesserung der Durchlaufzeit*
- *Reduzierung der Kapitalbindung*

In Verbindung mit dem Stärken-Profil und der Krisensituation wurden bei diesem Schritt die Mengenleistung von 90 Einheiten pro Tag auf 120 Einheiten pro Tag festgelegt. Diese Leistungsmenge sollte mit den vorhandenen Mitarbeitern erreicht werden. Die zukünftige Umsatzentwicklung mußte aus den realen Kostenstrukturen aufgebaut werden.

Bereits wenige Besprechungen reichten aus, um ein vorläufiges Firmenleitbild zu entwickeln:
- *Wir sind der führende Hersteller für die Abwicklung von Großprojekten im Wohnungsbau.*
- *Unsere Dienstleistung sichert die Kundenbindung zu Wohnungsbaugesellschaften.*
- *Wir renovieren eine komplette Wohneinheit pro Tag.*

- *Wir müssen nur einmal in die Wohnung.*
- *Wir übernehmen die gesamte Koordinierung / Abstimmung mit dem Mieter.*
- *Wir übernehmen die Einweisung / Abnahme der Leistung durch den Mieter.*
- *Wir wollen eine Umsatzsteigerung von 15 Prozent p.a.*
- *Wir wollen einen Ertrag von 6,5 Prozent vor Steuer.*

Zielbild / Plan G+V		
- Umsatz / Neu	=	100 %
- Materialkosten	=	35 %
- Rohertrag	=	65 %
- Personalkosten	=	36 %
- Sonstige Kosten	=	21 %
Summe Kosten	=	57 %
- Betriebsergebnis	=	8 %
- Kapitaldienst	=	3 %
- Gewinn v. Steuer	=	5 %

Der dritte Schritt: Bestimmung der Zielgruppe

Jetzt müssen Sie Ihre Firma aus dem Zusammenhang der Marktstrukturen heraus betrachten. Wie entwickelt sich der Markt? Wie entwickeln sich die Wettbewerber in Ihrer Branche? Sie bestimmen Ihr zukünftiges Geschäftsfeld nach den Marktchancen. Sie können sich für diese Untersuchung der Methode der ABC-Umsatzanalyse bedienen.

Diese Analyse erhalten Sie, wenn Sie alle Umsätze der Größenordnung nach auflisten. Dies ist mit einem normalen Excel-Programm ohne großen Aufwand möglich. Innerhalb der Auflistung berechnet das Programm den einzelnen Umsatzanteil eines Großkunden im Verhältnis zu dem Gesamtumsatz. Über die kumulierten Werte erhalten Sie sehr schnell einen interessanten Wert. Danach wickeln Sie mit wenigen Kunden den Hauptumsatz Ihres Unternehmens ab. Diese Kunden können Sie als A-Kunden bezeichnen. Dagegen erreichen sie mit sehr vielen Kunden nur einen sehr geringen Umsatz. Diese Kunden sind Ihre B- und C-Kunden. Sie sollten nun weitere Erkenntnisse aus dieser Analyse ziehen und als Folge Ihrer Analyse die Aufmerksamkeit aller Mitarbeiter auf die A-Kunden richten.

Die ABC-Analyse der Umsätze mit den vorhandenen Kunden der Firma Felix ergab, daß der Anteil der Wohnungsbaugesellschaften am stärksten vertreten war. In Verbindung mit der Fertigungsstruktur war die Firma auch auf diese Zielgruppe eingestellt. Weitere Überlegungen in Richtung privater Bauherren, des Gewerbebaus oder exklusiven Wohnungsbaus wurden schnell verworfen, weil in diesen Bereichen das zukünftige Mengengerüst nicht hätte erreicht werden können.

Die Zielgruppe der Firma Felix wurden deswegen: große Wohnungsbaugesellschaften mit Renovierungsbedarf. Die Anforderungen dieser Großkunden kann ein kleiner oder mittlerer Wettbewerber nicht erfüllen. Auf diese Zielgruppe konnte Felix nunmehr seine konzentrierten Kräfte ausrichten und nach den vorhandenen Problemen dieser Zielgruppe suchen. Das Unternehmen hatte in der Vergangenheit umfangreiche Erfahrungen sammeln können; zum Teil auch negative Erfahrungen, wenn zum Beispiel in der Projektabnahme kleine Mängel zum Abbruch der Abnahme führten. Die Problemerfahrung mit der Zielgruppe konnte jetzt zum Tragen kommen.

Der vierte Schritt: Zielgruppenprobleme erfassen und lösen

Nachdem Sie Ihre wichtigste Zielgruppe ermittelt haben, betrachten Sie deren Probleme. Welche Problemlösung bietet Ihre Leistung zur Zeit? Wie unterscheidet sich Ihre Leistung von Ihren konkreten Wettbewerbern? Sprechen Sie mit Ihren Kunden über Ihre Leistungen. Was können Sie verbessern und ergänzen? Wie können Sie Ihre Leistungen gegenüber den Wettbewerbern wesentlich anders anbieten? Ihre Kunden geben Ihnen dabei die notwendigen Hinweise und Anregungen. Sie nennen Ihnen ihre Wünsche und Vorstellungen.

> Erfassen Sie die aktuellen Sorgen Ihrer Kunden, und ermitteln Sie daraus das brennendste Problem. Das kann zum Beispiel mittels einer Fragebogenaktion geschehen. Um die Rücklaufquote zu steigern, kann ein interessantes Gewinnspiel angeboten werden. Sie können aber auch einige gute alte Kunden persönlich befragen.

Bestimmen Sie einen konkreten Referenzkunden für Ihr neues Angebotsprofil: einen Kunden, zu dem Sie ein persönliches, gutes Verhältnis haben, der Ihre Leistung offen und kritisch aus seiner Sicht bewertet. Der aber auch Anregungen und Wünsche anmeldet, die aus seiner Sicht formuliert werden und seinen Bedarf zeigen, selbst wenn Sie den Bedarf zur Zeit noch nicht abdecken.

Aus den Wünschen und Anregungen entwickeln Sie für Ihren Referenzkunden Ihr neues Angebotsprofil. Ihr Referenzkunde bestätigt ausdrücklich sein besonderes Interesse an dieser Lösung und beteiligt sich aktiv an der Erprobung der weiteren Problemlösung.

Mit der Konzentration auf die erfolgversprechendste Zielgruppe der Firma Felix „große Wohnungsbaugesellschaften" wurden deren Probleme erst einmal systematisch erfaßt und bewertet:

Checkliste: Probleme der Zielgruppen erfassen

Nr.	Das Problem	klein		normal		groß
1	Zugang zu der Wohnung abstimmen					X
2	Nur einmal in die Wohnung müssen				X	
3	Abnahme durch den Mieter				X	
4	hohes Mengengerüst fertigen können			X		
5	Termineinhaltung					X
6	hohes Mengengerüst in der Montage				X	
7	zügige Abwicklung der Baustelle				X	
8	niedriger Marktpreis			X		

Als größtes Problem wurde der Termindruck in Verbindung mit dem jeweiligen Mieter ermittelt.

Mit diesem Wissen wurde nach individuellen Lösungen gesucht, die in dieser Art von den vorhandenen Wettbewerbern zur Zeit niemand anbot. Nach dieser systematischen Vorarbeit sprang die Lösung dann förmlich ins Auge.

Jetzt konnte ein Lösungspaket mit folgendem Inhalt geschnürt werden:
- *komplette Materialbereitstellung an der Baustelle,*
- *keine Verzögerungen,*
- *verbindliche Sanierung einer Wohnung innerhalb eines Tages,*
- *mit der Abnahme durch den Mieter,*
- *alle notwendigen Terminabsprachen erfolgen direkt mit dem Mieter,*
- *nur kurzfristige Belästigung des Mieters durch die Sanierungsmaßnahmen,*
- *die Wohnungsbaugesellschaft wird von jedem Koordinierungsaufwand entlastet*
- *und erhält neben den fertigen Leistungen
(auch im Winter keine witterungsbedingten Nacharbeiten)
das Übergabe- und Abrechnungsprotokoll,*
- *die Wohnungsbaugesellschaft kann die Miete erhöhen.*

Mit diesem Leistungsprofil war die Firma Felix konkurrenzlos auf dem Markt. Jetzt ging es an die Umsetzung.

Aus dem Stärken-Profil wurde gemeinsam mit der Betriebs-, Vertriebs- und Montageleitung der Firma Felix ein Angebotsprofil mit konkreten Ausführungsschritten für einen typischen Bedarfsfall erstellt.

Für die konkrete Erprobung der neuentwickelten Problemlösung konnte ein Referenzkunde gewonnen werden. Gemeinsam mit diesem sollte dann die Problemlösung mit einem konkreten Auftrag erprobt werden. Aus der Praxis heraus konnten anschließend – zusammen mit dem Referenzkunden – Verbesserungsmöglichkeiten erfaßt werden.

Der fünfte Schritt: Erproben und Optimieren der kundenspezifischen Lösung

Sie können sich vorstellen, daß Ihr Kunde Ihnen gerne Informationen über seine Problemstellung liefert und Ihnen auch weitere Hilfestellungen bei der Umsetzung Ihrer Problemlösung gibt.

> In dieser Erprobungsphase entwickeln Sie gemeinsam die Eignung und Optimierung Ihrer Problemlösung zum gegenseitigen Vorteil. Über diese notwendigen Abstimmungen entwickeln Sie andere und bessere Lösungen, als wenn Sie allein Ihr Produkt verbessern würden.

Bereits in diesem frühen Stadium werden die Kosten, die Ihr Kunde bereit ist zu zahlen, ein wichtiger Wegweiser. Sie lernen Ihre Leistung aus dem Blick Ihrer Kunden zu beurteilen. Sie sehen die Austauschbarkeit Ihrer Produkte im Vergleich zu Ihren Wettbewerbern und entwickeln gezielt Ihre persönliche Differenzleistung, die Sie wesentlich von Ihren Wettbewerbern unterscheidet.

In Ihren Prospekten und Anzeigen sprechen Sie dann über den zwingenden Nutzen für Ihre zukünftigen Kunden, da Sie ja bereits die praktische Erfahrung und Bestätigung haben. Auf einmal steht nicht mehr das Produkt im Mittelpunkt Ihrer Anzeige und Prospekte, sondern der Produktnutzen. Viele Unternehmen können sehr ausschweifend über ihre Produkte und Leistungen reden, über die Qualitätskontrollen und den Maschinenpark. Nur wenige Firmen können aber über den Produktnutzen reden, den ihre Leistungen bieten, und diesen auch noch aus der Sichtweise ihrer Kunden formulieren.

Bei Ihrer internen Betrachtung müssen Sie die praktische Erprobung jetzt ebenfalls vorantreiben. Generell gilt auch hier: Probieren geht über studieren.

Auch bei der Firma Felix folgte auf die Theorie die Praxis: die Erprobung mit einem Referenzkunden. Sichtbare Mängel wurden dabei ständig erfaßt und mit geeigneten Maßnahmen beseitigt. So wurden zum Beispiel

- eine umfassende Mieterinformation über die vorgesehenen Sanierungsmaßnahmen erstellt:
  - Wie läuft die Abwicklung?
  - Was muß der Mieter berücksichtigen?
  - Wie muß das Element bedient werden?
- eine Schulung für die Monteure eingerichtet, in der über
  - das Verhalten gegenüber den Mietern,
  - die Schutzmaßnahmen in den Wohnungen, insbesondere im Badezimmer und
  - den beschädigungsarmen Ausbau der alten Elemente informiert wird;
- Reservierungsflächen für die Materialbereitstellung eingeführt und
- ein schnellerer Abtransport der ausgebauten Elemente organisiert.

Nach der erfolgreichen Erprobung konnten die Werbung und die Angebote auf diese konkrete Zielgruppe ausgerichtet werden. Dies geschah einfach durch die Benennung ihrer Probleme und die Vorstellung der Lösungsvorschläge. Immer mehr Wohnungsbaugesellschaften erkannten ihre Vorteile in der Spezialisierung der Firma Felix.

Mit jeder Abwicklung in der Renovierung großer Wohnanlagen wurde das Leistungsprofil der Firma Felix besser. Die Materialbestellung erfolgte zu genau abgestimmten Terminen, bei den Monteuren saß bald jeder Handgriff, die kalkulierten Montagezeiten wurden sogar unterschritten.

Durch die Nachfrage und Auftragserteilung steigerte sich der Auftragsbestand kontinuierlich; teilweise mußten schon längere Lieferzeiten genannt werden. Der bisherige Engpaß „Auftragsbeschaffung und Auftragslage" ist nicht mehr vorhanden. An seine Stelle ist ein neuer Engpaß getreten: „Fertigungskapazität und Mengenleistung".

Der begrenzende Engpaß verlagerte sich von der Absatzseite zu der Fertigungsseite. In diesem Stadium verlassen wir die Außenorientierung und wenden uns der Innenorientierung zu.

Der sechste Schritt: Schwachstellen erfassen und engpaßbezogen beseitigen

Wenn wieder genügend Aufträge vorhanden sind, können Sie sich auch auf die innerbetrieblichen Probleme konzentrieren. Diese Konzentration ist auf die Wertschöpfungskette ausgerichtet (Produktionsmaterialfluß) und sucht in Verbindung mit dem Materialfluß nach der begrenzenden Engpaßanlage.

> Es bietet sich dabei ein dreistufiges Vorgehen an: erst die Bagger-, dann die Schaufel- und schließlich die feine Löffel-Methode.

In der ersten Stufe erfolgt nach der Bagger-Methode eine grobe Analyse der vorhandenen Materialbewegungen. Hier wird der zukünftige Materialfluß festgelegt und das Maschinen-Layout bestimmt. Spätestens jetzt ist die Beteiligung der Mitarbeiter besonders wichtig. Wertvolle Hinweise und Anregungen sind nur dann zu bekommen, wenn danach *gefragt* wird und notwendige Erläuterungen, Hintergründe und Zwänge offen angesprochen werden. Wird Vertraulichkeit groß geschrieben, werden die Informationen leichter fließen. Ein unabhängiger betriebsexterner Berater kann sich dabei als Mittler oftmals leichter betätigen.

Mit der zweiten Stufe beginnt die Schaufel-Methode. Hier wird der begrenzende Bereich genauer untersucht und nach der Ursache für den Maschinenausfall gesucht. Über eine BDE-Auswertung werden die häufigsten Stillstandsursachen ausgewertet. Dabei wird ein Betriebsdatenerfassungsgerät (BDE-Gerät) an eine Maschine angeschlossen; idealerweise an der Maschine, die den Engpaß im Ablauf der Fertigung darstellt. Das BDE-Gerät kann nun automatisch alle Produktionsdaten zeitgerecht erfassen und zuordnen:

- Mengenleistung,
- Zeit pro Stück,
- Taktzeit.

Über ein zusätzlich vorhandenes Eingabegerät können aber auch alle Stillstandszeiten und Unterbrechungen aufgelistet werden:
- Rüstzeit,
- Reparatur,
- Wartung,
- Warten auf Auftrag,
- Warten auf Material,
- Warten auf Personal,
- unbegründete Störungen.

Gleichzeitig wird der Maschinennutzungsgrad pro Tag automatisch ausgewertet und allen beteiligten Mitarbeitern zugänglich gemacht. Wenn eine Maschine bei 480 Minuten Laufzeit nur 240 Minuten tatsächlich produziert, dann haben wir einen Maschinennutzungsgrad von 50 Prozent.

Das besondere Interesse gilt nun der Ausfallzeit. Warum konnte die Maschine nicht arbeiten? Was sind die häufigsten Gründe? Vor allen Dingen: Welches sind die Ursachen für diese Ausfallzeiten? Wenn Sie die Ursache kennen, können Sie Lösungen zu ihrer Beseitigung erarbeiten. Bei Ausfallzeiten wegen Reparaturen ist die *vorbeugende Wartung* ein einfaches, aber wirksames Mittel, um Ausfallzeiten wesentlich zu reduzieren. Die Wirkung der jeweiligen Maßnahmen können sofort am nächsten Tag automatisch erfaßt und ausgewertet werden.

Über die dritte Stufe, die Löffel-Methode, werden dann in Feinarbeit die Ursachen für die Stillstandszeiten beseitigt.

> *Zum Erstaunen aller Beteiligten lag der begrenzende Engpaß in der Firma Felix bei einer vollautomatischen Anlage. Diese Anlage war zwar den ganzen Tag in Betrieb, wurde jedoch produktiv nur zu 54 Prozent genutzt.*
>
> *Die BDE-Auswertung bei der Firma Felix ergab folgendes:*
> - *an erster Stelle standen unbegründete Störungen,*
> - *an zweiter Stelle Reparaturen und*
> - *an dritter Stelle Wartezeiten auf Material.*

Die Einführung der vorbeugenden Wartung zeitigte schon schnell positive Ergebnisse: Der Ausfall wegen Wartung und Reparatur konnte fast gänzlich vermieden werden. Mit Einführung einer Maschinen-Nutzungsgrad-Prämie, die als Gruppenleistungsprämie konzeptioniert war, wurden alle Mitarbeiter im Engpaß-Bereich motiviert, die Wartezeiten auf Material wesentlich zu reduzieren. Der heutige Nutzungsgrad liegt bei 96 Prozent. Die Steigerung von 54 Prozent auf 96 Prozent wurde mit den „alten" Mitarbeitern erbracht.

Nachdem auch dieser Engpaß beseitigt war, trat natürlich an einer anderen Stelle in der Fertigung ein neuer Engpaß auf. Der Betrieb war aber nun darin geschult, den Blick auf den jeweiligen Engpaß zu richten und engpaßkonzentriert Lösungen zu suchen – und nur in Engpässe zu investieren.

In dem konkreten Beispielfall bedeutete „engpaßkonzentriertes Denken" folgendes: Die Zielvorgabe für die Firma Felix waren 120 Einheiten pro Tag. Die Steigerung von 90 auf 120 Einheiten bedeutet eine Steigerung der Produktivität von 33 Prozent mit den vorhandenen Mitarbeitern. Die Leistungsvorgabe von 120 Einheiten bedeutet auch eine Taktzeit von 4 Minuten pro Einheit [480 Minuten: 120 Einheiten = 4 Einheiten/Min.]. Jede Fertigungsstufe, die länger als 4 Minuten benötigt, wird zu einem Engpaß, der individuell gelöst werden muß. Hierfür können zusätzlich Mitarbeiter oder Vorrichtungen eingesetzt werden.

Gemeinsam mit den Führungskräften des Betriebes (Betriebsleiter, Meister + Vorarbeiter) wurde ein optimaler Fertigungsfluß als Layout entwickelt.

Aus diesem Layout entstanden durch ständige Überlegungen und Anpassungen durch Rollenbänder verkettete Fertigungsstraßen. Die Arbeitsplätze wurden aufeinander abgestimmt.

Mit der Umsetzung der aktuellen Maßnahmen konnte folgendes erreicht werden:
- Steigerung der Produktivität um   80 %
- Verkürzung der Durchlaufzeit um   50 %
- Senkung der Kapitalbindung um   40 %
- Freiflächen für zusätzliche Nutzung   30 %
- Verkürzung der Stückzeiten um   35 %

Der siebte Schritt: Kooperationspartner aktiv einbinden

Für die Entwicklung der Problemlösung benötigen Sie vielleicht zusätzliches Know-how.

> Für das ergänzende Know-how – aber auch für die zukünftige Geschäftsentwicklung – sollten Sie sich nicht scheuen kompetente Partner zu suchen und einzubinden. Ihr Unternehmen wird sich durch diese Partnerschaft verstärken. Sie können sich dadurch auf das konzentrieren, was Sie am besten beherrschen, und überlassen andere Leistungen anderen Experten.

Bei Felix erfolgte der siebte Schritt fast zwangsläufig. Die Firma wurde nach und nach in der Zielgruppe bekannt. Die saubere und problemlose Abwicklung der Renovierungsmaßnahmen sprachen sich in der Branche herum; Anfragen und Aufträge nahmen zu.

Die Folge waren Montageaufträge in ganz Deutschland. Die Monteure waren länger unterwegs, teilweise sogar die ganze Woche.

Was am Anfang wie ein Problem aussah – die Unzufriedenheit der Monteure durch lange Fahrzeiten und Abwesenheit von zu Hause – wurde zu einer generellen Problemlösung. Die Firma Felix suchte in der jeweiligen Region nach Vertragsfirmen, die die Montageleistungen vor Ort ausführen konnten.

Da es sich oft um kleine Handwerksfirmen handelte, die nicht ausgelastet waren, konnten schnell Interessenten gefunden und erste Subunternehmeraufträge erteilt werden.

Diese Partnerstruktur führte bald zu einem neuen Problem: Die Qualität der Ausführung und die Zuverlässigkeit ließen zu wünschen übrig. Und erneut wurde aus dem Problem die Lösung erarbeitet. Sie bestand in einer ausführlichen Montageeinweisung, in der alle notwendigen Handgriffe und Hinweise mit Bild und Text beschrieben wurden.

Die Subunternehmen wurden nach dieser Montageanleitung geschult und angeleitet. Sie mußten aber auch, wenn Reklamationen auftraten, die auf-

grund nicht „handbuchgemäßer" Leistungen erfolgten, für die Beseitigung der Reklamation auf eigene Kosten sorgen.

Mit dieser Lösung war die Firma Felix in der Lage, sich auf das zu konzentrieren, was sie am besten konnte: auf die Auftragsbeschaffung und Fertigung. Die Montage wurde von geschulten Partnerfirmen vor Ort übernommen.

Am Anfang stand ein kleines mittelständisches Unternehmen mit einem Umsatz von 12 Mio. DM und einer negativen Ausgangssituation. In einem Zeitraum von drei Jahren konnte der Umsatz von 12 auf 21 Mio. DM gesteigert werden. Die Zielvorgabe „10 Prozent mehr Umsatz" wurde mehr als erfüllt. Besondere Bedeutung erfährt der Hinweis, daß die Umsatzsteigerung mit den vorhandenen Mitarbeitern erreicht wurde; allerdings wurden in den entfernten Regionen die jeweils regionalen Subunternehmen eingesetzt. Natürlich ist der Ertrag der Firma Felix wesentlich gestiegen.

Diese Entwicklung hatte sich die Unternehmensführung am Anfang nicht vorstellen können. Aber mit jedem Schritt in die richtige Richtung wurde jeder Schritt ein Schritt in eine erfolgreiche Zukunft.

Auch Sie können diese Schritte für Ihr Unternehmen einleiten. Beginnen Sie mit Ihrer Stärke, Ihrer Vision und Ihrer Zielsetzung, und beseitigen Sie systematisch die einzelnen Engpässe in der Realisierung Ihrer Vision.

Fangen Sie an, mit Ihren Führungskräften über Ihre gemeinsame Vision und Wunschvorstellung zu sprechen. Formulieren Sie gemeinsam aus dieser Vision Ihre kurz- und mittelfristige Zielvorgabe.

Leiten Sie aus der generellen Zielvorgabe die jeweils persönliche Zielvereinbarung ab, die jeder Mitarbeiter für die Zielerfüllung übernimmt.

Suchen Sie bei den zukünftigen Hindernissen und Stolpersteinen nicht nach Schuldigen, sondern immer nach den Ursachen. Beseitigen Sie diese Ursachen konsequent und grundsätzlich.

Nehmen Sie sich diese Zeit trotz Ihres arbeitsreichen Tages. Investieren Sie diese Zeit in die zukünftige Entwicklung Ihres Unternehmens. Es wird eine lohnende Investition sein.

Strategie | 107

Die sieben Schritte der Außenorientierung

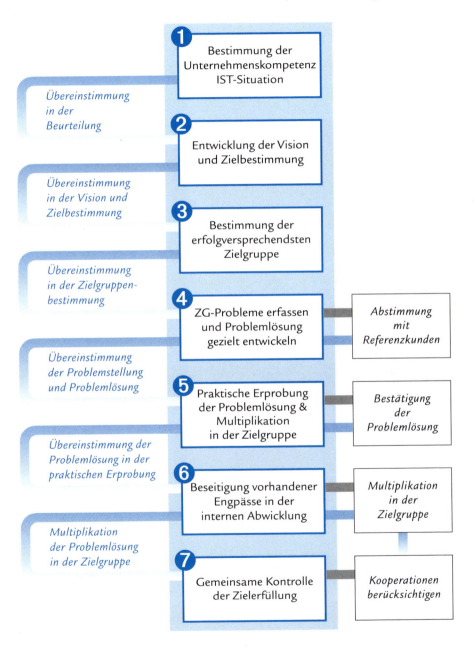

Gezielter Image-Aufbau durch Presse- und Öffentlichkeitsarbeit – Strategie, Beispiele, Methoden

Sonja Klug

> „Ein Unternehmer, der sich nicht auch in der Öffentlichkeit zeigt und nicht dem Anspruch gerecht wird, daß sein Unternehmen eine gesellschaftliche Veranstaltung ist, der hat heute eigentlich wenig Chancen, sich allumfassend weiterzuentwickeln."
>
> Heinz Dürr
> (zitiert nach Hennerkes u.a. 1998, S. 16)

Klinkenputzen lohnt sich (nicht)

Als der Bauboom gegen Ende der siebziger Jahre nachließ, bekam dies auch das mittelständische Unternehmen FSB (Franz Schneider Brakel), ein Türklinkenhersteller aus dem Weserbergland, zu spüren. Der Umsatz brach um 50 Prozent ein, und so suchte man eifrig nach Wegen aus der Krise, wobei man, wie so häufig, zunächst an eine konventionelle Lösung dachte: an einen neuen Unternehmenskatalog. Doch der beauftragte Grafikdesigner Otl Aicher lehnte eine Mitarbeit an einem solchen Werk ab und verpflichtete FSB, erst einmal über seine Kernkompetenzen und seine zukünftige Marktposition nachzusinnen.

Eine intensive Auseinandersetzung mit der eigenen Geschichte führte zu Resultaten, die das Unternehmen der Öffentlichkeit unbedingt mitteilen wollte – doch wie? Aicher riet dazu, die Kommunikation mit der Öffentlichkeit auf einem hohen Niveau zu führen, und zwar mit einem **Buch**. *So publizierte FSB 1986 sein erstes Buch mit dem Titel* **Greifen und Griffe**, *einen kulturge-*

schichtlichen Spaziergang durch die Welt der Türklinke. „Damit hatten wir bewiesen, daß wir mehr können, als ‚Hardware' zu produzieren. Wir hatten unter Beweis gestellt, daß wir auch etwas von unserer ‚Software' verstehen", resümiert Jürgen Braun, Geschäftsführer von FSB (Braun 1991, S. 134).

Mutig geworden im Umgang mit dem „neuen, alten" Medium Buch, wurde pünktlich zur nächsten Buchmesse ein Jahr später das nächste Werk veröffentlicht, und zwar ein Buch über einen Türklinken-Workshop, den FSB in Brakel mit neun international renommierten Designern veranstaltet hatte. Das Buch verhalf dem kurzlebigen Event des Workshops zu einem langfristigen Erfolg, dessen Echo in Millionenauflage durch die Medien hallte: Nicht nur zahlreiche Printmedien (u.a. **Stern**, **Manager Magazin**, **Playboy**) befaßten sich mit dem Buch, sondern auch Fernsehen und Radio mit Sendungen im WDR, NDR, 3SAT und HR3. Zur „Krönung" verlieh die Stiftung Buchkunst des Börsenvereins des Deutschen Buchhandels dem Werk die Auszeichnung für das beste Sachbuch des Jahres.

Wiederum ein Jahr später, 1988, publizierte FSB das nächste Buch, das den unbekannten Industriedesigner Johannes Potente aus Brakel vorstellte. 1989 erschien dann ein Gedichtband, in dem die Vorstellung von Türklinken mit Gedichten kombiniert wurde. Das Werk wurde erneut ausführlich in der Presse besprochen und von dem sonst sehr kritischen **Spiegel** sogar als Weihnachtsgeschenk empfohlen. Den Schlußpunkt schließlich bildete eine Monographie über Türdrücker.

Doch das eigentliche Ziel des Unternehmens, die Repositionierung am Markt durch ein neues Imageprofil, war schon nach dem dritten Buch erreicht. FSB gelang es, durch die Buchpublikationen neue Aufmerksamkeit bei Zielgruppen zu finden, in denen das Unternehmen vorher kaum beachtet wurde: bei Architekten und Inneneinrichtern, also bei potentiellen Kunden. Die vorher nahezu unbekannten FSB-Türklinken waren nun überall gefragt, weil ihr Design und der Auftritt des Unternehmens im Ganzen überzeugten. Auch die übrige Öffentlichkeit reagierte: Bei Museen, Hochschulen, Banken und Verbänden stand FSB plötzlich überall auf der Wunschliste für Vorträge, Fachartikel und Präsentationen.

PR bei Mittelständlern: Ergebnisse mehrerer Befragungen

FSB hat es auf vorbildliche Weise geschafft, Presse- und Öffentlichkeitsarbeit (PR) zur *Imagebildung* zu nutzen. Leider ist dieses Unternehmen unter den Mittelständlern noch immer eine Ausnahme, wie zwei Befragungen aus dem Jahre 1997 und vom November 1999 ergaben (vgl. Hennerkes u.a. 1998, S. 22 f.; *medien aktuell* 1999, S. 35). Danach können sich viele Unternehmen nicht einmal vorstellen, welchen Nutzen sie aus Presse- und Öffentlichkeitsarbeit ziehen könnten! Kunden, so glauben viele, könne man doch über die Presse sowieso nicht erreichen. Eine Verbindung zwischen dem Bekanntheitsgrad ihres Unternehmens und Pressearbeit sahen die wenigsten Unternehmer – was leider auch auf das *Internet* zutrifft. Die Unternehmensberatung Putz & Partner stellte in einer empirischen Studie fest (siehe www.marktplatz-mittelstand.de), daß Mittelständler auch im Internet konzeptionslos herumwursteln.

Dementsprechend unterhält die Mehrzahl der befragten Unternehmen keine eigene Pressestelle, und auch externe PR-Berater oder Agenturen werden nur von acht Prozent der Betriebe hinzugezogen. Dafür sehen die Mittelständler schlichtweg keinen Anlaß, zumal es ja auch noch Geld kostet.

Gleichzeitig beschweren sich aber die befragten Mittelständler, daß sie von der Presse viel zu wenig beachtet werden. Dort, so heißt es, kämen immer nur die Großunternehmen zum Zuge. Kunststück – die investieren ja auch regelmäßig in ihre PR, unterhalten eigene, meist sogar große Pressestellen, engagieren zudem externe Berater und pflegen den regelmäßigen Kontakt mit Journalisten! Und da heutzutage 70 Prozent aller Artikel in Tageszeitungen auf die Initiative von Pressestellen und PR-Agenturen zurückgehen, haben die Mittelständler eben das Nachsehen. (Einer beinahe unglaublichen Untersuchung der Universität Hohenheim zufolge soll es in der Bundesrepublik lediglich 5000 Unternehmen geben, die regelmäßig Pressearbeit betreiben!)

Falls mittelständische Unternehmen sich doch mehr oder weniger aktiv um Pressekontakte bemühen, so verwechseln sie die von ihnen verfaßten Pressetexte meist mit *Produktwerbung*, weil sie sich über den Aufbau solcher Texte – der „Basis-Kommunikation" mit Journalisten – keinerlei Gedanken machen: Anstatt die Journalisten sachlich über Fakten aus ihrem Unternehmen zu unterrichten, stellen sie sich selbst oder ihre Produkte als die „Größten, Schnellsten und Besten" dar und nennen in einem Text von einer Seite mindestens fünfmal ihren Firmennamen. Noch immer wandern einzig und allein aus diesem Grund 49 von 50 Pressemeldungen bei den Journalisten unveröffentlicht in den Mülleimer! Fazit:

> Die unter mittelständischen Unternehmen weit verbreitete Ansicht, Presse- und Öffentlichkeitsarbeit „bringe nichts und koste zuviel", ist einfach falsch. Unternehmen, die sich um regelmäßige Kontakte mit Journalisten bemühen, sind nachweislich auch öfter in den Medien vertreten und haben einen höheren Bekanntheitsgrad.

Wozu braucht man eigentlich „Image"?

Was genau „bringt" denn nun Presse- und Öffentlichkeitsarbeit? Sicherlich ist es zumeist nicht möglich, über PR *direkt* Kunden zu akquirieren. Aber das ist auch nicht der Sinn, denn Presse- und Öffentlichkeitsarbeit sollte nicht mit *Marketing* verwechselt werden, auch wenn 50 Prozent der befragten Unternehmen die Pressearbeit der Marketing-Abteilung zuordnen.

Der Nutzen, den Unternehmen aus regelmäßiger Presse- und Öffentlichkeitsarbeit ziehen, ist in erster Linie der *Aufbau eines Images* in der Öffentlichkeit. (Dies kann ggf. in zweiter Linie – wie im Fall FSB – dann auch zu Mehraufträgen führen.)

Für das englische Wort „Image" lassen sich auch deutsche Begriffe finden. „Image" steht für: *guter Ruf, soziale Anerkennung, Renommee, Akzeptanz in der Öffentlichkeit, Anziehungskraft* und *Bekanntheit*.

Image-Aufbau | 113

> Image ist das *immaterielle Vermögen* eines Unternehmens. Es schlägt sich zwar nicht als materieller Wert in den Bilanzen und Jahresabschlüssen nieder, und doch kommt kein Unternehmen ohne Image aus.

Denn die Akzeptanz eines Unternehmens ist die Grundlage dafür, daß Kunden *überhaupt* Aufträge erteilen oder Produkte kaufen. Nach Wolfgang Mewes ist Image ein *konstantes soziales Grundbedürfnis* jedes Unternehmens. Nicht das Kapital ist der entscheidende Faktor des Unternehmenserfolgs, sondern das Image.

Das belegt eine vor wenigen Jahren von Coca Cola durchgeführte Untersuchung. Für dieses weltweit agierende Unternehmen wurde ein ungewöhnliches Worst-Case-Szenario entworfen: Was geschähe, wenn auf der ganzen Welt gleichzeitig sämtliche Produktions- und Lagerstätten des Unternehmens zerstört und sämtliche Transportfahrzeuge abbrennen würden? Wieviel Kredit bekäme Coca Cola in diesem Fall von den Banken in aller Welt, um seine Infrastruktur komplett neu aufzubauen? Die Untersuchung führte zu dem Ergebnis, daß die Banken auf der ganzen Welt Coca Cola in diesem Fall einen Kredit von 64 Milliarden US-Dollar einräumen würden. Laut Bilanzen betrug der materielle Wert der Infrastruktur des Unternehmens zum Zeitpunkt der Befragung aber nur 43 Milliarden US-Dollar. Mit anderen Worten: Der Image-Wert überstieg den materiellen Buchwert des Unternehmens um 21 Milliarden US-Dollar!

Image ist nötig, um die *Attraktivität* eines Unternehmens für Kunden und Lieferanten, für Mitarbeiter, für Banken, für Standorte und für vieles andere mehr dauerhaft zu gewährleisten – Image *ist* die Attraktivität eines Unternehmens. Nicht zuletzt braucht jedes Unternehmen auch ein „Image-Polster" für unerwartete Krisen und Notfälle.

Ein mittelständisches Unternehmen der Metallbranche war über Jahre hinweg ohne Pressekontakte ausgekommen. Die Geschäfte liefen gut, und man bekam genügend qualifizierte Mitarbeiter. Wozu sollte man sich dann noch um Publizität bemühen? Eines Tages jedoch berichtete die Presse, daß auf dem Grund und Boden des Unternehmens Schwermetallverseuchungen festgestellt worden seien. Die angeblich kontaminierten Böden erregten die Aufmerksamkeit der Öffentlichkeit, nicht zuletzt angeheizt von Öko-Aktivisten. Das Unternehmen war sich keiner Schuld bewußt, zumal wissenschaftliche Bodenproben zu dem Ergebnis führten, daß die Veröffentlichungen in der Presse maßlos übertrieben waren.

Das Unternehmen hatte jedoch die Eigendynamik des Vorfalls gewaltig unterschätzt. Da es sich bisher sehr zugeknöpft gegenüber Journalisten gegeben hatte, schenkte die Presse ihm zunächst keinen Glauben. Hier fehlte eben das „Image-Polster", das sich der Betrieb in guten Zeiten hätte zulegen sollen: Wären bereits gute Kontakte zur Presse gepflegt worden, so wäre es relativ leicht gewesen, die Journalisten von den haltlosen Anschuldigungen zu überzeugen. Aufgrund des Schweigens in früheren Jahren argwöhnte die Presse jedoch, daß die Firma wohl schon seit langem eine „Leiche im Keller" habe.

Jetzt mußte das Unternehmen Lehrgeld bezahlen. Die Umsätze brachen ein, und es lief wie häufig in solchen Fällen: Um den guten Ruf wiederherzustellen, wurden teure externe Spezialisten für Krisen-PR hinzugezogen. Ihr Honorar und die Rehabilitierung des Unternehmens in der Öffentlichkeit kostete ein Mehrfaches von dem, was die Pflege regulärer Pressekontakte über mehrere Jahre hinweg gekostet hätte.

Fälle wie der beschriebene sind Legion. Man denke nur an die Umsatzeinbußen in Millionenhöhe, die Shell aufgrund seines Image-Debakels mit der Bohrinsel Brant Spar erlitten hat.

Übrigens werden (zutreffende oder *un*zutreffende) Negativmeldungen über ein Unternehmen auch häufig von der *Konkurrenz*, die über bessere Medienkontakte verfügt, in die Presse lanciert. Dies ist ein beliebtes Mittel, um unliebsamen Mitbewerbern „eins auszuwischen" und wenigstens vorübergehend von deren Umsatzeinbußen durch höhere *eigene* Umsätze zu profitieren. Sarkastisch gesprochen, könnte man sagen:

> Viele Unternehmen merken erst dann, wozu sie „Image" benötigen, wenn sie ihr (gutes) Image bereits verloren haben. Lassen Sie es nicht zu, daß fehlendes oder verlorenes Image zum Engpaß Ihrer Unternehmensentwicklung wird, sondern handeln Sie rechtzeitig!

Drei Schritte zum strategischen Image-Aufbau

Der Image-Aufbau eines Unternehmens sollte kontinuierlich vorangetrieben werden, und zwar über mehrere Jahre. Einmalige oder gelegentliche Aktionen bringen rein gar nichts und sind hinausgeworfenes Geld.

> Ihren Image-Aufbau sollten Sie systematisch über viele Jahre betreiben, und zwar in drei Schritten:
> 1. *Kurzfristig wirksame Aktionen*: Presseartikel in den Printmedien, aber auch Beiträge im Rundfunk, Homepage im Internet, zusätzlich Pressekonferenzen, Vorträge, Workshops, Tage der offenen Tür, ggf. auch Seminare und andere punktuell wirksame Aktionen mit kurzlebigem Charakter;
> 2. *langfristig wirksame Presse- und Öffentlichkeitsarbeit* mit Hilfe des Mediums Buch;
> 3. Aufbau eines *Marken-Images* mit Hilfe gezielter Markenpolitik. Zur Marke kann z. B. das Unternehmen selbst und/oder eines oder mehrere seiner Produkte bzw. Produktlinien werden.

Nach Egon Erwin Kisch ist nichts so alt wie die Zeitung von gestern. Spätestens, wenn die nächste Ausgabe eines Mediums erscheint oder die Rundfunksendung vorbei ist, sind alle Informationen schon wieder „Schnee von gestern". Deshalb ist PR, die sich ausschließlich auf *kurzfristig* wirksame Aktionen und Presseartikel stützt, nicht effizient genug. Kurzlebige Aktionen sind schnell wieder vergessen.

Zudem erzeugen sie ein *bruchstückhaftes* Bild des Unternehmens in der Öffentlichkeit, dem die *Ganzheitlichkeit* fehlt: Heute erfährt die Öffentlichkeit möglicherweise etwas über ein neues Produkt, einige Wochen später hört sie von der Neueinstellung von Mitarbeitern, dann werden die aktuellen Bilanzen bekanntgegeben, einige Monate später gibt es Diskussionen über den Standort usw. – insgesamt also ein buntes „Potpourri" *heterogener* Informationen, die sich für die Öffentlichkeit, häufig auch für die Journalisten, nicht in ein *Gesamtbild* einfügen.

Um ein ganzheitliches Bild oder Image eines Unternehmens zu erzeugen, bedarf es, ergänzend zu den kurzfristigen Aktionen, einer *langfristig* angelegten Öffentlichkeitsarbeit, für die wiederum ein geeignetes Medium notwendig ist. Schaut man sich die Medienlandschaft an, so gibt es im Grunde nur *eines*, das allen Anforderungen gerecht wird: *das Buch*.

Daß Printmedien, Hörfunk und Fernsehen nicht langfristig wirken, ist klar. Auch mit dem Internet ist nur eine kurzfristige Wirkung zu erzielen,

Image-Aufbau | 117

denn Homepages leben von schnellen und häufig ausgetauschten Informationen. Als weitere Medien verbleiben nur CD-ROMs, Videos und Bücher.

CD-ROMs und Videos wirken zwar langfristig, haben aber zwei entscheidende Nachteile: Zum einen setzen sie eine entsprechende technische Ausrüstung voraus, zum anderen erfahren sie keine Verbreitung über den Handel (und damit keine ausreichende Öffentlichkeit) – jedenfalls nicht, wenn sie sich thematisch mit einem *Unternehmen* befassen. Ein weiterer Nachteil ist, daß CD-ROMs und Videos für den, der sie erhält, zunächst einmal eine „Black-box" sind: Den immer gleich aussehenden, silbern glänzenden Scheiben und den schwarzen Video-Kästchen sieht man nicht an, was auf ihnen gespeichert ist, solange man sie sich nicht angeschaut und angehört hat. Vom Äußeren, vom Corporate Design, gesehen, ist also mit diesen Medien ebenfalls kein Staat zu machen.

> So bleibt ausgerechnet das Uralt-Medium *Buch* übrig, mit dem sich aufgrund seiner technischen Voraussetzungslosigkeit und seiner weiten Verbreitung über den Buchhandel ideal *langfristige* Presse- und Öffentlichkeitsarbeit betreiben läßt.

Wenn Sie dann auch noch den nächsten Schritt bis zur eigenen Marke schaffen, sind Sie, wie der Fall Coca Cola zeigt, nahezu unangreifbar geworden. Ihnen ist nicht nur die ständige Aufmerksamkeit aller Medien gewiß, sondern Sie erzielen mit einer Marke auch einen deutlich höheren Profit als mit „No-name"-Produkten. Eine Marke ist im Bewußtsein vieler Käufer ein qualitativ herausragendes Produkt, das gegenüber Mitbewerbern ein klares Alleinstellungsmerkmal aufweist und daher bevorzugt gekauft wird (vgl. dazu den nachfolgenden Beitrag von P. Sawtschenko zur Markenentwicklung).

Leider sehen jedoch viele Unternehmen nicht die Chancen, die in einer kontinuierlichen Presse- und Öffentlichkeitsarbeit liegen, und damit auch nicht das langfristige Ziel der Markenetablierung.

> Die drei Kardinalfehler beim Image-Aufbau sind:
> - das Image dem *Zufall* zu überlassen, indem man der Presse überhaupt keine Aufmerksamkeit schenkt oder sich sogar abschottet,
> - eine *qualitativ unzureichende* Presse- und Öffentlichkeitsarbeit zu betreiben, die sich z. B. durch schlechte Pressetexte und unprofessionelle Aktionen auszeichnet,
> - bei einer *kurzfristigen* PR stehen zu bleiben, ohne den schrittweisen Fortschritt mit langfristigen Zielen und Vorteilen einzuplanen.

Was Sie bei Ihrer Presse- und Öffentlichkeitsarbeit beachten sollten

Ratgeber, die sich mit der praktischen Gestaltung der Presse- und Öffentlichkeitsarbeit befassen, gibt es auf dem Buchmarkt in großer Zahl. Daher sollen hier nur ein paar wesentliche Voraussetzungen für eine qualitativ gute Pressearbeit genannt werden.

Unabdingbar ist es, daß Sie einen Presseverteiler für Ihren Versand von Presseinformationen aufbauen. Der Presseverteiler sollte dabei nicht, wie es häufig geschieht, alphabetisch strukturiert sein, sondern *zielgruppenspezifisch*. Unterscheiden Sie die folgenden Medien bzw. Zielgruppen:
- Lokal- und Regionalzeitungen,
- überregionale Tageszeitungen (*Die Welt*, *FAZ*, *Süddeutsche Zeitung* u.a.),
- Wochenzeitungen (*Die Woche*, *Die Zeit* u.a.),
- branchenspezifische Fachzeitschriften,
- Wirtschaftszeitschriften (*Capital*, *Impulse*, *Manager Magazin* usw.),
- Rundfunkanstalten,
- Presseagenturen.

Nicht jede Presseinformation eignet sich für alle Medien. Differenzieren Sie Ihre Mitteilungen nach Zielgruppen, und treffen Sie Ihre Themenauswahl so, daß Sie *alle* Zielgruppen wenigstens zwei- bis dreimal im Jahr an-

Image-Aufbau | 119

sprechen. Mittelständler machen den Fehler, daß sie sich zu häufig einseitig auf branchenspezifische Fachzeitschriften konzentrieren, weil sie dort ihre Produkte vorstellen können.

Um in die Presse zu kommen, müssen Sie das „Nadelöhr" Journalisten passieren. Denn veröffentlicht wird nur das, was den Journalisten zusagt. Dementsprechend müssen Sie Ihre Presseinformationen journalistengerecht verpacken:

- Texte und Themen, die Sie an die Redaktionen herantragen, sollten *auf keinen Fall werblich formuliert* sein, sondern journalistischen Ansprüchen genügen. Das bedeutet, die Informationen sachlich-objektiv darzustellen, und zwar so, daß der Text von hinten nach vorne gekürzt werden kann. Das Wichtigste muß also gleich in den ersten drei Sätzen gesagt werden.
- Größere Themen sollten den Redaktionen schon im Vorfeld telefonisch angeboten werden.
- Für wichtige Texte und Themen sollten aussagekräftige Fotos und Grafiken bereitgehalten werden.
- Auf allen Materialien, die an die Presse verschickt werden, muß ein Ansprechpartner im Unternehmen mit Telefonnummer genannt werden – ein Ansprechpartner, der auch *tatsächlich und prompt* für die Redaktionen zur Verfügung steht!

Für den Erfolg der Pressearbeit ist auch die Themenwahl entscheidend.

Themen für die Presse- und Öffentlichkeitsarbeit

Was die Presse *kurzfristig* immer interessiert, sind z. B.
- Personalfragen: Wechsel in der Geschäftsführung oder in leitenden Positionen,
- Schaffung neuer oder Wegfall vorhandener Arbeitsplätze,
- alle größeren Vorhaben wie Werksneubauten, Beteiligungen an anderen Unternehmen, Produktionsaufnahmen im Ausland usw.,
- Sicherheit am Arbeitsplatz,

- Themen, die mit dem Erhalt der Umwelt zu tun haben: reine Luft, klares Wasser, saubere Böden usw.,
- Standortfragen,
- alle öffentlichkeitswirksamen Aktionen wie Workshops, Seminare, Vorträge, Tage der Offenen Tür, Ausstellungen usw.,
- auch Produkte, Produktveränderungen, neue Produkte oder neue Produktlinien (allerdings sollte sich die PR nicht darauf beschränken!).

Wenn Unternehmen darüber nachdenken, ob sie ein Buch publizieren sollen, so denken sie meist zuerst an die klassische Firmen-Festschrift zum Jubiläum. Die Festschrift ist jedoch ein eher abgedroschenes Instrument, das zudem mittlerweile von vielen Unternehmen als „hausbacken" empfunden wird. Die Themenpalette, die für ein Buch in Frage kommt, ist genauso vielfältig wie die möglichen Themen im Bereich der kurzfristigen Öffentlichkeitsarbeit. Einige kommen durchaus auch für Bücher in Frage, so u.a.

- alle Aktionen bzw. Events, die die Öffentlichkeit miteinbeziehen (z. B. Ausstellungen, Workshops, Seminare),
- Umstrukturierungen im Unternehmen, die sich aus größeren Vorhaben ergeben,
- Produkte oder Produktgeschichte(n), außerdem
- Firmengeschichte(n) und
- Rohstoffgeschichte.

FSB hat es vorgemacht, indem das Unternehmen Bücher publizierte, die mit den Produkten des Unternehmens zu tun hatten, aber so angelegt waren, daß sie eine *breite* Öffentlichkeit, nicht nur die Kunden, ansprachen (durch ein interessant bebildertes Sachbuch, einen Gedichtband, eine Ergänzung zu einem Workshop usw.).

Da Bücher langfristig wirken, sollte das Thema entsprechend sorgfältig ausgewählt werden. Voraussetzung dafür ist eine Image-Analyse der bisherigen Presse- und Öffentlichkeitsarbeit im kurzfristigen Bereich sowie eine Analyse des Buchmarktes, um das Buch genau am Markt und in die

Image-Aufbau

Marktlücke hinein zu plazieren und so gezielt ein bestimmtes, ganzheitliches Image in der Öffentlichkeit zu verbreiten und zu etablieren.

Eine Buchpublikation erfordert einen erheblichen Zeitaufwand: Von der Themenfestlegung, über die Recherchen, das Ausformulieren des Textes, das Anfertigen von Bildern, bis zum Finden eines geeigneten Buchverlages können zwei Jahre oder mehr vergehen. Deshalb ist es empfehlenswert, einen professionellen PR-Berater hinzuzuziehen, der sich auf dem Buchmarkt auskennt, über Kontakte zu Buchverlagen verfügt, das Projekt insgesamt managt und ggf. auch ausführend (als Ghostwriter) mitwirkt. Ein Profi kann die Zeitdauer bis zur Veröffentlichung erheblich verkürzen und dafür sorgen, daß das Buch inhaltlich wie auch äußerlich ansprechend und zielgruppengerecht gestaltet ist.

> Sowohl im Bereich der kurzfristigen wie der langfristigen Presse- und Öffentlichkeitsarbeit gilt es, kompetent *Themen zu besetzen* – vorzugsweise, aber nicht ausschließlich solche, mit denen ein Unternehmen (mit der Marke als langfristigem Ziel) ein *Alleinstellungsmerkmal* am Markt aufbauen kann.

Die entscheidenden Vorteile von Büchern gegenüber anderen PR-Instrumenten

Bücher haben gegenüber der nur kurzfristigen Pressearbeit entscheidende Vorteile:

- Sie bleiben *drei bis fünf Jahre* auf dem Markt,
  (womit sich der einmal investierte hohe Zeitaufwand rentiert).

- Sie lassen sich äußerlich im Einklang mit dem *Corporate Design* des Unternehmens gestalten. Bücher, denen das Firmenlogo aufgedruckt ist, die in der Hausschrift gelayoutet sind und deren Einband in der Hausfarbe gestaltet ist, sind keine Seltenheit.

- Sie werden über den Vertriebskanal Buchhandel verbreitet und erreichen auf diese Weise auch solche Leser, zu denen das Unternehmen sonst keinen Kontakt hat; sie erschließen also möglicherweise sogar *neue Zielgruppen*.
- Sie ermöglichen es, ein *ganzheitliches Bild* von einem Unternehmen in der Öffentlichkeit aufzubauen, das über die punktuellen Einzelinformationen in anderen Medien weit hinausgeht.
- Sie geben die Chance, Themen *ausführlicher und gründlicher* zu behandeln, als dies in den anderen Medien möglich ist.
- Sie lassen eine *Verbindung zu Marketing und Sponsoring* zu, wie sie bei anderen Medien eher verpönt ist. So ist es z. B. möglich, Bücher zu sponsern und im hinteren Teil mit Werbeanzeigen (Personal- oder Produktanzeigen) zu versehen, ohne daß dies „anrüchig" wirkt.

Das Unternehmen MLP (Marschollek, Lautenschläger und Partner), ein Finanzdienstleister aus Heidelberg, benutzt Bücher bevorzugt als Akquisitionsinstrument zur Gewinnung neuer Kunden. MLP hat sich auf die Marktlücke spezialisiert, junge Akademiker mit überdurchschnittlich hohem Einkommen finanziell zu beraten. Konsequent spricht man daher bereits Studenten und Absolventen von Hochschulen und Berufsakademien an, wobei Mediziner einen gewissen Schwerpunkt bilden.

Die überdurchschnittlich gebildete Zielgruppe erfordert ein geschicktes Vorgehen bei der Akquisition. Man erreicht die Zielgruppe über diverse **Lehr- und Fachbücher** *zu unterschiedlichen Studiengängen wie Wirtschaft, Ingenieurwissenschaften und Medizin (vgl. Klug/Köhler 2000). Indem MLP mit den – häufig verschenkten oder über den Buchhandel sehr preiswert vertriebenen – Büchern frühzeitig ein dringendes Informationsproblem seiner Klientel löst, gelingt es, mit der Zielgruppe in Kontakt zu kommen, um dann später Aufträge zu akquirieren.*

Der Inhalt der Bücher hat mit dem Unternehmen selbst nichts zu tun, sondern mit den Fragen und Problemen der Zielgruppe Hochschulabsolventen. Die Bücher werden konsequent gesponsert und äußerlich häufig in Übereinstimmung mit dem Corporate Design von MLP gestaltet, dabei aber von renom-

mierten Buchverlagen verlegt und vertrieben. Das Unternehmen gibt sogar unter dem Titel „Edition MLP" eigene Buchreihen heraus. Die Bücher sind manchmal mit Anzeigen versehen, mit denen um Mitarbeiter für MLP selbst geworben wird.

> Ein Buch kann auf verschiedenen Kommunikationsebenen verschiedene Funktionen in den Bereichen Marketing, PR und Sponsoring *gleichzeitig* erfüllen und wirkt somit umfassend und integrativ. Auf diese Weise führt ein Buch dazu, daß ein Unternehmen ein stimmiges und *einheitliches Image* – eben eine ganzheitliche *Corporate Identity* – nach außen trägt.

Die Verzahnung von kurz- und langfristiger Öffentlichkeitsarbeit

Um es klar zu sagen: Es geht nicht darum, das Medium Buch gegen die anderen Medien auszuspielen und einseitig in den Vordergrund zu rücken. Es geht vielmehr darum, das Buch *ergänzend* zu den anderen Medien zu nutzen. Die kurzfristige und die langfristige Öffentlichkeitsarbeit sollten *sinnvoll ineinandergreifen*, damit eine optimale Wirkung – nämlich die *strategische Image-Positionierung* des Unternehmens – erzielt wird.

FSB hat dies vorbildlich umgesetzt, indem das Unternehmen seine Bücher zum Anlaß genommen hat, um mit ihnen an die Presse heranzutreten. Die Berichte in der Presse, die sich an die Buchveröffentlichung anschlossen, und das Buch selbst haben sich auf diese Weise in ihrer Wirkung gegenseitig „hochgeschaukelt", bis es zu dem überwältigenden Medienecho kam, das sich dann auch positiv auf den Umsatz auswirkte.

Das Buch ist ebenfalls ein hervorragendes Instrument, um kurzlebigen Events eine nachhaltige Wirkung zu verschaffen. Man denke an Ausstellungen, Workshops, Kongresse und andere Aktionen, denen durch ein Buch – über die Teilnehmer der jeweiligen Veranstaltung hinaus – eine weitreichende und lang andauernde Wirkung zuteil werden kann.

Presse- und Öffentlichkeitsarbeit **mit Buch**

Presseartikel
Interviews
Buchbesprechungen
weitere Aktionen

Mit einem Buch als „Aufhänger":
- langfristige Wirkung
- konzentrierte Aufmerksamkeitslenkung
- einheitliches Bild in der Öffentlichkeit
- strukturierte Pressearbeit
- strategische Positionierung
- Verknüpfung mit weiteren Aktionen, Events

*klares,
einheitliches Image*

Der nächste Entwicklungsschritt

Haben Sie über mehrere Jahre hinweg kontinuierlich kurzfristige mit langfristiger Presse- und Öffentlichkeitsarbeit verbunden, so sollte es Ihnen gelungen sein,
- ein *klares, positives und in sich stimmiges Image* von Ihrem Unternehmen in der Öffentlichkeit zu schaffen,
- sich ein *Image-Polster* für eventuelle Krisenfälle zuzulegen und
- sich *strategisch zu positionieren*.

All dies sind wichtige Voraussetzungen auf dem Weg zur Marktführerschaft. Dann können Sie den nächsten Schritt im Bereich des Image-Aufbaus wagen, und zwar die Entwicklung zu einer *Marke*. Darüber informiert der nachfolgende Beitrag.

Literatur

Brauer, Gernot: ECON Handbuch Öffentlichkeitsarbeit, Düsseldorf 1993.

Braun, Jürgen: „FSB – Faszination der gestalteten Form."
In: Bürger, Joachim/Hans Joliet (Hrsg.): Die besten Kampagnen: Öffentlichkeitsarbeit. Bd. 2, Landsberg a.L. 1991, S. 129-137.

Bürger, Joachim J.: „Buchpublikationen als Imageträger."
In: Bürger, Joachim J. (Hrsg.): PR – Gebrauchsanleitungen für praxisorientierte Öffentlichkeitsarbeit, Landsberg a.L. 8/1998, S. B1-B31.

Friedrich, Kerstin: „Bestseller auf Bestellung – Fallstudie Dienstleistungen."
In: Strategie-Brief. Pfungstadt, He.10/1999, S. 3-9.

Hennerkes, Brun-Hagen/Gabriele Hermani/Hans Schreiber: Öffentlichkeitsarbeit für Familienunternehmen. Potentiale erkennen und ausnutzen, Frankfurt a.M. 1998.

Klug, Sonja: Bücher für Ihr Image. Leitfaden für Unternehmen und Business-Autoren, Zürich: Orell Füssli 1996.

Klug, Sonja: „Das Buch als Medium der Unternehmenskommunikation."
In: Direktmarketing, He. 9/1993, S. 20-21 und He. 10/1993, S. 31-32.

Klug, Sonja: „So setzen Sie Bücher für Ihre Unternehmens- und Karriereziele ein."
In: Der Karriereberater, He. 7/1993, S. 104-112.

Klug, Sonja: Jubiläums-Festschriften optimal planen, gestalten und veröffentlichen. Ein praktischer Leitfaden für Unternehmen und Institutionen, Rheinbach 1994.

Klug, Sonja: 40 Jahre frechverlag. Eine Chronik, Stuttgart 1995.

Klug, Sonja: „Der Trend zum eigenen Buch: Mit eigenen Büchern gezielt das Image ausbauen."
In: Der Karriereberater, He. 7/1997, S. 126-138.

Klug, Sonja: „Bücher als PR-Instrument gekonnt einsetzen."
In: Schulze-Fürstenow, Günther/Bernd-Jürgen Martini (Hrsg.): Handbuch PR. Neuwied, He. 13/1997, S. 1-16.

Klug, Sonja: „Bücher für das Unternehmens-Image – Buch-Projekte erfolgreich managen."
In: Förster, Hans-Peter (Hrsg.): Presse- und Medienarbeit für Praktiker. Neuwied, He. 27/1997, S.1-30.

Klug, Sonja: „Mit Büchern zum Erfolg – eine Imagepflege der besonderen Art."
In: HelfRecht Methodik, Nr. IV/1997, S. 250-252.

Klug, Sonja: „Public Relations: Image per Buch."
In: Motivation – Inspiration für Führungskräfte, He. 4/1998, S. 24 f.

Klug, Sonja/Dorothee Köhler u.a.: Gabler/MLP Berufs- und Karriereplaner 2000/2001: Wirtschaft. Für Studenten und Hochschulabsolventen, Wiesbaden 2000.

Klug, Sonja/Dorothee Köhler u.a: Gabler/MLP Berufs- und Karriereplaner 2000/2001: Technik. Maschinenbau, Elektrotechnik, Bauwesen, Informationstechnologie, Wiesbaden 2000.

o. Verf.: „Marketing: Die Firmenpublikation als Marketing-Instrument."
In: Chef, He. 4/1999, S. 53.

o. Verf.: „Marketing: Das Buch als Türöffner." In: GeschäftsWelt, He. 9/1999, S. 24 f.

o. Verf.: „PR-Studie. Mittelständler-PR weitgehend unprofessionell."
In: medien aktuell, He. 46/15.11.1999, S. 35.

Wege zur Marken-Entwicklung – Werden Sie die Nummer eins im Kopf Ihrer Zielgruppe

Peter Sawtschenko

Für mittelständische Unternehmen wird es immer schwieriger, mit den großen Konkurrenten, ihrem Marketing-Know-how und ihren Media-Budgets mitzuhalten. Die Frage, die viele Unternehmer beschäftigt, ist: Gibt es Möglichkeiten, mit denen ich mich mit einem bezahlbaren Aufwand erfolgreich vom Wettbewerb absetzen kann und im Kopf meiner Zielgruppe die Nummer eins werde? Die Antwort lautet Ja.

> Wer heute konkurrenzfähig bleiben will, muß sich entweder mit Mehrnutzen-Innovationen oder durch psychologisch wirkende Alleinstellungsmerkmale vom Wettbewerb absetzen. Wer dabei die wichtigsten Grundregeln der Positionierung beachtet, kann sein Produkt, seine Dienstleistung oder sein Unternehmen nicht nur erfolgreich als eigenständige *Marke* etablieren, sondern auch die *Nummer eins* im Kopf seiner Zielgruppe werden.

Die folgenden Grundregeln und Beispiele geben Ihnen einen kleinen Einblick, wie Sie Ihr Produkt oder Ihre Dienstleistung auch als mittelständisches Unternehmen erfolgreich als Marke positionieren können.

Was ist Branding?

Unternehmerisch gesehen, hat das Branding im Markt große Ähnlichkeit mit einer der wichtigsten Tätigkeiten auf einer Ranch: Das Vieh wird mit einem Brandzeichen gekennzeichnet, um es von anderen auf der Weide zu unterscheiden. Ein erfolgreiches Branding-Programm basiert auf dem Konzept der Einzigartigkeit. Es schafft in den Köpfen der Verbraucher die Wahrnehmung, daß Ihr Produkt oder Ihre Dienstleistung unverwechselbar und einzigartig ist.

Die Zukunft heißt Branding-Marketing

In den meisten Unternehmen werden die Marketingaktivitäten in verschiedene Funktionsbereiche aufgeteilt. Nicht selten entbrennt ein Macht- und Kompetenzkampf unter den Funktionsbereichen, der sie jegliche gemeinsame Zielsetzung aus den Augen verlieren läßt. Damit Marketing wieder effizient und effektiv werden kann, muß der Marketing-Prozeß auf einen einfachen Nenner gebracht werden: „Was muß ich tun, damit mein Produkt nachhaltig im Gedächtnis der Verbraucher bleibt und die Kaufentscheidung zu meinen Gunsten ausfällt?"

> Das vorrangigste Ziel im Marketing-Prozeß ist das *Branding*. Nur das Bestreben, einem Markenprodukt im Gedächtnis der Verbraucher eine nachhaltige Präsenz zu verschaffen, hat langfristig Erfolg. Die Konzentration auf den Branding-Prozeß fokussiert bzw. bündelt alle Marketingaktivitäten wie einen Laserstrahl auf die Kerninhalte.

Dies hat zur Folge, daß immer weniger *ver*kauft, also in den Markt hineingedrückt werden muß (= Push- oder Druck-Marketing) und daß statt dessen mehr *ge*kauft wird, also die Anziehungskraft auf den Kunden wächst (= Pull- oder Sog-Marketing). Der traditionelle Verkaufsprozeß vom Verkäufer zum Kunden ist auch heute schon eindeutig rückläufig. Es werden immer mehr Produkte ohne die beratende Unterstützung eines Verkäufers gekauft. Der Branding-Prozeß leistet auf der einen Seite dieser Entwicklung Vorschub. Auf der anderen Seite sorgt er dafür, daß Produkte und Dienstleistungen schon im Vorfeld Akzeptanz finden. Branding ist nichts anderes als ein wirksameres Verkaufsinstrument. Hieß es früher: „Ohne *Verkauf* läuft gar nichts!", so heißt es heute: „Ohne *Branding* läuft gar nichts!"

Das beste Beispiel dafür, wie gekauft wird, finden wir in den Supermärkten. Wenn die Kunden vor dem Regal stehen, finden hochkomplexe Kaufentscheidungen statt. Für die Qual der Wahl zwischen den verschiedenen Markenartikeln steht kein Verkäufer zur Verfügung. Der Verkaufsprozeß ist bereits in der Marke enthalten, und der Markenname wird zum stummen Verkäufer. Wie ein Flächenbrand breitet sich mittlerweile das Verkaufen ohne Verkäufer auf fast alle Branchen aus. Selbst der Gebrauchtwagenhandel, einst das Eldorado der „Zocker", wird zunehmend einem Supermarkt wie Wal-Mart ähnlicher. Produkte werden bergeweise gelagert, vorteilhaft arrangiert und zum vernünftigen Preis feilgeboten, aber selten verkauft im klassischen Sinne des Wortes. Steigende Anziehungskraft beim brandingzentrierten Autoverkauf hat der Kauf per Internet. Die Käufer bestellen ihr Auto via Website, ohne es mit eigenen Augen geprüft oder nach einer Probefahrt für gut befunden zu haben. Dieser Trend läßt sich auch in vielen anderen Branchen beobachten, so z. B. im Sektor der Finanzdienstleister, wo namhafte Unternehmen wie Charles Schwab, Fidelity etc. ihren Kunden den direkten Zugang zu ihren Finanzprodukten zu niedrigen Courtagen mit Online-Kundendienst anbieten.

Was ist eine Marke?

Manche Führungskräfte glauben, daß Marken einzigartige Identitäten und Merkmale besitzen, unabhängig vom Firmen- oder Produktnamen. Doch dieser Glaube ist falsch. In den Köpfen der Käufer besteht kein Unterschied zwischen einem Firmen- oder Produktnamen und einem Markennamen. Ein Markenname ist zunächst nicht mehr als nur ein Wort im Gedächtnis des Käufers. Die Stärke einer Marke liegt in ihrer Fähigkeit, in den Köpfen der Käufer *auf psychologische Weise* das Kaufverhalten zu *beeinflussen*.

Man kann eine Marke in jeder Produktkategorie aufbauen, solange man die Gebote des Brandings beachtet. Selbst aus einem der größten Massenartikel der Menschheit, dem H_2O oder Trinkwasser, läßt sich ein hochwertiges Markenprodukt entwickeln.

> *Fast jeder Mensch in Europa und den USA kann auf sauberes, klares und kühles Trinkwasser aus der Leitung zurückgreifen. Es besteht eigentlich keine Notwendigkeit, es für teures Geld im Laden zu kaufen. Trotzdem sind die Trinkwasser-Regale der Supermärkte oftmals doppelt so lang wie die der Biere. Eines der zugkräftigsten Marken-Trinkwasser in Amerika ist Evian. Mit durchschnittlich 1,69 Dollar je 1,5-Liter-Flasche ist das „Edelwasser" um 20 Prozent teurer als Budweiser-Bier, um 40 Prozent teurer als Bordon's Milch und um 80 Prozent teurer als Coca Cola. Woran liegt es, daß Evian so erfolgreich ist? Spielt hier vielleicht der immaterielle Qualitätsnutzen die entscheidende Rolle?*

Das Beispiel Evian zeigt: Markendenken und der Branding-Prozeß sollten als Credo in jedem Unternehmen vorrangig das Marketing-Denken steuern. Mit anderen Worten: *Verwandeln Sie Ihr Wasser in Evian.*

Bremsen Sie Ihren Expansionstrieb

Je stärker eine Marke, desto kleiner die Bandbreite – oder je größer die Bandbreite, desto schwächer die Marke. In vielen Unternehmen ist die kurzfristige Perspektive vorrangig: Marken werden „gemolken", statt aufgebaut. Mit der Erweiterung des Sortiments, dem Mega-Branding, variabler Preisgestaltung und einer Bandbreite ausgeklügelter Marketingtechniken gehen die meisten Unternehmen in die große Schlacht um Marktanteile. Das Melken auf breiter Basis hat aber leider einen gefährlichen Haken:

> Durch kurzfristiges Profit-Denken wird eine Marke mehr und mehr verwässert, so daß sie ihr Profil verliert und schließlich in den Augen der Käufer für nichts klar Erkennbares mehr steht.

Image-Aufbau

Früher war American Express der Branchenprimus im Kreditkartengeschäft, und die Mitgliedschaft war mit Prestige und Privilegien verknüpft. Mit dem Ziel, die Marktanteile als Super-Finanz-Gemischtwarenladen zu erhöhen, begann das Unternehmen, sein Programm mit immer neuen Karten und Serviceleistungen zu vergrößern. Dann überschwemmte man den Markt mit einer Kartenflut: Es gab Karten für Senioren und Studenten, Memberchip Miles, Optima usw. 1988 hatte AmEx einen Marktanteil von 27 Prozent; heute beträgt er gerade noch 18 Prozent.

Levi Strauss verzettelte sich durch den gleichen Fehler. Um eine breite Zielgruppe anzusprechen, führte Levi's eine Fülle von verschiedenen Stilrichtungen und Schnitten ein – zeitweilig in bis zu 27 unterschiedlichen Ausführungen. Der „Erfolg": Levi's verlor in sieben Jahren über 12 Prozent Marktanteil im Blue-Jeans-Markt und fiel von 31 auf 19 Prozent Marktanteil zurück.

Programmerweiterungen schaffen Verwirrungen

Viele Unternehmen haben versucht, Programmerweiterungen durch Herunterbeten des Master-, Super- oder Megamarken-Konzepts zu rechtfertigen. Doch die Käufer denken anders. Sie versuchen, in Gedanken jedes Produkt einer bestimmten Marke zuzuordnen. Dabei gehen sie weder logisch noch konsequent vor. Immer wieder werden Branding-Programme vom Stapel gelassen, die in Konflikt mit den Markenvorstellungen der Käufer geraten.

> Der Käufer zieht Marken mit eingeschränkter Bandbreite vor, die sich durch *ein einziges Wort* von anderen abheben. Je kürzer das Schlüsselwort, desto besser. Wenn Sie eine Marke mit starkem Profil im Gedächtnis der Käufer aufbauen wollen, sollten Sie Ihre Produktpalette nicht ausdehnen, sondern vielmehr auf den Punkt bringen.

Wie sieht es mit der Bandbreite Ihres Angebots aus? Analysieren Sie anhand der folgenden Fragen Ihren Ist-Zustand:

- Wie viele Produkte, Sortimente, Submarken etc. hat Ihr Unternehmen zur Zeit?
- Welche Produkte gehören zum Kern der Marke und spiegeln die besondere Stärke des Unternehmens wider?
- Bei welchem/n Produkt/en hat Ihr Unternehmen das beste Image bzw. die beste Resonanz?
- Welche Produkte, Sortimente, Submarken etc. verwässern Ihr Markenprofil und verwirren den Verbraucher?
- Gehen Sie zurück zu den Anfängen Ihres Unternehmens, und vergleichen Sie sie mit heute.

Konzentrieren Sie sich auf den Kern der Marke

Wenn Sie zu den Ursprüngen erfolgreicher Unternehmen zurückgehen, werden Sie feststellen, daß alle nach der gleichen Strategie anfingen: Sie haben ihren Fokus begrenzt und den Kernbereich ganz groß herausgebracht. Wenn Sie Unternehmen analysieren, die ihre Produktpalette erweitert haben, so werden Sie feststellen: Das Markenbild hat kontinuierlich an Kraft verloren, und der Marktanteil ist gesunken.

An jeder Straßenecke und in jedem kleinen Ort in den USA gibt es einen Coffee-Shop. Dort gibt es alles zu essen, was das Herz begehrt: Frühstück, Mittagessen und Abendessen in einer reichhaltigen Palette unterschiedlichster Speisen. Inmitten dieses starken Wettbewerbsumfeldes eröffnete Howard Schultz seinen Coffee-Shop Starbucks, der sich auf ein einziges Produkt spezialisierte: auf Kaffee. Heute ist Starbucks eine rasch wachsende Kette, die im Jahr ein Geschäftsvolumen von mehreren hundert Millionen Dollar erzielt.

Toys „R" Us: In dem Warenhaus Children's wurden zwei Dinge verkauft: Kinderzimmereinrichtungen und Spielzeug. Der Inhaber Charles Lazarus stand vor der entscheidenden Frage, wie er sein Wachstum steigern könnte. Natürlich hätte er seine Produktpalette durch Babynahrung, Windeln, Fahrräder und Kinderbekleidung abrunden können, tat es aber nicht. Lazarus musterte die Möbel aus, erweiterte sein Spielwarenangebot, änderte den Namen und kon-

zentrierte sich nur noch auf den Einkauf und Verkauf von Spielzeug. Heute werden über 20 Prozent aller Spielwaren in den USA von Toys „R" Us verkauft. Aus dem ursprünglich mittelständischen Warenhaus wurde außerdem durch konsequente Markenpolitik ein internationales Großunternehmen.

Viele Unternehmen wurden mit der Konzentration auf einen Kernbereich erfolgreich, so z. B. Kärcher mit Hochdruckreinigern, Home Depot im Heimwerkermarkt, The Gap in Sachen Freizeitkleidung, PetsMart mit allem, was ein Haustier braucht, Blockbuster Videos als Videothek und Foot Locker als Sportschuhspezialist.

> Konzentrieren Sie sich auf die *Kernkompetenz* Ihres Produktes, und lassen Sie alles übrige drum herum weg. Für den Markenerfolg entscheidend ist es, *eine* Problemlösung anstatt vieler verschiedener anzubieten.

Die fünf wichtigsten Schritte für ein starkes Branding-Programm:

1. Begrenzen Sie den Fokus. Schrauben Sie die Produktkategorie auf den Kern zurück, um diesen dann groß herauszubringen, statt ihn grenzenlos auszudehnen und damit zu verwässern.
2. Vergrößern Sie ggf. den Lagerbestand für das oder die Kernprodukt(e). Ein typischer Toys „R" Us-Laden führt ca. 10.000 Spielwaren, ein großes Kaufhaus hingegen nicht mehr als 3000.
3. Kaufen Sie die Ware preisgünstig ein. Toys „R" Us verdient sein Geld nicht mit dem *Ver*kauf, sondern mit dem günstigen *Ein*kauf.
4. Geben Sie den Preisvorteil beim Einkauf an Ihre Kunden weiter. Wenn man preisgünstig einkauft, kann man auch preisgünstig verkaufen und trotzdem gut verdienen. Günstige Waren ziehen mehr Kunden an, und mehr Kunden beschleunigen den Warenabverkauf.
5. Streben Sie eine marktbeherrschende Position in einer Produktkategorie an, und werden Sie dadurch zur Nummer eins auf dem Spielfeld.

Wenn der Sprung an die Spitze erst einmal geschafft ist, bietet sich auf dem Siegertreppchen ein Bild außergewöhnlicher Stärken. Microsoft konnte mit seinem Image einen Marktanteil von 90 Prozent am weltweiten Markt für Desktop-Computer-Betriebssysteme erobern. Intel hält 80 Prozent des Weltmarktes für Mikroprozessoren fest in der Hand, und Coca Cola hat bei den colahaltigen Getränken weltweit 70 Prozent Marktanteil.

Öffnen Sie mit einem Schlagwort ein neues Fenster im Kopf der Käufer

Der einzige natürliche Schutz gegen die heute überall auf den Märkten vorherrschende Reizüberflutung ist die selektive Wahrnehmung. Erwachsene haben im Durchschnitt die Bedeutung von 50.000 Begriffen in ihrem Gedächtnis gespeichert. Wenn man bedenkt, daß es mehr als eine Million eingetragener Warenzeichen gibt, ist das sehr wenig an Kapazität.

> Wenn Sie das Potential einer Marke voll entwickeln wollen, müssen Sie Ihre Branding-Aktivitäten darauf konzentrieren, im Gedächtnis des Käufers *ein Schlagwort* zu verankern – *ein* Wort, das auf Anhieb mit Ihrer Marke assoziiert wird und das Ihnen keiner mehr nehmen kann; ein Wort, mit dem Sie die Nummer eins im Kopf Ihrer Zielgruppe werden können, denn das schlagkräftigste Konzept im Branding ist ein Schlagwort.

Die Konzentration auf nur *ein* Schlagwort ist das größte Opfer, das Ihnen in Ihrem Marketing- und Branding-Denken abverlangt wird. Um sich einen Platz im Gedächtnis der Käufer zu sichern, müssen Sie jedoch bereit sein, Opfer zu bringen. Sie sollten einen einzigen Gedanken oder ein charakteristisches Merkmal aus der Essenz Ihrer Marke herausfiltern und sich darauf konzentrieren. Es sollte sich dabei um ein Merkmal handeln, das noch kein Mitbewerber in Ihrer Produktkategorie für sich in Anspruch genommen hat.

Image-Aufbau | 135

> Die wirkungsvollsten Wörter sind einfach und nutzenorientiert.

Mercedes hat den Begriff *Prestige* besetzt, Volvo steht für *Sicherheit* und BMW für *sportliches Fahren*. Sobald eine Marke ein Schlagwort annektiert hat, hat die Konkurrenz das Nachsehen, denn es gelingt fast niemandem, ihr diesen Besitz streitig zu machen. Viele Autohersteller wären wohl in der Lage, ein Auto herzustellen, das sicherer ist als ein Volvo, und tatsächlich haben viele Marken diese Behauptung aufgestellt, einschließlich Saab und Daimler-Benz. Doch keiner außer Volvo hat es geschafft, das Schlagwort *Sicherheit* in den Köpfen der Käufer glaubhaft mit seinen Produkten zu verknüpfen.

> Das wirkungsvollste Schlagwort ist ein *Gattungsname*. Wenn ein Gattungsname stellvertretend für eine ganze Produktgattung benutzt wird, ist dies die beste und billigste Werbung der Welt.

Kleenex war das erste Papiertaschentuch auf dem amerikanischen Markt. Doch anstatt dem Zugpferd noch Toilettenpapier und Papierhandtücher aufzusatteln, warf Kleenex Ballast ab und beschränkte den Fokus auf das Kernprodukt. Warum gelingt es den zahlreichen Konkurrenzmarken nicht, Kleenex den Markt streitig zu machen? Der Grund liegt auf der Hand: Wenn jemand eine Packung Scott-Papiertaschentücher auf dem Tisch liegen sieht und trotzdem sagt „Kannst du mir bitte ein Kleenex geben?", wird deutlich, daß die Marke sich als Gattung in den Köpfen der Verbraucher festgesetzt hat. Was in Amerika Kleenex ist, ist in Deutschland das Tempo-Taschentuch.

Viele Produktnamen benutzen wir im Alltag ganz selbstverständlich als stellvertretend für eine komplette Produktgattung: „Bring mir mal Tesa mit.", „Wo sind die Q-Tips?", „Gib mir mal eine Cola!", „Jetzt eine kühle Selters!", „Bestell mir den Overnight!", „Wo sind die Tempos?" Das Erfolgsgeheimnis dieser Marken liegt auf der Hand: Sie waren *die ersten* auf dem Markt, und wer zuerst kommt, steckt seinen Claim ab.

> Es ist grundsätzlich besser, der Erste als der Bessere zu sein.

Wenn Sie es nicht schaffen, eine neue Gattung zu entwickeln, weil Konkurrenten bereits in der betreffenden Gattung zu Hause sind, dann können Sie trotzdem eine Nische finden, in der Sie ganz groß herauskommen können.

Ein anschauliches Beispiel ist der Kampf der Nudelgiganten Prego gegen Ragú. Jahrelang war Ragú in den USA mit einem Marktanteil von 50 Prozent die führende Spaghettisauce. Beide hatten für jeden Geschmack etwas zu bieten. Statt sich dem Wettbewerb weiter auszusetzen, beschränkte sich Prego dann aber auf eine bestimmte Sauce, die „dickflüssige" Spaghettisauce, und vergrößerte seinen Marktanteil auf 27 Prozent.

Wenn Sie in Ihrer Branche nicht in Führung liegen, dann muß sich das Schlagwort ganz besonders scharf auf einen Brennpunkt konzentrieren. Noch wichtiger ist jedoch:

> Ihr Schlagwort sollte in Ihrer Produkt- oder Dienstleistungskategorie noch nicht vergeben sein.

Gewiefte Marktführer gehen aber noch ein Schritt weiter, um ihre Position zu festigen. *Heinz hat in den USA das Wort „Ketchup" in den Köpfen der Verbraucher mit Beschlag belegt. Und dann kam das Unternehmen auf die Idee, das wichtigste Ketchup-Merkmal herauszufiltern und als erster im Markt hervorzuheben. Mit dem Werbespruch „Das langsamste Ketchup im Westen" machte Heinz seinen Alleinanspruch auf das Attribut „zähflüssig" geltend. Damit ist es Heinz gelungen, einen Marktanteil von 50 Prozent zu halten.*

Der Markt ist voller Ideen. Sie müssen nicht alles selbst erfinden, und Sie müssen auch kein Sprachgenie sein. Die wirkungsvollsten Wörter sind einfach und nutzenorientiert. Gleichgültig, wie kompliziert das Produkt, und egal, wie kompliziert der Markt ist, es ist immer besser, sich auf *ein* Wort oder *einen* Nutzen zu konzentrieren als auf zwei, drei oder vier

Image-Aufbau | 137

gleichzeitig. Hinzu kommt noch der „Heiligenschein-Effekt": Wenn es Ihnen gelungen ist, *einen* Pluspunkt unauslöschlich in den Köpfen der Verbraucher zu verankern, dann wird man Ihnen noch eine Menge weiterer Pluspunkte geben.

> *Eine „dickere" Spaghettisauce läßt den Schluß zu, daß dieses Produkt einen höheren Nährwert besitzt und eine Spitzenqualität ist. Ein Auto, das „mehr Sicherheit" verspricht, deutet auf bessere Qualität, Design und Technik hin. Deshalb ist Mercedes in den USA doppelt so teuer wie ein vergleichbarer Cadillac.*

Wenn Sie nicht die erste Geige spielen können, dann suchen Sie ein nutzenorientiertes Schlagwort, das Ihr Produkt auf eine höhere Stufe stellt. Gehen Sie dabei wie folgt vor:

- Listen Sie all die besonderen nutzenorientierten Alleinstellungsmerkmale bzw. Stärken Ihres Produkts oder Ihrer Dienstleistung auf.
- Bewerten Sie diese aus Sicht Ihrer Zielgruppe. Welche Alleinstellungsmerkmale könnten für Ihre Zielgruppe eine besondere Relevanz haben?
- Listen Sie alle Alleinstellungsmerkmale Ihrer wichtigsten Mitbewerber auf.
- Vergleichen Sie Ihre mit denen des Wettbewerbs, und markieren Sie solche, die noch nicht besetzt sind.
- Achten Sie darauf, daß Ihr Schlagwort sich besonders scharf auf einen Brennpunkt konzentriert.
- Holen Sie sich ein Feedback Ihrer Zielgruppe, bevor Sie mit Ihrem neuen Schlagwort eine Nische besetzen wollen.

Besetzen Sie einen neuen Markt mit einer völlig neuen Produktkategorie

Das größte Entwicklungspotential ergibt sich, wenn es scheinbar keinen Markt mehr für Ihr Produkt gibt. Sie haben dann nämlich die Chance, eine brandneue Produkt- oder Dienstleistungskategorie einzuführen.

Wenn Sie einen Blick in die Vergangenheit werfen, werden Sie viele Produkt- oder Dienstleistungskategorien finden, die zu Riesen-Märkten wuchsen. *Volkswagen schuf den Markt für Billigautos und Mercedes-Benz den für die gehobene Klasse. Domino's Pizza schuf den Markt für Pizza-Lieferdienste und Rollerblade den Markt für Inline-Skater.* Der Zukunftsmarkt steckt noch voller neuer Kategorien, die darauf warten, besetzt zu werden. Aber wäre es nicht einfacher, sich auf die Verkaufsförderung für das Produkt zu konzentrieren, anstatt sich über die Kategorie Gedanken zu machen? Einfacher ja, aber bei weitem nicht so effektiv.

Die Hinkler-Route

Was es bedeutet, der Erste zu sein, verdeutlicht ein einfaches Beispiel: Wie heißt der erste Mensch, der im Alleinflug den Atlantik überquerte? Charles Lindbergh. Wie heißt der zweite Mensch, der im Alleinflug den Atlantik überquerte? Der zweite war Bert Hinkler. Aber von ihm spricht keiner mehr. Viele Unternehmen entscheiden sich für die Hinkler-Route. Sie warten so lange, bis ein Markt sich entwickelt hat, und springen dann auf den fahrenden Zug auf. Auch hier gilt: Es ist besser, Erster zu sein, als besser zu sein. Es ist erheblich leichter, ein Produkt auf den Markt zu bringen, das den Konsumenten als erstes in den Sinn kommt, als eines, vom dem Sie erst nachweisen müssen, daß es besser ist als das schon vorhandene der Konkurrenz.

> Eine führende Marke sollte nicht die Marke, sondern die *Produktkategorie* fördern.

Die führende Marke, gleich in welcher Produktkategorie, ist fast immer die erste gewesen, so z. B. Hertz bei Leihwagen, IBM bei Computern, Coca Cola bei colahaltigen Getränken, Hewlett-Packard bei Laserdruckern, Gillette bei Rasierern mit Sicherheitsklinge usw.

Wenn Sie ein Pionierprodukt herausbringen und diese brandneue Kategorie mit Nachdruck fördern, schlagen Sie zwei Fliegen mit einer Klappe.

Image-Aufbau | 139

Zum einen entwickeln Sie eine neue Marke und öffnen im Kopf der Verbraucher ein neues „Fenster" mit Alleinstellungsmerkmal, in dem Sie automatisch die Nummer eins sind. Zum anderen eröffnen Sie einen neuen Markt mit veränderten Erwartungen, der schnell wächst.

Rücken Sie nicht das Produkt selbst, sondern die Produkt*kategorie* in den Vordergrund. Der beste Weg besteht darin, sich zuerst auf ein kleines Marktsegment zu fokussieren und dann der neuen Gattung einen Markennamen als Stempel aufzudrücken. Wer als erster kommt, mahlt zuerst und kann die meisten Umsätze in dieser Produktkategorie machen. Ihre Marke ist dann die einzige, die automatisch mit diesem einmaligen Konzept in Verbindung gebracht wird.

Prüfen Sie Ihre Kategorie-Entwicklungsmöglichkeiten, indem Sie folgende Fragen beantworten:

- Welche grundsätzlichen Verbesserungsmöglichkeiten sehen Sie in Ihrer Kategorie?
- Mit welcher Kernstärke könnten Sie eine innovative, brandneue Produkt- oder Dienstleistungskategorie aufbauen? (Suchen Sie sich am besten ein kleines und überschaubares Marktsegment.)
- In welcher Kategorie hätten Sie außerdem noch Chancen?
- Was ist das besondere Alleinstellungsmerkmal? Welchen Nutzen bieten Sie damit für welche Zielgruppe?
- Welches Wachstumspotential hätte Ihr Produkt in der neuen Kategorie? Hat die neue Kategorie mehr Potential bzw. Gewinnchancen als die bisherige?
- Wie ist die Wettbewerbssituation? Mit wem konkurriert Ihr Produkt oder Ihre Dienstleistung?

Besetzen Sie eine Marktnische in einer Pionierkategorie

Wenn Sie nicht die Nummer eins in einer Produktkategorie sein können, dann halten Sie Ausschau nach einer neuen Kategorie, in der Sie ein Pionierprodukt anbieten können.

> *Kölsch war ein obergäriges, helles Bier, das nur in einer engbegrenzten Region getrunken wurde. Die Kölsch-Trinker waren davon überzeugt, daß es nur frisch gezapft schmeckt, also im Wirtshaus und nicht als Flaschenbier. Dementsprechend wurde auch das Flaschenbier von allen Kölschbrauereien stiefmütterlich behandelt. Genau in diesem Problemfeld sah eine auswärtige Brauerei ihre Chance, mit dieser neuen Kategorie ihr Einzugsgebiet zu erweitern. Viele begeisterte Kölsch-Trinker vermißten ihr Bier zu Hause vor dem Fernseher und bei sonstigen Gelegenheiten. Unter dem Motto „Kölschbier, das aus der Flasche so gut schmeckt wie von Faß" wuchs die kleine Brauerei innerhalb von wenigen Jahren von Null auf eine Million Hektoliter – und das in einem eng begrenzten Markt.*

Kennen Sie den *dritten* Menschen, der im Alleinflug den Atlantik überquerte? *Die* Dritte im Bunde war Amelia Earhart. Sie ist natürlich als die erste *Frau* bekannt geworden, die im Alleinflug den Atlantik überquerte.

> Manchmal kann man ein nicht gut laufendes Produkt in einen Sieger verwandeln, indem man eine neue Kategorie (er-)findet, in der es „das Erste" ist, dadurch eine Marktlücke schließt und für eine bestimmte Zielgruppe einen Nutzen stiftet.

Bleiben wir bei dem Beispiel Bier: Allein bei diesem Produkt gibt es schon eine Fülle von Kategorien: das führende Bier, das führende Light-Bier, das führende Importbier, das führende untergärige Bier, das führende eisgekühlte Bier, das führende Premium-Bier (in der oberen Preisklasse), das führende mexikanische Bier, das führende deutsche, kanadische, japanische Bier etc. Es gibt also verschiedene Möglichkeiten, die Konkurrenz abzuhängen, indem man jeweils unterschiedliche Bedürfnisse befriedigt. Wenn Sie ein neues Produkt auf den Markt bringen, sollten Sie nicht die Frage stellen: „In welcher Hinsicht ist unser neues Produkt besser als das der Mitbewerber?", sondern vielmehr fragen: „In welcher Kategorie ist unser Produkt *das erste*?" Manchmal kann auf diese Weise ein nicht gut laufendes Produkt durch ein zusätzliches „Intel" (Mikroprozessor, der jeden PC schneller macht) zu einem Sieger werden.

Eine weitere Möglichkeit, sich vom Wettbewerb abzusetzen, besteht darin, entweder das Produkt *optisch* zu verändern, ihm eine neue bzw. zusätzliche *Bedeutung* zu geben oder einen *Mehrnutzen* hinzuzufügen.

> *Persil setzte sich erfolgreich durch die Einführung der Megaperls vom Wettbewerb ab. Calgonit bietet mit den Power-Ball-Taps einen Mehrnutzen an, der das Geschirr zum Edelstein macht, und zwar mit dem Claim: „Ganz nah am Diamanten."*

> *Auf der Suche nach einer neuen Positionierung wurde für den Schuhhersteller Theresia, ein mittelständisches Unternehmen aus der Pfalz, eine neue Kategorie entwickelt, die weltweit als Marke angemeldet wurde. Die Schuhe aus dem Hause Theresia bekamen eine neue „virtuelle" Bedeutung durch die Positionierung „Body-Balance-System" – der Schuh, der auf den ganzen Körper wirkt und sogar leichte Fehlstellungen korrigiert.*

Wenn Sie nicht der Erste in einer Kategorie sein können, dann suchen Sie sich eine *Nische* innerhalb Ihrer Kategorie. Beantworten Sie folgende Fragen:

- Mit welcher besonderen zielgruppenorientierten Problemlösung könnten Sie eine Nische besetzen? Listen Sie alle Alleinstellungsmöglichkeiten auf (Historie, Verarbeitung, Herkunft, Vertrieb etc.). Suchen Sie also ein „Intel".
- Kann sich Ihr Produkt durch eine optische Veränderung (Material, Konsistenz, Verfahren etc.) von anderen Produkten unterscheiden?
- Gibt es eine Bedeutungskategorie, die Ihr Produkt oder Ihre Dienstleistung aufwertet?
- Können Sie durch einen Mehrnutzen Ihrem Produkt, Ihrer Dienstleistung einen neuen Stellenwert geben?

Vergrößern Sie Ihren Markt durch eine neue Verwendungskategorie

Eine weitere Möglichkeit, die Nummer eins zu werden, besteht in der Etablierung einer neuen Verwendungskategorie.

> Der Markterfolg eines Produktes hängt entscheidend von der *Wahrnehmung des Verbrauchers* ab. Ob er beispielsweise ein Lebensmittelprodukt als Dessert oder als Zwischenmahlzeit einstuft, kann sich grundlegend auf die Verwendungshäufigkeit auswirken. Die natürliche Wahrnehmung der Verbraucher kann mit einfachen Mitteln in der von Ihnen gewünschten Richtung neu *konditioniert* werden.

Steht ein Hustenbonbon z. B. im Bonbonregal, so ist es eben ein „Bonbon". Steht es bei den Erkältungsprodukten, wird es jedoch als „Heilmittel" wahrgenommen. Die Programmierung hängt davon ab, wie der Verbraucher die Produkteigenschaften bewertet und ob er das Hustenbonbon das ganze Jahr über oder nur bei Erkältungen einkauft.

Das Fruchtsaftgetränk Punika z. B. galt lange Zeit als „Orangensaft" und fiel gegen andere Orangensäfte steil ab. Dann kam eine neue Marken-Strategie: Punika wurde – wie zuvor nur Limonaden – zum Durstlöscher erklärt und in den Markt der Softdrinks positioniert. Und im Vergleich zu Cola, Fanta, Sprite etc. wirkte Punika plötzlich weniger süß, dafür fruchtiger und gesünder. Der Marktanteil wuchs dadurch rasant.

Verwendungs- bzw. Konditionierungskategorien sind deshalb so wirksam, weil sie ein Produkt vollständig verwandeln können. Eine solche Strategie besitzt selbst für austauschbare Produkte eine Hebelwirkung, die schon in einigen Fällen den Absatz nachweislich vervielfachen konnte.

In der kleinen „geistigen Schublade" der Desserts – überfüllt mit Joghurt-, Pudding- und Quarksorten – geriet Gervais Obstgarten unter massiven Druck. Die Positionierung unter den Kategorien **Geschmack, Gesundheit** *und*

Image-Aufbau | 143

Genuß *waren ausgereizt. Nach reiflicher Überlegung entschied man sich daher, in die neue „Schublade" der* **leichten Zwischenmahlzeit** *hineinzugehen, wo man sich in unmittelbarer Nachbarschaft zu Pommes frites, Hamburger, Döner, Kebab, Currywurst und Torten befand. Die neue Kategorie eröffnete grundlegende Chancen:*

- *Gervais Obstgarten war mit einem Schlag in einem viel größeren Markt, denn Zwischenmahlzeiten werden überall und jederzeit konsumiert.*
- *Im Vergleich zu Currywurst und Co. konnte Gervais eine spektakuläre Alleinstellung beanspruchen – nämlich als die leichte* **Alternative**.
- *Gleichzeitig blieb der Markt der Desserts erhalten.*
- *Zwischen 1978 und 1985 stieg der Umsatz auf diese Weise um mehr als 150 Prozent.*

> Das Prinzip der Verwendungskategorisierung besteht darin, die Marke aus einer „geistigen Denkschublade" herauszunehmen und sie in eine andere hineinzustecken.

Für den Erfolg von Kategorierungsstrategien ist entscheidend, daß die neue „Schublade", in die man hineingehen möchte, genau analysiert wird. Für viele Marken liegt hier eine enorme Chance, aber auch ein Risiko.

Ferrero versuchte, Pocket Coffee als „den kleinen Kaffee für die Jackentasche" zu etablieren – nach dem Motto: Wer tagsüber einen Durchhänger hat, wird mit Pocket Coffee schnell wieder munter. Doch der Erfolg ließ auf sich warten. Denn die koffeinhaltige Praline hatte der Konkurrenz mit ihren spürbaren Erfrischungseffekten oder dem frischen Kaffee, den es an jeder Ecke gibt, nichts entgegenzusetzen. Der Fehler, der hier gemacht wurde, bestand darin, daß die „Schublade" am Bedarf der Kunden vorbeiging.

Paßt Ihr Produkt in eine neue Verwendungskategorie? Beantworten Sie folgende Fragen:
- Welchen Wert mißt der Verbraucher Ihrem Produkt bei?
- Mit welchem Wettbewerbsprodukt vergleicht er Ihr Produkt?

- Wann, wo und wie häufig benutzt er Ihres?
- Welches Wachstumspotential hat Ihr Produkt?
- In welchen Kategorien hätte Ihr Produkt außerdem noch Chancen?
- Welches Wachstumspotential hätte Ihr Produkt in der neuen Kategorie?
- Kann Ihr Produkt ernsthaft in der neuen Kategorie bestehen? Ist es den dort herrschenden Qualitätskriterien und Ansprüchen der Verbraucher gewachsen?

Eine neue Verwendungskategorie zu besetzen sollte immer eine Entscheidung für *viele Jahre* sein. Der Weg zurück in die alte Kategorie ist gefährlich, weil die Glaubwürdigkeit der Marke auf dem Spiel steht. Wichtig ist auch, daß die neue Kategorie *mehr* Potential hat als die bisherige. Mit welchen Produkten und Erwartungen konkurriert Ihr Produkt in der neuen Kategorie genau? Ist die Wettbewerbssituation weniger aggressiv oder aggressiver als in der bisherigen Kategorie? Hat Ihr Produkt hier wirklich reale Chancen und Potential?

Unterscheiden Sie sich durch Farben

Eine weitere Möglichkeit, eine Marke unter den Wettbewerbern hervorzuheben, ist die Farbe. Mit diesem Merkmal zu arbeiten erfordert jedoch Fingerspitzengefühl. Es gibt unzählige Wörter, unter denen Sie wählen können, um einen einzigartigen, unverwechselbaren Namen zu schaffen, aber nur eine *Handvoll* Farben. Marktführer mit einem Pionierprodukt haben freie Auswahl. Normalerweise sollte man sich für die Farbe mit dem größten Symbolgehalt für eine Produktkategorie entscheiden. Hertz, die erste Marke in der Mietwagenbranche, wählte die Farbe Gelb. Avis, die zweitgrößte Marke, nahm dementsprechend Rot. Es liegt eine zwingende Logik in dem Gebot, sich farblich vom Produkt Ihres größten Konkurrenten abzuheben. Wenn Sie dagegen verstoßen, tun Sie das auf eigene Gefahr.

Cola ist ein rötlichbraunes Getränk, deshalb ist die äußere Farbe für Coca Cola-Produkte logischerweise Rot, was ein Grund sein dürfte, warum Coca Cola seit mehr als hundert Jahren mit der Farbe Rot für seine Produkte wirbt. Pepsi-Cola war bei der Wahl der Farben Rot und Blau nicht gut beraten, als das Unternehmen Rot als Symbol des colahaltigen Softdrinks und Blau wählte, um sich deutlich von Coca Cola zu unterscheiden. Der Konzern holte nach, was er vor 50 Jahren versäumt hatte, sich nämlich auch farblich von seinem größten Konkurrenten zu unterscheiden: Pepsi-Cola wurde blau.

> Wenn man eine Farbe standardisiert und sie im Laufe der Jahre konsequent verwendet, baut man eine starke *visuelle Präsenz* in einer Welt auf, in der allerorts Chaos herrscht.

Obwohl eine einzige Farbe für eine Marke fast immer am besten ist, lassen sich durchaus stichhaltige Gründe für ein mehrfarbiges Design finden.

Federal Express, der erste Overnight-Paketzusteller, beschloß, seine Lieferungen auf dem Schreibtisch der Empfänger schon von weitem kenntlich zu machen. Deshalb kombinierte er die beiden grellsten Farben, die es gibt: Orange und Violett.

Die Stetigkeit der Farbgebung kann langfristig dazu beitragen, einer Marke den Weg in die Köpfe der Käufer zu ebnen, um sich dort ein für allemal einzunisten. Die Farbe Blau z. B. hat IBM zu seinem Spitznamen „The Big Blue" verholfen. Auch Sie können Ihrer Marke Farbe und Größe verleihen. Weitere Informationen zum Thema Farbgebung finden Sie im Beitrag von Alfred Schleicher: „Image und Farbe".

Literatur

Buchholz, Andreas/Wördemann, Wolfram: Was Siegermarken anders machen, München 1998.
Herzig, O. A.: Markenbilder/Markenwelten. Neue Wege der Imageforschung, Wien 1991.
Kroeber-Riel, Werner: Bildkommunikation. Imagerystrategien für die Werbung, München 1993.
Linxweiler, Richard: Marken-Design. Marken entwickeln, Marktstrategien erfolgreich umsetzen, Wiesbaden 1999.
Sawtschenko, Peter/Wördemann, Andreas: Rasierte Stachelbeeren. So werden Sie die Nr. 1 im Kopf Ihrer Zielgruppe, Offenbach 2000.

Qualitätsorientierte Personalentwicklung – Mehr Erfolg durch effizienten Mitarbeitereinsatz

Michael Maly

Veränderungsmanagement: Mitarbeiter gewinnen und den Erfolg sichern

„Nichts ist so beständig wie der Wandel" – hinter diesem Satz verbirgt sich ein ernst zu nehmender Sachverhalt in unserem Wirtschaftsleben. Wer stehen bleibt, wird von anderen überholt und verliert seine Wettbewerbsposition. Weltweit befinden sich Wirtschaft und Gesellschaft im Umbruch. Dies fordert von den Unternehmen, ihren Führungskräften und ihren Mitarbeitern ganzen Einsatz, um auf Erfolgskurs zu gehen und zu bleiben.

> Die Zielrichtung der Veränderungen gibt in erster Linie der Kunde vor, der letztendlich die Maßstäbe für die *Qualität* der Produkte setzt. Auf seine Anforderungen und Engpässe muß sich die Strategie des Unternehmens ausrichten.

Erfolgreiche Unternehmensführung wird heute daran gemessen, wie sensibel das Unternehmen, der Unternehmer, die Führungskräfte und die Mitarbeiter Veränderungsbedarf, neue Betätigungsfelder und neue

Marktnischen erkennen. Im Wettbewerb ist derjenige am erfolgreichsten, der die beste Problemlösung für den Kunden bietet.

Es geht darum, die Stärken des Unternehmens, seiner Führungskräfte und Mitarbeiter zu entdecken und auszuspielen. Es geht auch um die kundenorientierte Gestaltung von Produkten, Dienstleistungen, Strukturen und Abläufen, um gesellschaftliche Verantwortung und last but not least um die Bedürfnisse und Interessen der Mitarbeiter.

Den Veränderungsbedarf zu erkennen und Veränderungen umzusetzen ist ein kontinuierlicher Prozeß, und zwar nicht nur für Unternehmer, sondern auch für Führungskräfte und Mitarbeiter vor Ort. Wenn es nicht gelingt, alle Personengruppen, ihre besonderen Stärken, Neigungen und Potentiale einzubinden, ihre Identifikation mit der Aufgabe und dem Unternehmen herbeizuführen, sie für Probleme zu sensibilisieren und zu Problemlösungen zu befähigen, wird die komplexe Aufgabe des Veränderungsmanagements nur schwer zu bewältigen sein.

Das Humankapital ist der wichtigste Erfolgsfaktor des Unternehmens und wird an Bedeutung gewinnen, da Technik und Organisation immer vergleichbarer und reproduzierbarer werden. Benötigt werden kompetente, motivierte, selbstbewußte und engagierte Mitarbeiter und Führungskräfte sowie eine Kultur der Offenheit und des Vertrauens.

Hier setzt die qualitätsorientierte Personalentwicklung an. Eine höhere Leistungsfähigkeit des Unternehmens setzt die Entwicklung der Leistungsfähigkeit der Mitarbeiter und Führungskräfte voraus. Die Verbesserung der Organisation ist nicht trennbar von der Personalentwicklung.

Qualitätsorientierte Personalentwicklung findet nicht im „Labor" statt, sondern in konkreten Prozessen im Unternehmen. Nur wenn der Prozeß es erfordert, greifen weitere Personalentwicklungsinstrumente „on the job" oder „off the job". Ist Personalentwicklung zunächst *individuell angelegt*, so ist Veränderungsmanagement *team- und transferorientiert.*

> Qualitätsorientierte Personal- und Organisationsentwicklung arbeiten Hand in Hand an der konkreten Arbeitsplatzsituation, am konkreten Problem, am jeweiligen Engpaß des internen oder externen Kunden. Sie streben Lösungen und deren Umsetzung in die Praxis an und bedeuten für alle Beteiligten einen andauernden, gemeinsamen Lern- und Entwicklungsprozeß.

Die „Lernende Organisation" erschließt Wissens- und Know-how-Potentiale, macht sie transparent und entwickelt sich stets selbst weiter.

Hinter dieser Idee steht ein *partizipativer Führungsansatz*, der mit motivierten Mitarbeitern und Führungskräften zu besserem Kundennutzen und Unternehmenserfolg führt.

Qualitätsorientierung

> Ein modernes Qualitätsbewußtsein beinhaltet zudem mehr als ein perfektes Produkt. Mit diesem Begriff werden auch Prozeß-, Mitarbeiter-, Dienstleistungs- und Kundenorientierung einschließlich der „internen Kunden-Lieferantenbeziehungen" beschrieben.

Die Definition dieses Qualitätsbegriffs muß sich an den Bedürfnissen der Kunden orientieren und macht auch die Ansprüche einer qualitätsorientierten Personalentwicklung deutlich. Die Qualität ist immer dann in Ordnung, wenn die Engpässe des Kunden wunschgemäß gelöst werden.

Wettbewerbsfähige Qualität beinhaltet:
- Beherrschung der Technik,
- schnörkellose Prozeßabläufe,
- funktionierende Kommunikation und Kooperation,
- Dienstleistungsmentalität,
- Kundenwünsche im Mittelpunkt sowie
- kontinuierliche Weiterentwicklung der Standards.

Qualität ist eine fortlaufende Entwicklungskette. Nur wer einen Schritt weiter ist als die Konkurrenz, ist Marktführer und hat den Wettbewerbsvorteil.

Das gleiche gilt für Führungskräfte und Mitarbeiter. Sie müssen diesen Anforderungen gewachsen sein und mit den Entwicklungen Schritt halten – oder, besser gesagt, auch hier den Entwicklungen immer einen Schritt voraus sein. Deshalb ist eine qualitätsorientierte auch zwangsläufig eine zukunftsorientierte Personalentwicklung. Die Anforderungsprofile müssen „Reserven" für die Zukunft enthalten und stets weiterentwickelt werden. Hier kommt die Stärke teamorientierter Führungs-, Arbeits- und Personalentwicklungsmethoden zum Zuge, die einen wechselseitigen Lernprozeß und Ideenassoziationen fördern.

Anforderungsprofile

Auf dem Hintergrund dieser Konstellation läßt sich ein Anforderungsprofil zeichnen, das in seinen Kernelementen für Führungskräfte wie Mitarbeiter gleichermaßen zutrifft, wenn auch die Ausprägungen der einzelnen Merkmale differieren können.

Die wesentliche Voraussetzung ist nach wie vor ein solides, auf die Aufgabe oder das Berufsfeld ausgerichtetes Basiswissen, die *Fachkompetenz*. Sie alleine reicht aber nicht aus, Prozesse zu beherrschen und geforderte Qualitätsstandards zu gewährleisten. Hier sind zusätzlich *Methodenkompetenz und Sozialkompetenz* gefragt, vor allen Dingen aber Persönlichkeit.

Es werden Führungskräfte und Mitarbeiter benötigt,
- die einen geschärften Blick für Probleme und Kundenengpässe in ihrem beruflichen Umfeld haben,
- die in der Lage sind, Probleme zu konkretisieren und ihre Stärken systematisch für die Lösung einzusetzen, und
- die das Format haben, ihre Meinung selbstbewußt zu artikulieren.

Mehr Mitarbeiterpartizipation, weniger Führungsmacht, mehr Partnerschaftsdenken sind angesagt. Insofern geht qualitätsorientierte Personalentwicklung auch mit der Formierung einer speziellen *Unternehmenskultur* einher, die Führungskräften und Mitarbeitern einerseits mehr Eigengestaltung und -verantwortung überläßt, auf der anderen Seite aber höhere Leistungs- und Qualitätsansprüche stellt.

Nutzung der Mitarbeiterstärken

Veränderungen – sei es in den Unternehmensstrukturen oder im menschlichen Verhalten – finden meist nur statt, wenn ein Leidensdruck vorliegt. Anlaß sind oft die Wahrnehmung von Störungen in der Zusammenarbeit, im Arbeitsablauf, bei den Arbeitsergebnissen oder eine verschlechterte Wettbewerbsposition. Diese Unzufriedenheit mit den gegebenen Verhältnissen, gepaart mit Verantwortungsbewußtsein, gibt die Impulse für Veränderungen.

Führungskräften und Mitarbeitern muß die Firmenstrategie – die Zielrichtung unternehmerischen Handelns – transparent sein, um in ihrem Arbeitsbereich Optimales leisten zu können. Ist die Geschäftsstrategie „sinn-los" und der Kundennutzen nicht Maßstab der Strategie, werden die Mitarbeiter ihre Tätigkeit nicht als sinnvoll empfinden und nicht unternehmerisch mitarbeiten.

Werden die Betroffenen an der Strategieentwicklung und an der Lösung von Problemstellungen beteiligt, ermöglicht man ihnen die Entfaltung ihrer Stärken und setzt latente Potentiale für die Unternehmensentwicklung frei. Personal- und Organisationsentwicklung bewegt sich damit stets auch in einem Spannungsfeld von Anforderungs- und Eignungsprofilen.

Erkannte Problemstellungen und Kundenengpässe sowie die Nutzung der Stärken und Potentiale der Mitarbeiter sind das Reservoir für Erfolgssteigerungen. Das bedingt Arbeit in überschaubaren Gruppen, direkte Mitwirkung, unmittelbare Kommunikation und Ideenassoziation. Dadurch wird Solidarität geweckt, Teamarbeit gefördert, das Bedürfnis nach Anerkennung durch die Möglichkeit zum Mitgestalten befriedigt und eine Identifikation mit dem, was man selber erdacht hat, geschaffen. Grenzen sind dort gesetzt, wo individuelle Potentiale nicht zu mobilisieren, nicht ausbaufähig oder nicht vorhanden sind.

Als wesentliche Konsequenz für die Führungsphilosophie ergibt sich, daß die betrieblichen Entscheidungen – auch im Hinblick auf persönliche Entwicklungsprozesse – von den Mitarbeitern mitgetroffen werden. Dies hat ein verändertes Anspruchsniveau bei künftigen Aufgabenstellungen zur Folge, worüber sich das Management im klaren sein muß.

Erfahrungsorientiertes Lernen

Diese Vorgänge sind ein kontinuierlicher Lernprozeß für alle Beteiligten. Wirkungsvolle Veränderungen im Unternehmen fordern in erster Linie Veränderungen in den Köpfen der Beteiligten, daß heißt Einstellungs- und Verhaltensänderungen.

Das Lernen im Erwachsenenalter vollzieht sich vor allen Dingen an eigenen Erlebnissen, d. h., der Mensch lernt eher, wenn er auf eigene Erfahrungen zurückgreifen oder auf ihnen aufbauen kann. Dies muß in Praxissituationen wie in Workshops, Seminaren und Trainings gleichermaßen die Handlungsmaxime sein.

Hier kommt der Vorbildfunktion und dem klaren Bekenntnis des Managements zur qualitätsorientierten Unternehmens- und Personalentwicklung eine große Bedeutung zu. Entsteht der Verdacht, daß das Management nur eigene Motive verfolgt und die berechtigten Interessen der Mitarbeiter an ihrer eigenen Entwicklung vernachlässigt, ist Widerstand programmiert. Kann das Management hingegen das Interesse an einem gemeinsamen Vorgehen glaubhaft machen, sind wichtige Voraussetzungen für einen erfolgreichen Prozeß gegeben. So bietet sich hierbei die gemeinsame Strategiediskussion auf Grundlage der EKS-Systematik an.

Der Lernprozeß muß sich in stimmigen Schritten, für Führungskräfte und Mitarbeiter gut verkraftbar, und in einem angemessenen Tempo vollziehen. Man kann es auch so formulieren: Die Betroffenen müssen dort abgeholt werden, wo sie stehen.

Ungeduld von seiten der Initiatoren schadet diesem Prozeß, qualitätsorientierte Organisations- und Personalentwicklung sind keine Mittel, drückende Krisensituationen kurzfristig zu bewältigen, sondern ein beständiger Erfolgsfaktor.

Letztendlich sind partizipative Führungsansätze eine Herausforderung für alle Beteiligten. Das bezieht sich speziell auch auf den Wandel der Rollenverteilung und der organisatorischen und kulturellen Rahmenbedingungen.

Wandel des Rollenverständnisses von Führungskräften heißt in diesem Kontext z. B.:
- die eigene „Angst" vor Veränderungen abbauen,
- Kompetenzen und Verantwortung delegieren – „Macht" abgeben,
- Freiräume für sich und die Mitarbeiter schaffen,
- die Entwicklung auf die sich ändernden Engpässe im Markt ausrichten.

Auch die Mitarbeiterrolle verändert sich, und das bedeutet:
- Information und Qualifikation verbessern und dies auch als Holschuld verstehen,
- Lernen als Bestandteil der Aufgabe anerkennen,
- die Bereitschaft zu selbständigem Handeln, zur Übernahme von Kompetenzen und Verantwortung erweitern,
- Kooperation, Kreativität und Persönlichkeit fördern,
- strategisches Denken und Handeln entwickeln und
- die Interessen und Engpässe der internen und externen Kunden im Visier haben.

Wandel der Arbeitsorganisation heißt z. B. lernen,
- in Gruppen und Problemlösungsteams effektiv zu arbeiten,
- mit flachen Hierarchien umzugehen und
- den Informationsfluß zu verbessern.

Ganzheitliches Denken und Handeln

Wie die Qualitätsdiskussion bereits gezeigt hat, können Veränderungsprozesse auf vielen Ebenen und mit ganzheitlichem Systemverständnis angegangen werden.

Technik, Kosten, Organisation, Umwelt, Menschen im Unternehmen, Gesellschaft und Kunden stellen ein interdependentes System dar. Das eine Subsystem funktioniert nicht ohne das andere.

Mitarbeiter gewinnen

- Mitarbeiter → Identifikation fördern
- Kosten → Wirtschaftlichkeit erhöhen
- Organisation → Strukturen und Abläufe verbessern
- Technik → Qualität sichern
- Umwelt → natürliche Ressourcen schonen
- Gesellschaft → Arbeitsplätze sichern

Zentrum: **Kundenzufriedenheit**

Wandel gestalten — **Erfolg sichern**

Ganzheitliches Denken und Handeln bedeutet zwar, die Einflüsse auf alle unternehmerischen Subsysteme und die Wechselwirkungen zu berücksichtigen, es heißt aber nicht, Veränderungen komplexer Systeme in ihrer Gesamtheit zu betreiben. Der EKS entsprechend muß der Prozeß in überschaubaren Einheiten stattfinden.

Personalentwicklung im Prozeßablauf –
Das Projekt Führung und Wettbewerbsfähigkeit

Engpaßanalyse

Bei dem nachfolgend vorgestellten Unternehmen handelte es sich um einen mittelständisch strukturierten Verbund mit mehreren Standorten und jeweils unterschiedlichen Produkten einer Branche. Es bestand in Anbetracht der Marktsituation und zur Erhaltung einer stabilen Position am Industriestandort Deutschland die Notwendigkeit, Zuverlässigkeit und hervorragende Qualitätsstandards als „Markenzeichen" zu entwickeln bzw. zu behaupten. Dies war nicht allein eine Frage der Technik und der Organisation, sondern insbesondere auch ein Problem der Führungskräfte und Mitarbeiter vor Ort. Steigender Wettbewerbsdruck für das Unternehmen führte zu höherem Leistungsdruck bei den Mitarbeitern, und dies durfte sich nicht negativ auf das Qualitätsniveau auswirken.

In dieser Lage beklagte das Management, daß in zunehmendem Maße fehlerhafte Produkte versandt und die Mängel erst beim Kunden entdeckt wurden. Die Folgen blieben nicht aus: Verärgerung von Kunden, hohe Wiederherstellungskosten, Imageverlust und schließlich Schwächung der Wettbewerbsposition. Die Ursachen wurden unter anderem auch bei den Mitarbeitern „vor Ort" vermutet, denen es offensichtlich am nötigen Qualitätsbewußtsein und an der Identifikation mit ihrer Aufgabe, mit dem Produkt und dem Unternehmen mangelte.

An Schulungsmaßnahmen, die die Folgen von erhöhtem Ausschuß deutlich machten und Wege der Abhilfe aufzeigten, hatte es bisher nicht gefehlt. Damit war klar, daß nicht allein fachliche Defizite verantwortlich waren, sondern daß motivationale Gesichtspunkte der Engpaß waren.

Die Qualitätsprobleme wurden daraufhin in einem Workshop exemplarisch thematisiert. Beteiligt waren zum größten Teil Werker unterschiedlicher Qualifikationsstufen, aber auch Vorarbeiter, Meister und Betriebsleiter. Dabei kam es zu einem überraschend offenen Feedback. Die Kernaussage war:

- *Die Werker wußten sehr wohl, wo die Probleme in ihrem Arbeitsbereich lagen und wie sie abgestellt werden konnten.*
- *Die Bereitschaft dazu war gering, weil ohnehin der Leistungsdruck immer höher wurde, immer mehr Personal abgebaut wurde und dominantes Verhalten der Führungskräfte die Lust zu zusätzlichem Engagement reduzierte.*

Daraufhin gab die Unternehmensleitung den Auftrag, ein Konzept zur Verbesserung der Qualitätsmotivation zu entwickeln.

Daß es mit Belehrungen der Mitarbeiter und „Einschwören" auf die Qualität nicht getan sein konnte, war klar. Es ging vielmehr darum, das Verhältnis von Führungskräften und Mitarbeitern unter die Lupe zu nehmen und ggf. dort mit Veränderungen anzusetzen.

Es wurde ein Personal- und Organisationsentwicklungsprozeß eingeleitet, in den die Beteiligten einbezogen werden sollten. Lösungen vom „grünen Tisch" konnten keine wirklichen Problemlösungen bringen, sie mußten von innen kommen, von denen, die in der Praxis damit umzugehen hatten.

Die einzelnen Schritte des Prozesses zeigt die folgende Abbildung:

Klausurtagung

Um erfolgreiche Arbeit leisten zu können, war die Akzeptanz der Unternehmensleitung und der Führungsmannschaft unabdingbare Voraussetzung. Zum ersten Mal vorgestellt wurde die Projektidee der Unternehmensleitung und der ersten Führungsebene anläßlich einer zweitägigen Klausurtagung.

Im Anschluß daran gab die Unternehmensleitung „grünes Licht" für die Durchführung von zwei Führungskräfteworkshops, in denen die unternehmensspezifische Strategie und Vorschläge zur konkreten Umsetzung entwickelt wurden.

Strategieworkshop

Teilnehmer der Workshops waren obere Führungskräfte, die die Standorte und Funktionen des Unternehmens repräsentierten. Bei der Zusammenstellung des Kreises wurde aber auch darauf geachtet, Führungskräfte zu gewinnen,
- *bei denen Kundenorientierung eine wichtige Handlungsmaxime war,*
- *die für Neues aufgeschlossen und Meinungsbildner waren und*
- *die das Zeug hatten, den Veränderungs- und Personalentwicklungsprozeß aktiv mitzugestalten.*

Im Rahmen der Workshops wurden
- *die Projektphilosophie und der Arbeitstitel formuliert,*
- *Stärken und Schwächen analysiert,*
- *Aktionsfelder, Zielgruppen und Probleme definiert,*
- *die Inhalte der ersten Maßnahmen vereinbart und*
- *organisatorische Fragen erörtert.*

Generalziel des Projektes war die Qualitätssteigerung. Diese sollte erreicht werden durch
- *Verbesserung von Kommunikation, Kooperation und Mitarbeitermotivation,*
- *Steigerung des Qualitätsbewußtseins,*
- *zügigen Praxistransfer und Einbeziehung aller Führungskräfte und der Mitarbeiter vor Ort,*
- *Aktivierung der Mitarbeiterpotentiale und Nutzung ihrer besonderen Stärken.*

Es wurde den Beteiligten klar, daß einige Schlüsselpositionen der Zusammenarbeit im Unternehmen neu überdacht werden mußten. Es ging dabei um das Rollenverständnis der Führungskräfte und Mitarbeiter, die Arbeitsorganisation und die Unternehmenskultur. Die Führung sollte nach Auffassung der Workshopteilnehmer künftig mehr partizipative Elemente aufweisen und Teamorientierung sowie partnerschaftliches Verhalten in den Vordergrund rücken.

In fünf Thesen spannten die Teilnehmer den Bogen zwischen Qualität und Unternehmenskultur und formulierten damit die Philosophie des Projektes:

1. Führungskräfte und Mitarbeiter müssen Qualität erbringen, um das Unternehmen wettbewerbsfähig zu erhalten! Dazu gehören:
   - Kundenorientierung im Innen- wie im Außenverhältnis,
   - fehlerfreie Produkte,
   - Service und Kundenzufriedenheit und
   - sichere, transparente und ökonomische Prozesse.
2. Mitarbeiter müssen für Qualität immer wieder motiviert werden.
3. Motivation ist vorrangig Aufgabe der Führungskräfte.
4. Basis für eine glaubwürdige Motivation ist eine authentische Form der Wertschätzung.
5. Wertschätzung wird dann als motivierend empfunden, wenn sie im Rahmen einer von allen getragenen Unternehmenskultur erfolgt.
   Dazu gehören:
   - fairer und gerechter Umgang, Achtung der Persönlichkeit und Akzeptanz,
   - angemessene Information und Integration,
   - wechselseitiges Feedback über Leistungen und Verhalten sowie
   - kompetente Vorgesetzte.

Im Fokus dieses Projektes lag deshalb zunächst das Führungsverhalten. Später sollte es zu konkreten Verbesserungen der Qualität durch die Mitarbeiter an den Schalthebeln im Betrieb kommen.

In diesem Sinn wurde ein Veränderungsprozeß von „oben nach unten" eingeleitet, um die Voraussetzungen für Verbesserungen von „unten nach oben" zu schaffen.

Die größten Engpässe waren nach Auffassung der Teilnehmer Kommunikation und Kooperation. Für die ersten Maßnahmen lag die Priorität deshalb bei diesen Themen, da sie die Schlüsselfunktionen der Führung sind.

Wichtig war, möglichst alle Mitarbeiter und Führungskräfte einzubeziehen und einen zügigen Praxistransfer zu erreichen. Die Teilnehmer waren fest davon überzeugt, daß Qualität im erweiterten Sinn und damit auch die Wettbewerbsfähigkeit in einem kausalen Zusammenhang mit dem praktizierten Führungsverhalten stehen. So entstand der Arbeitstitel „Führung und Wettbewerbsfähigkeit".

Die Frage nach den Erfolgsparametern stellte sich als äußerst schwierig heraus. Kommunikations- und Kooperationsverhalten an sich läßt sich kaum quantifizieren und schon gar nicht in seriöse Relationen zu wirtschaftlichen Kenngrößen setzen. Aufwendige „Vorher-Nachher-Analysen", die eine indirekte Quantifizierung ermöglicht hätten, waren nicht gewollt. Der Kreis war von einem kausalen Zusammenhang von Führung und Wettbewerbsfähigkeit überzeugt und wollte sich auf die intuitive Beurteilung des Erfolgs beschränken. Meßbare Ergebnisse wurden erst dann erwartet, wenn durch die Mitarbeiterbeteiligung an Problemlösungen Ausschußquoten, Materialverbrauch, Maschinenstillstände, Bearbeitungszeiten, Kosten etc. reduziert und die Kundenzufriedenheit erhöht werden konnten.

Projektgruppe

Einige Delegierte faßten die Arbeitsergebnisse der beiden Startworkshops zusammen und legten sie der Unternehmensleitung vor. Das Programm wurde genehmigt und der Auftrag zur Umsetzung erteilt. Selbstverständlich vereinbarten die Beteiligten auch die kontinuierliche Zwischenberichterstattung an den Vorstand und den oberen Führungskreis.

Analyse vor Ort

Um die Maßnahmen des Projektes von vornherein sehr praxisbezogen zu gestalten, wurden vor der konkreten Detailplanung Analysen an jedem der 13 Standorte durchgeführt. Zur Analyse gehörten:

- *die Vorstellung des Projektes,*
- *die Diskussion von Pro und Contra mit einem erweiterten Kreis von Führungskräften und Betriebsräten,*
- *Betriebsbegehungen/-studien sowie*
- *Interviews mit Führungskräften und Mitarbeitern.*

Ziel der Aktion war, bei Führungskräften und Mitarbeitern Vertrauen in das Projekt und in die Veranstalter zu schaffen sowie die spezifische Problemlandschaft zu erfassen. Diese Analysen vor Ort brachten die Unterstützung der Werksmannschaften und wichtige Impulse für die Gestaltung der anstehenden Maßnahmen.

Grund- und Aufbauseminar

Wie in den Führungskräfteworkshops geplant, wurden zunächst mit allen Führungskräften Grundseminare in „Kommunikation und Kooperation" durchgeführt. Diese Veranstaltungen führten die Teilnehmer an einen **unternehmensspezifischen Kommunikationsstil** *als wichtiges Element der Unternehmenskultur heran.*

Die Maßnahme hatte das Ziel, bei den Führungskräften den gleichen Erkenntnisstand zu erzeugen und im Unternehmen „die gleiche Sprache" zu sprechen. Dabei bekamen die Teilnehmer nicht einfach ein Modell vorgesetzt, sondern es wurde in den workshopartigen Veranstaltungen ein Verhaltenskodex erarbeitet.

Teilgenommen haben an den Seminaren nahezu alle Führungskräfte, vom Direktor bis zum Meister, beide waren teilweise auch in den gleichen Veranstaltungen. So kam es vor, daß der Werksleiter und einer seiner Meister im gleichen Rollenspiel agierten. Es gab zunächst Hemmschwellen auf beiden Seiten, später erwies sich diese Konstellation aber als wirkungsvolle Maßnahme zum Abbau sozialer und hierarchischer Distanzen.

Am Ende der Veranstaltungen wurden jeweils individuelle Umsetzungsziele vereinbart, die in der Folgeveranstaltung wieder angesprochen werden sollten.

Etwa zwei Monate später fand das Aufbauseminar statt, in dem es zunächst ein Feedback über Umsetzungserfolge oder -schwierigkeiten gab. Im übrigen waren die dreitägigen Veranstaltungen dem komplexen Mitarbeitergespräch, der Teamarbeit und Moderation gewidmet. Damit sollten unter anderem die Grundlagen für die Einbeziehung der Mitarbeiter in die teamorientierte Problemlösungsarbeit geschaffen werden.

Prozeßworkshop

Etwa drei Monate nach dem letzten Aufbauseminar jeder Werksgruppe wurde ein Prozeßworkshop mit Delegierten der Seminare durchgeführt. Dabei ging es einerseits um die Rückschau und andererseits um die Planung weiterer Transfermaßnahmen. Das Projekt und die Maßnahmen wurden bestätigt, und es waren bereits Veränderungen in Richtung Problemlösungsarbeit in Gruppen erkennbar.

Es gab natürlich auch Transferhemmungen. Zum einen wurde bemängelt, daß sich das Verhalten bei den Vorgesetzten vielfach nicht zu ändern schien, und zum anderen meinten die Teilnehmer, daß ihnen die Zeit zur Gruppenarbeit fehle. Es gab auch Aussagen wie: „Jetzt haben wir Seminare und Workshops mitgemacht und viele Veränderungen herbeigeführt, nun ist es aber an der Zeit, wieder an unsere richtige Arbeit zu gehen". Diese Einwände waren ernst zu nehmen. Es mußten gemeinsam Wege aus den Engpässen gefunden, aber auch deutlich gemacht werden, daß die zunächst höhere Zeitinvestition schließlich zu besseren Ergebnissen führt. Außerdem mußte die Überzeugung gefördert bzw. gefestigt werden, daß Veränderungen zu steuern und ständige Neuausrichtung an den Kundenbedürfnissen zur „richtigen" Arbeit der Führungskräfte gehört und obligatorische Personal- und Organisationsentwicklung ist.

Es stellte sich deutlich heraus, daß weitere Transferunterstützung in konkreten Projekten benötigt wurde. Dabei ergab sich auch, daß ein Gleichlauf der Transfermaßnahmen für das ganze Unternehmen nicht mehr erwünscht und auch nicht möglich war, sondern jedes Werk seine Prioritäten selbst setzen wollte. Dies mußte in Anbetracht der dezentralen Führung, der unterschiedlichen Führungs- und Mitarbeiterstruktur sowie differenter Entwicklungsstadien der einzelnen Werke unbedingt beim weiteren Vorgehen berücksichtigt werden.

In der anstehenden projektbezogenen Transferphase ging es nun an den Kern der Sache, die Beteiligung der Mitarbeiter vor Ort. Im folgenden wird dazu nur ein markantes Beispiel erläutert.

Einführung von Gruppenarbeit

In einem Werk wurde im Rahmen des Prozesses die Gruppenarbeit in der Produktion eingeführt, um
- *die Mitarbeiter universeller einsetzbar zu machen,*
- *sie höher zu qualifizieren – und auch besser zu bezahlen –,*
- *die Arbeit abwechslungsreicher und interessanter zu gestalten,*
- *das Problembewußtsein für vor- und nachgeschaltete Funktionen zu erhöhen,*
- *Störungen zu reduzieren, Qualität und Produktion zu verbessern sowie*
- *die Motivation zu fördern und*
- *ein Lieferanten-/Kundendenken in der Innen- wie in der Außenbeziehung zu prägen.*

Obwohl die Mitarbeiter durch die Betriebsleitung gut über Ziel und Organisation der Gruppenarbeit informiert waren, haperte es nach wie vor an den erwünschten Ergebnissen.

Um den Ursachen auf den Grund zu gehen, wurde mit einem repräsentativen Querschnitt der Gruppenmitglieder einschließlich der Gruppensprecher eine Stärken-/Schwächenanalyse durchgeführt. Zur Flankierung der Gruppenarbeit wurde daraufhin eine Reihe von Maßnahmen geplant und umgesetzt.

Die Gruppenstrukturen waren durchgängig eingeführt, aber die Zusammenarbeit klappte trotzdem nicht zufriedenstellend. Die eigentliche Teamentwicklung hatte mit der Arbeitsorganisation nicht Schritt gehalten.

Um die Entwicklung der beteiligten Führungskräfte und Teammitglieder zu forcieren, setzten sich die eigens dafür ausgebildeten internen Trainer und nahezu alle Mitarbeiter jeweils in Zwölfergruppen mit Unternehmenszielen und -strategie auseinander. Sie erarbeiteten dabei Regeln mit einem hohen Verbindlichkeitsgrad für die künftige Zusammenarbeit. An diesen Teamtagen behandelten

z. B. die Sekretärin des Werksleiters und der Hilfsarbeiter das gleiche Problem – und es wurde Konsens erzielt. Probleme, Unzufriedenheiten und Chancen nannte man konsequent beim Namen. Dieses Vorgehen ließ Führungskräfte und Mitarbeiter enger zusammenrücken und besser zusammenarbeiten.

Weiterhin wurden Teamtreffs eingerichtet, die in dreiwöchigen Intervallen stattfanden und jeweils etwa zwei Stunden dauerten. Dabei kamen Mitarbeitergruppen mit Vorgesetzten und Experten zusammen, um fachliche Themen grundsätzlich und an aktuellen Beispielen zu erörtern. Die Maßnahmen dienten einerseits der fachlichen Qualifizierung und andererseits der weiteren Verbesserung von Kommunikation und Kooperation.

Im nächsten Schritt wurden Gruppengespräche installiert und verdeutlicht, daß
- jeder Mitarbeiter ein erkanntes Problem oder eine Idee äußern kann und soll,
- jede Idee über den Gruppensprecher ins Gruppengespräch eingebracht wird,
- jedes Problem im Team erörtert und gemeinsam eine Lösung erarbeitet wird,
- die Lösung – soweit machbar und vertretbar – realisiert und
- die Umsetzung überprüft wird.

Es kristallisierten sich geeignete Persönlichkeiten heraus, die die Rolle der Gruppensprecher übernahmen. Sie wurden durch Moderationstrainings befähigt, Problemlösungsprozesse im technischen, wirtschaftlichen, ökologischen und zwischenmenschlichen Bereich gezielt und effizient zu steuern.

Die Problemlösungen konnten als Gruppenvorschläge im Rahmen des Betrieblichen Verbesserungsvorschlagwesens eingereicht und prämiert werden. Die Resonanz war ansehnlich, und der erste Schritt zur Entwicklung eines ganzheitlichen Qualitätsbewußtseins war gemacht.

Im nächsten Schritt wurden die Gruppengespräche zu einem funktionierenden „Kontinuierlichen Verbesserungsprozeß" mit problembezogen konstituierten Gruppen weiterentwickelt.

Schlußbetrachtung

Der Entwicklungsprozeß für Führungskräfte und Mitarbeiter war unverkennbar, sie „wuchsen" im Prozeß an den Aufgabenstellungen. Vor allen Dingen wurde hier keine Weiterbildung und Personalentwicklung am „grünen Tisch" durchgeführt. Die praktische Umsetzung in praktikable Schritte wurde stets mitgedacht, realisiert und überprüft.

Aber auch der wirtschaftliche Nutzen aus den Mitarbeiterinitiativen im Rahmen eines kontinuierlichen Verbesserungsprozesses führte zur zügigen Amortisation der geleisteten Investitionen und zu Wirtschaftlichkeits- und Wettbewerbsvorteilen. In der Tat war ein Prozeß in Gang gekommen, der den Nutzen des Unternehmens, der Führungskräfte und Mitarbeiter sowie der Kunden wesentlich steigerte.

Diese Maßnahmen waren nicht als einmalige Aktion, sondern als kontinuierlicher Prozeß angelegt, unter dem Motto:

> Die Ziele von heute sind die Standards von morgen, die Ziele von morgen sind die Standards von übermorgen usw.

Der Weg dorthin ist der qualitätsorientierte Personal- und Organisationsentwicklungsprozeß.

Für den Einstieg in die qualitätsorientierte Personal- und Organisationsentwicklung empfehlen sich folgende Schritte:
- Entwicklung einer spezifischen Strategie durch die Unternehmensleitung (z. B. mittels EKS-Strategietableau),
- Transformation der Strategie auf die nächste Führungsebene, Verarbeitung von Korrekturvorschlägen,
- bei Bedarf Einbeziehung weiterer Zielgruppen,
- Entwicklung eines Aktionsprogramms, Bildung von Prioritäten,
- Planung und Konzeption der Maßnahmen,
- Erprobung und Verankerung der vereinbarten Aktivitäten,

- Auswertung und Kontrolle, Feedback an die Unternehmensleitung,
- Aktualisierung der Ziele und Standards,
- Planung, Konzeption und Realisierung von Folgemaßnahmen.

Von entscheidender Bedeutung für den Erfolg der qualitätsorientierten Personal- und Organisationsentwicklung sind die Transparenz des Vorgehens und der Ziele, die Identifikation des Managements, der Führungskräfte und Mitarbeiter mit der Strategie und der sensible Umgang mit Widerständen. Der *partizipative Führungsansatz* ist deshalb der erfolgversprechendste Weg, Unternehmen, Mitarbeiter und Kunden voranzubringen.

Literatur

Becker, Horst/Langosch, Ingo: Produktivität und Menschlichkeit – Organisationsentwicklung und ihre Anwendung in der Praxis, Stuttgart 4. Aufl. 1995.

Doppler, Klaus/Lauterburg, Christoph: Change Management – Den Unternehmenswandel gestalten, Frankfurt 6. Aufl. 1997.

Grässle, Anton A.: Quantensprung – Durch Veränderungsmanagement zur Unternehmensidentität, München 1993.

Haas, Heidi/Muthers, Helmut: Mitarbeiter als (Mit-)Unternehmer, Offenbach 1996.

Hoberg, Gerrit: Vor Gruppen be-stehen, Bonn 1999.

Oess, Attila: Total Quality Management – Die ganzheitliche Qualitätsstrategie, Wiesbaden 2. Aufl. 1991.

Vollmer, Günter/Hoberg, Gerrit: Kommunikation: sich besser verständigen – sich besser verstehen, Stuttgart 1994.

Outplacement –
ein Instrument der Personalführung

Hans Bürkle

Ein mittelständisches Unternehmen der Textilbranche mußte sich von einem leitenden Mitarbeiter (Ende 40) trennen, der seit vielen Jahren dabei war und sogar das Unternehmen mit aufgebaut hatte. Sein Jahresgehalt betrug 240.000 DM.

Das Unternehmen hätte normalerweise 360.000 DM als Abgeltung der Restlaufzeit des Vertrages zahlen müssen, falls es den erst zur Hälfte abgelaufenen Drei-Jahresvertrag einseitig gekündigt hätte. Zusätzlich wäre wohl eine Abfindung von mindestens 100.000 DM, insgesamt also 460.000 DM (ohne Rechtsanwaltskosten) fällig gewesen.

Der Unternehmer beauftragte jedoch statt dessen eine Outplacement-Beratung, um den Mitarbeiter aus noch ungekündigtem Verhältnis heraus neu zu positionieren. Mit Hilfe einer aktiven Bewerbungsstrategie erhielt die Führungskraft mehrere Angebotsalternativen und somit eine neue Position. Fünf Monate nach Beginn der Beratung konnte der Mitarbeiter eine neue Stelle in einem anderen, nicht konkurrierenden Unternehmen antreten, sogar nur 35 km von seinem bisherigen Wohnort entfernt.

Bei der Gestaltung der Abfindung stand der Berater moderierend zur Verfügung. Die Ansprüche des Mitarbeiters wurden befriedigt, und das Unternehmen konnte aufgrund der Verkürzung der Vertragsrestlaufzeit deutlich mehr als 200.000 DM sparen. Die Trennungsberatung brachte für beide Parteien überzeugende Vorteile.

Die heutige Situation auf dem Arbeitsmarkt

Die derzeitige Wirtschaftslage ist immer noch eher durch den Abbau von Arbeitsplätzen als durch Neueinstellungen der Unternehmen gekennzeichnet, insbesondere in den klassischen Industriefeldern. Dabei zögern mittelständische Unternehmer häufig, Entlassungen vorzunehmen – sei es aus sozialen Gründen, aus Kostengründen (*labour-turnover costs*), wegen der Auswirkungen auf das Betriebsklima oder einfach, weil Hoffnung auf einen Nachfragesog besteht. Zudem wird es als unsinnig erachtet, bereits eingearbeitete Mitarbeiter zu entlassen, um dann später bei Neueinstellungen wiederum in die Ausbildung investieren zu müssen.

In inhabergeführten Unternehmen verzögert oftmals die Tatsache der persönlichen Bindung zu „überflüssigen" Mitarbeitern notwendige Anpassungen im Personalbereich. Es soll jedoch nicht das schnelle Hinauswerfen befürwortet, sondern beiden Parteien geholfen werden, eine faire Lösung zu finden, wenn Trennungen unvermeidlich sind. Solche Fälle gibt es eindeutig: Daß sich Eignungsprofile und Anforderungsprofile mit der Zeit ändern können, steht außer Frage. Falls die Diskrepanz zu groß wird, ist es für den/die Ausscheidende/n von Vorteil, wenn mit einem neuen Arbeitsplatz eine bessere Lösung gefunden wird.

Mit diesem Beitrag wollen wir aufzeigen, daß mit Hilfe einer Outplacement-Beratung eine Trennung zwischen Arbeitgeber und Mitarbeitern auf anständige und faire Weise – anstatt mit dem häufig üblichen „hire and fire" – möglich ist.

> Die Trennung ist ein ebenso natürlicher Vorgang wie der Abschluß eines Anstellungsvertrages. Verdienten Mitarbeitern (Rentner ausgenommen) einen reibungslosen Übergang in neue Beschäftigungsverhältnisse zu ermöglichen, sollte Bestandteil jeglicher Unternehmenskultur sein (vgl. Stoebe, 1993, S. 30). Wenn am Anfang Einvernehmen zu erzielen war, so sollte dies auch bei der Trennung möglich sein.

Personalmanagement | 169

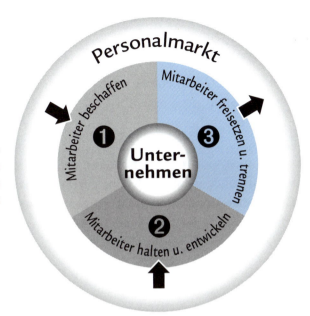

Die Outplacement-Funktion innerhalb der Aufgaben des Personalwesens

Unternehmer setzen die Outplacement-Beratung häufig bei folgenden Problemen ein:
- Fusionen von Teilbereichen, dadurch Freiwerden ganzer Hierarchien,
- Kauf von Tochterunternehmen und daraus resultierende Freisetzungsmaßnahmen,
- Fehleinstellung von Mitarbeitern,
- fehlende Weiterentwicklung von verdienten Mitarbeitern, die mit anstehenden Aufgabenveränderungen nicht Schritt halten können oder konnten.

Umweltfaktoren, Märkte, Wettbewerbsvorteile, Technologien, Rechtsverhältnisse usw. haben in unserer schnellebigen Zeit häufig nur kurzen Bestand, so daß sich die Unternehmen an neue Marktsituationen anpassen müssen. Die Veränderungen des Marktes zwingen zur Veränderung von Strukturen, Hierarchien und Kompetenzen in einem Unternehmen. Insbesondere Führungskräfte müssen sich dieser Dynamik stellen. Dies kann entweder durch Aufstieg, Abstieg oder Umstieg innerhalb desselben

Unternehmens oder durch ein Outplacement geschehen, also durch die Neupositionierung eines Mitarbeiters in einem *anderen* Unternehmen mit Unterstützung des bisherigen Arbeitgebers.

Selten können Unternehmen in solch dynamischen Zeiten wie den unseren völlig ohne personalpolitische Reibungsverluste auskommen. So kann es – möglicherweise ohne ein persönliches Verschulden – zu Trennungen kommen. Oft führen Entscheidungen in einer fernen Konzernzentrale zu strukturellen Veränderungen, die die Freisetzung einer Führungskraft oder mehrerer Kräfte zur Folge haben. Manchmal werden auch gesetzte Unternehmensziele aus irgendwelchen Gründen nicht erreicht, woraufhin ein Mitarbeiter – sei er nun verantwortlich oder nicht – zum Sündenbock gemacht wird.

Fritz Stoebe (1993, S. 69) faßt die Motive der Unternehmer, sich für ein Outplacement-Verfahren zu entschieden, so zusammen:
- soziale Verantwortung für den Mitarbeiter,
- sein Lebensalter,
- die Dauer der Betriebszugehörigkeit,
- Vermeidung der Verschlechterung des Betriebsklimas,
- Zeitersparnis beim Trennungsablauf,
- Vermeidung von Rechtsstreitigkeiten oder Betriebsratsproblemen,
- Vermeidung eines externen Imageverlustes,
- Kosteneinsparung bei der Trennung.

> Die von der Freisetzung betroffenen Mitarbeiter sind bei der Stellensuche in der Regel überfordert, denn sie haben zumeist wenig Erfahrung in der „Selbstvermarktung" und damit auch wenig Chancen, sofort eine neue und adäquate Stelle antreten zu können. Das Outplacement kann in solchen Fällen sowohl den Unternehmen als auch den Führungskräften helfen.

Nutzen des Outplacements

Der Nutzen der Outplacement-Beratung ist ein mehrfacher:

- Der Unternehmer wird in die Lage versetzt, Marktanpassungen schnell und ohne Schaden für die Beteiligten durchzuführen.

- Für ausscheidende Mitarbeiter lassen sich Härtefälle und Auseinandersetzungen vermeiden, weil ihnen professionelle Unterstützung beim Finden einer neuen Position zuteil wird. Dabei ist für beide Seiten ganz wichtig, daß nach einer neuen Position gesucht wird, solange der betroffene Mitarbeiter noch angestellt ist. Dadurch wird vermieden, daß der Mitarbeiter in eine schwächere Situation auf dem Arbeitsmarkt gerät (Outsider-Position).

So kann Outplacement durchaus die Chance zu einem neuen Karrierestart sein. Zudem läßt die firmenseitige Unterstützung bei der Arbeitsplatzsuche das Betriebsklima besser werden und führt bei allen anderen Mitarbeitern zu der Überzeugung, daß das Unternehmen auch in Krisenfällen für sie da ist. Auf diese Weise kann der Unternehmer „inneren Kündigungen" seiner Mitarbeiter vorbeugen, was die Effizienz seines Unternehmens sicherlich steigert. Schließlich ist die faire Trennung von Unternehmen und Mitarbeiter heute Teil einer sozialverantwortlichen und fairen Trennungskultur im Personalwesen überhaupt. Die Unternehmensleitung, die Auftraggeberin ist und die Kosten der Outplacement-Beratung übernimmt, erfüllt durch eine *Trennungsberatung* und ein *Newplacement* (zwei elegantere Begriffe für „Outplacement") ihre Fürsorgepflicht gegenüber dem Mitarbeiter.

> Die frühzeitige Einschaltung von Outplacement-Beratern kann für das Unternehmen u.U. auch erhebliche finanzielle Vorteile bringen, und zwar zum einen durch die Verkürzung der arbeitsvertraglichen Restlaufzeiten, zum anderen durch geringere Rechtsstreitigkeiten bzw. einfachere Aufhebungsverträge.

Daher sollten Unternehmer und Personalleiter sich diese bewährte Dienstleistung zunutze machen. Dafür spricht auch, daß die neue sozialpolitische Situation Abfindungssummen für ausscheidende Mitarbeiter steuerlich nicht mehr so attraktiv erscheinen läßt, so daß dem Mitarbeiter mit einem Outplacement besser gedient ist als mit Geld.

Die Trennung mit Unterstützung des Arbeitgebers führt in letzter Zeit öfters zu Existenzgründungen, beispielsweise auf dem Weg des *Outsourcing*: indem das Unternehmen dem ausscheidenden Mitarbeiter als neuem Lieferanten eine bestimmte Auslastung mit Aufträgen zusagt, somit selbst Kosten senkt und dem Existenzgründer eine Vollexistenz ermöglicht.

Im Rahmen der Outplacement-Beratung können völlig neuartige Ideen für geeignete, neue Positionsalternativen auftauchen, die dem Kandidaten Mut machen, die besprochenen Aktivitäten mit vollem Elan durchzuführen. So gilt es, den Kandidaten in mehrfacher Weise zu motivieren, wenn die Trennungsentscheidung getroffen wurde, beispielsweise durch

- Motivation mittels psychologischer Maßnahmen und Stärken-Analyse,
- Motivation durch Eröffnung völlig neuer beruflicher Ansatzpunkte,
- Präsentation seiner Stärken und seines Werdeganges in exzellenter Form und
- Motivation durch Herstellen schneller, adäquater Firmenkontakte.

Sind erst einmal Firmenkontakte geschaffen, so faßt der Klient neuen Mut und führt seine Bewerbungsaktivitäten mit vollem Einsatz bis zur Neupositionierung weiter. Oftmals bekommt der Bewerber in der neuen Position sogar ein höheres Gehalt als bisher.

Vorgehensweisen beim Outplacement

> Im Rahmen des Outplacement nutzen einige wenige Fachberatungen eine besonders erfolgreiche Methodik der Kontaktanbahnung zu passenden Unternehmen, nämlich die *aktive Karriere- und Bewerbungsstrategie* (vgl. Mewes 1972, 1998 und Bürkle 1999).

Darunter versteht man eine Strategie, die sich nicht nur passiv auf bereits ausgeschriebene Stellen konzentriert, sondern aktiv auch dort ansetzt, wo – scheinbar – (noch) kein Personalbedarf erkennbar ist.

Statt passiv darauf zu warten, daß zufällig eine Anzeige mit der Wunschposition in der Zeitung erscheint, wird eine aktive Bewerbung bei solchen Unternehmen betrieben, denen der Bewerber einen Nutzen bieten könnte. Diese werden unter dem Namen eines Treuhänders (des Outplacement-Beraters) mit einem aussagekräftigen Brief von einer Seite Länge angeschrieben, der sogenannten *Zielgruppenkurzbewerbung* (ZKB). Adressaten, die daraufhin Interesse bekunden, erhalten die kompletten Bewerbungsunterlagen. Bei dieser Bewerbungsform hat der Kandidat keine Mitbewerber und somit beste Chancen, schnell eine entsprechende Aufgabe zu erhalten.

Im einzelnen beinhaltet das Vorgehen folgende Schritte:
- Analyse der Trennungssituation mit dem Mandanten,
- Auswirkungen auf die individuelle Lebenssituation,
- Abbau psychologischer Hemmnisse,
- Einstellung zur Zukunft,
- Optimierung der Bewerbungsunterlagen,
- Berufliche Bestandsaufnahme,
- Potentialanalyse,
- Analyse der Problemlösungsfähigkeit,
- Erarbeitung beruflicher Alternativen,
- Erarbeitung von Zielgruppen-Potentialen,
- Entwicklung des persönlichen Nutzwertes für die Zielgruppen.

Outplacement

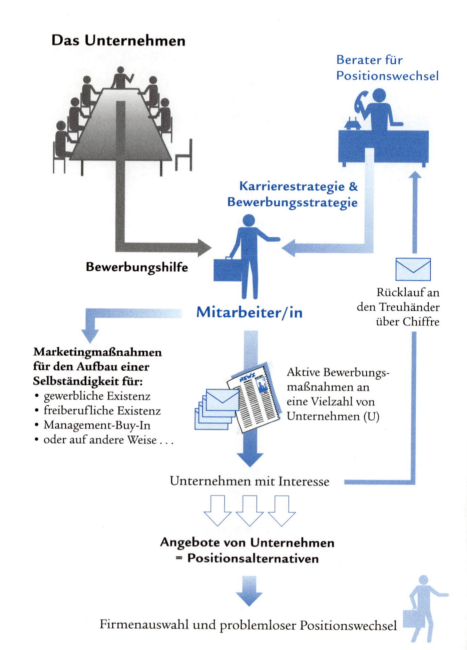

Kontakte werden über Stellenangebote, Stellengesuche, bestehende Firmenkontakte, Zielgruppenkurzbewerbungen, Networking und Kontakte zu Personalberatern systematisch angebahnt.

Des weiteren gehört auch die Vorbereitung auf Vorstellungsgespräche und Einzel-AC (*Assessment Center*) dazu, die Einholung von Firmenauskünften, das Erstellen eines Fragekataloges für Vorstellungsgespräche und die Nachbereitung solcher Gespräche.

Bei Vertragsabschluß und während der Probezeit in der neuen Position wird der Mandant ebenfalls unterstützt.

Karrierealternativen

Nach der Entscheidung für ein Outplacement werden die Kandidaten einerseits von der psychologischen, andererseits von der kreativen Seite her unterstützt: So werden – ausgehend von den Stärken des Kandidaten – neue berufliche Alternativen entwickelt, die für eine Führungskraft folgendermaßen aussehen können:

- eine andere Funktion im bisherigen Unternehmen bzw. in einer Tochtergesellschaft,
- eine neue Aufgabe als Führungskraft mit ähnlicher Funktion in einem anderen Unternehmen, und zwar in der bisherigen Branche, einer vorgelagerten oder einer nachgelagerten Zielgruppe oder bei einem Verband,
- verwandte Funktionen zur bisherigen Tätigkeit: z. B. als Professor an einer Hochschule, als Dozent an Akademien, als Fachautor, Fachjournalist oder als Funktionär (Verband, Sport, Partei),
- eine Existenz als Selbständiger mit folgenden Wahlmöglichkeiten: tätige oder alleinige Beteiligung, Nachfolge in einem fremdem Unternehmen, Übernahme auf Rentenbasis, MBI (*Management-Buy-In*), freiberufliche oder gewerbliche Existenzgründung, Franchise-Übernahme, Übernahme eines Handelsbetriebes der bisherigen Firmengruppe, Outsourcing-Neugründung, neue berufliche

Funktion, z. B. als Berater, Handelsvertreter, Verkäufer, Trainer, Makler, Zulieferer, Montagebetrieb, Importeur usw., Aufbau einer Einkaufsvereinigung;

- das Springen in völlig neue Berufsfelder, für das jedoch besondere Vorbereitungen erforderlich sind und ggf. Insiderwissen eingekauft werden muß, z. B.: Franchising in einem branchenfremden Feld, Vertriebsorganisationen (kein Strukturvertrieb), Organisationsaufgaben, z. B. in einer Messegesellschaft, Test interessanter Geschäftsanzeigen, Übernahme abgebrannter Firmen (Versicherungskontakte), Übernahme nachfolgeloser Kleinfirmen (Bankenkontakte/IHK) usw.

Dieses Kaleidoskop an beruflichen Möglichkeiten läßt die Kandidaten völlig neue Ideen zur Selbstverwirklichung entwickeln. Sie sind damit stark motiviert, ihren Marktwert zu testen.

Auch für Mitarbeiter aus dem Sachbearbeiterbereich ergeben sich neue Berufschancen und aufgrund bescheidener Gehälter in der Regel sogar mehr Angebotsalternativen als bei Top-Managern. Dies setzt jedoch voraus, daß der Mitarbeiter/die Mitarbeiterin auch räumlich flexibel ist.

Um den Nutzwert der Outplacementberatung zu verdeutlichen, hier zwei Beispiele:

Erfolgreicher Neuanfang für einen 56jährigen Ingenieur

Als Friedrich Volkmann 1996 die Leitung des Frankfurter Verkaufsbüros eines elektrotechnischen Konzerns aus Ostdeutschland übernahm, glaubte er, eine „Lebensstellung" erreicht zu haben. Er war im Alter von 52 Jahren durch Vermittlung eines Personalberaters zu seiner neuen Position gekommen. Seine Arbeit erledigte er mit Elan und Engagement. Wie ein Blitz aus heiterem Himmel traf ihn darum Anfang 2000 ein Brief mit schlechten Nachrichten: Wegen der desolaten Ertragslage des Konzerns sollte die Frankfurter Niederlassung geschlossen werden. Ihm wurde mit dreimonatiger Frist zum 31. Juli des Jahres gekündigt. Volkmann suchte sofort einen Fachanwalt für Arbeitsrecht in

Aschaffenburg auf, doch dieser konnte nur bestätigen, daß die Kündigung unanfechtbar war. Weil Volkmann nur drei Jahre im Betrieb gewesen war, konnte ihm auch als einem der ersten gekündigt werden. Auf eine längere Kündigungsfrist konnte er nicht bestehen. Volkmann war schockiert. Seitdem er seine Ausbildung abgeschlossen hatte, war er stets kontinuierlich auf der Erfolgsleiter nach oben gestiegen. Nun im Alter von 56 Jahren arbeitslos und überdies noch mit hohen Kreditverpflichtungen wegen eines Hausbaus belastet, schien er vor dem Nichts zu stehen. Denn wer würde ihm jetzt noch einmal eine Chance geben, zumal bei einer derart hohen Arbeitslosigkeit in Deutschland?

Volkmann war angesichts seiner miserablen Zukunftsaussichten wie gelähmt. Doch sein Rechtsanwalt machte ihm Mut und empfahl ihm einen Strategie- und Outplacement-Berater, der mit der Engpaß-Konzentrierten Strategie (EKS) von Wolfgang Mewes arbeitet. Beim Berater fand Volkmann Hilfe und faßte wieder Mut, als dieser ihm sagte: „Wir vermarkten nicht Ihre 56 Lebensjahre, sondern Ihr Know-how von 40 Jahren". Dem Berater gelang es, Volkmanns Arbeitgeber davon zu überzeugen, die Kosten für dessen Neupositionierung zu übernehmen.

Normalerweise hat ein Berater ein halbes oder ein volles Jahr Zeit, um dem Kandidaten zu einer neuen Position zu verhelfen. Bei Friedrich Volkmann mußte das wegen der kurzen Kündigungsfrist innerhalb von drei Monaten geschehen. Umgehend arbeitete er darum mit entsprechender Unterstützung seine speziellen Stärken (Phase 1 der EKS) heraus, seine Neigungen und die positiven Referenzen seiner Kunden. Dabei ergab sich folgende Differenzeignung: Volkmanns größte Stärke lag in der Neukundengewinnung für leittechnische Systeme. Diese Anlagen, die immerhin 3 bis 5 Millionen DM kosten, kauft man nicht einfach von heute auf morgen, sondern erst nach sorgfältiger Information, Schulung und Betreuung. Genau das war Volkmanns Spezialgebiet. Da Volkmann gute Referenzen und einen gewissen Bekanntheitsgrad in der „Szene" hatte, konnte der Berater voraussetzen, daß er in der Lage war, schnell erste Kontakte herzustellen, um elektrotechnische Systeme verkaufen zu können.

In der EKS-Terminologie ausgedrückt, hieß das: Volkmann hatte einen Namen bei den Kunden und war somit Zielgruppenbesitzer. Darum war er gerade für kleine und mittelständische Unternehmen attraktiv, die mit neuen Produkten auf den Markt drängten, aber noch nicht über genügend Renommee und Vertrauen verfügten. Genau das konnte Volkmann mitbringen. Kunden, die jahrelang von ihm betreut worden waren, als er noch für Großunternehmen tätig war, würden ihm auch vertrauen, wenn er für eine neue Firma tätig wäre. Sein besonderer Nutzen (Phase 2 der EKS – das erfolgversprechendste Aufgabengebiet) für einen potentiellen neuen Arbeitgeber könnte darin liegen, Neukundengeschäfte anzubahnen und Kontakte zu Kunden zu knüpfen, deren Türen normalerweise nur schwer zu öffnen waren. Genau diese Fähigkeit mußte nun vermarktet werden.

Nach diesen Gesichtspunkten wurden die Bewerbungsunterlagen zusammengestellt: der Lebenslauf und die Liste der beruflichen Erfahrungen mit seinem Spezialwissen. Nun ging es darum, die richtige Zielgruppe zu finden (Phase 3 der EKS). Die erste Wahl waren alle kleineren und mittelständischen Unternehmen aus der Prozeßleittechnik, die zweite waren die Großbetriebe, die man ungeachtet der Tatsache, daß dort fast überall ein Einstellungsstop herrschte, trotzdem anschreiben wollte. Insgesamt sollten über 100 Unternehmen angeschrieben werden. Der Berater entwickelte eine Zielgruppenkurzbewerbung (ZKB) für eine Mailing-Aktion. Das Einschalten eines Treuhänders – hier des Outplacement-Beraters – war wichtig, damit Volkmann nicht als „Massenbewerber" in der Branche bekannt wurde. Außerdem wurde in der FAZ ein Stellengesuch geschaltet.

Der Erfolg der ZKB war groß: 22 Unternehmen forderten die kompletten Bewerbungsunterlagen an. Friedrich Volkmann war glücklich; mit einem derart großen Interesse an seiner Person hatte er in seinem Alter kaum gerechnet. Volkmann führte umgehend mit mehreren Firmen Gespräche. Schließlich waren für ihn rund sechs kleinere und mittlere Unternehmen interessant, die überaus erfolgversprechende Projekte bis zur Marktreife entwickelt hatten. Sie alle waren von Volkmanns Alter völlig unbeeindruckt, denn nach fünf bis zehn Jahren sollten diese Projekte ohnehin abgeschlossen sein. Die Interessenten wollten sein Know-how und seine Kundenkontakte und waren froh über die Chance, einen gestandenen Fachmann gewinnen zu können.

Zwischenzeitlich hatte er sich vorsorglich beim Arbeitsamt als stellensuchend gemeldet. Ein Firmenkontakt kam übers Arbeitsamt (ZAV) jedoch nicht zustande, wo man Volkmann außer der Perspektive „Langzeitarbeitslosigkeit" nichts zu bieten hatte. Unter dem Druck, noch vor der Sommerpause unterzukommen, arbeitete Volkmann zügig seine Vorstellungstermine ab, so daß bis Ende Juni 2000 drei unterschriftsreife Verträge ausgehandelt werden konnten. Volkmann entschied sich für einen Betrieb mit 150 Mitarbeitern in der Nähe von Frankfurt. Dort erhielt er sogar ein höheres Gehalt und bessere Zusatzleistungen als in seiner früheren Position sowie einen Firmenwagen.

Der Berater sorgte dafür, daß Volkmann von seinem vorherigen Arbeitgeber ein gut formuliertes Zeugnis bekam, das eine Beschäftigung bis zum 15. August auswies, damit die Erwerbsbiographie lückenlos blieb. Besonders stolz sind beide darauf, daß Volkmann in nur drei Monaten einen neuen Arbeitsvertrag unterschreiben konnte – trotz seiner scheinbar aussichtslosen Lage. Damit ist er einer von vielen, die bewiesen haben, daß man mit der richtigen Strategie auch in scheinbar ausweglosen Fällen zum Erfolg kommt.

Neupositionierung eines Produktmanagers

Franz Junckers, 34 Jahre, war vier Jahre bei einem Hersteller von elektrotechnischen Geräten, einem Tochterunternehmen eines international tätigen Konzerns, als Produktentwickler tätig. Aufgrund einer Anweisung aus Schweden mußte der Geschäftsführer des Betriebs für eine Senkung der „Kopfzahl" von 10 Prozent sorgen.

Junckers erbrachte bislang gute, untadelige Arbeit. Ein internes Ranking von möglichen zu entlassenden Personen – ohne Abstimmung mit dem Betriebsrat – ließ den Entscheid für eine Trennung auf ihn fallen. Seine Kündigungsfrist betrug nur sechs Wochen zum Quartalsende. Er war relativ neu im Unternehmen, und sein Aufgabenfeld könnte von anderen, wenn auch mit Schwierigkeiten, übernommen werden.

Der Geschäftsführer entschied sich bei Junckers und anderen Mitarbeitern für eine „faire Trennung" und eröffnete seine Entscheidung direkt nach einem Kündigungstermin. In Kooperation mit dem Outplacement-Berater wurde gemeinsam ein Modell entwickelt, wie sich Junckers aus offiziell noch ungekündigter Position bewerben müßte. Junckers fiel wegen der bevorstehenden Kündigung zunächst „aus allen Wolken". Die Tatsache jedoch, daß der Geschäftsführer nicht den erstbesten Kündigungstermin wahrnehmen wollte, besänftigte ihn. In Verbindung mit der Outplacement-Unterstützung ließ Junckers vom Plan der Einbindung des Betriebsrates ab.

Gemeinsam wurde ein Aufhebungsvertrag erarbeitet, der Junckers einen fließenden Übergang in ein neues Anstellungsverhältnis erlaubte. Vier Monate später hatte er drei alternative Angebote und konnte sich sogar finanziell etwas verbessern. Das Unternehmen hatte ein positives Signal im Kreise der Führungsnachwuchskräfte gesetzt. Junckers bekam außer den Beratungskosten eine Abfindung, obwohl er sie – da für den Verlust des Arbeitsplatzes gedacht – gar nicht gebraucht hätte. Das Unternehmen hatte den Vorteil, daß Junckers seine Aufgaben recht gut an sein verbleibendes Team übertrug. Die Outplacementkosten waren letztlich geringer als mögliche Einarbeitungs- und Arbeitsgerichtskosten – ungeachtet eines Imageschadens und des schlechten Gewissens des Geschäftsführers.

Checkliste für Unternehmer und Geschäftsführer zur Vorbereitung einer Trennungsentscheidung

1. Analyse des Arbeitsplatzes
- Sind die Anforderungen gewachsen oder das Leistungsniveau des Kandidaten gesunken?
- Kann der Mitarbeiter seinen Stärken gemäß anderweitig erfolgreich eingesetzt werden? Evtl. Abstimmung mit dem Betriebsrat.
- Kann die Aufgabenverteilung anderweitig vorgenommen werden?
- Kann man an den Mitarbeiter eine Aufgabe delegieren, so daß ein Outsourcing durchgeführt werden kann?

- Müßte der Mitarbeiter geschult werden?
- Hat das Unternehmen falsche Entscheidungen bei der Einstellung getroffen?
- Wurde der Mitarbeiter nicht richtig eingelernt oder geführt?

2. Persönliche Situation des Mitarbeiters
- Welche physischen oder psychischen Ursachen hat die Minderleistung?
- Ist er/sie in eine persönliche/familiäre Situation geraten, die sich bessern kann?
- Was halten seine direkten Mitarbeiter und Zuarbeiter vom Kandidaten?
- Wird gemobbt?
- Ist der Mitarbeiter süchtig (Drogen oder Alkohol)?

3. Fachliche Kenntnisse des Mitarbeiters
- Ist er den neuen Herausforderungen nicht gewachsen?
- Will er neue Aufgaben nicht annehmen?
- Ist er gegenüber Soft Skills nicht aufgeschlossen?
- Sperrt er sich gegen neue Handwerkszeuge wie Intranet/Internet?
- Zeigt er starkes Freizeitengagement?
- Wird er nicht geschult?

Insgesamt ist zu prüfen, inwieweit der Mitarbeiter eine zu seinen Stärken passende Aufgabe im Unternehmen übernehmen könnte. Wenn nicht, ist die Frage, ob er freigestellt werden muß.

4. Arbeitsrechtliche Lage (evtl. Einbindung eines Rechtsanwaltes)
- Wie lange ist der Mitarbeiter im Unternehmen?
- Kündigungsfrist und Kündigungstermine des Unternehmens und des Mitarbeiters? Restlaufzeit des Vertrages?
- Ist er leitender Angestellter und wieweit fällt er unter das Kündigungsschutzgesetz?
- Vergütungsarten, Prämien, Tantiemen?
- Ist er behindert?

- Muß ein Sozialplan erstellt werden?
- Ist der Mitarbeiter abgemahnt worden?
- Besteht eine vereinbarte oder gesetzliche Abfindung?
- Gibt es ein Wettbewerbsverbot?
- Besteht ein Anspruch auf betriebliche Rentenzahlungen?

Bei der Trennungsentscheidung sollte abgewogen werden, ob die üblicherweise negativ wirkende Kündigung mittels eines Outplacement-Verfahrens „geheilt" oder gemildert werden kann.

> Outplacement beinhaltet qualitative wie quantitative Vorteile für ein Unternehmen, verbunden mit einer fairen Trennung und Neupositionierung für den Betroffenen.

Literatur

Brogsitter, Bernd: „Sanfte Trennung in Verbindung mit Outsourcing – Fallbeispiel der KODAK AG." In: Der Management-Berater 3/93, S. 23-27.

Bürkle, Hans/Bernd Brogsitter (Hrsg.): Die Kunst, sich zu vermarkten. Stuttgart, 4. Aufl. 1998.

Bürkle, Hans: „Karriere". In: Hans Strutz (Hrsg.): Handbuch Personalmarketing, Wiesbaden 2. Aufl. 1993, S. 762 ff.

Bürkle, Hans: „Unternehmerisches Talent ist notwendig – Management-Buy-In als erfolgreicher Weg zur Selbständigkeit." In: FAZ 21.4.1998, S. B 8.

Bürkle, Hans: Aktive Karrierestrategie, Wiesbaden und Frankfurt 2. Aufl. 1996.

Bürkle, Hans: Karrierestrategie und Bewerbungstraining für den erfahrenen Ingenieur, Berlin und Heidelberg 1999.

Bürkle, Hans: Stellensuche und Karrierestrategie, Wiesbaden 1993.

Friedrich, Kerstin: „Erfolgreicher Neuanfang durch Outplacement – Fallstudie (Manager 56 Jahre findet schnell neue Position)." In: Strategiebrief der FAZ 10/94, S. 1-7.

Lentz, Brigitta: „Coaching – mit 50 noch einmal etwas wagen: MBI (Management Buy In). Interview mit Hans Bürkle." In: Capital 11/97, S. 150.

Mewes, Wolfgang: Die Kybernetische Managementlehre EKS, Frankfurt 1972 und EKS-Lehrgang 1998, Pfungstadt.

Stoebe, Fritz: Outplacement, Frankfurt 1993.

Generationswechsel bei geöffneten Fenstern –
Die Unternehmensnachfolge vertraglich regeln

Erich Jedelhauser

Der Unternehmer Ulrich Haupt (50 Jahre) hatte in den letzten 25 Jahren einen hochspezialisierten Stanzerei-Betrieb für kleine Metallteile aufgebaut (10 Mio. DM Umsatz, 15 Mitarbeiter), die überwiegend an die Automobilindustrie geliefert werden, aber auch für Waschmaschinen und andere Haushaltsgeräte bestimmt sind. Die älteste Tochter (27) – seit drei Jahren verheiratet, zwei Kinder – hat vor zwei Jahren die Ausbildung abgeschlossen und sich nunmehr im Betrieb gut eingearbeitet. Die jüngere Tochter will ihren eigenen Weg außerhalb des Unternehmens gehen. Ulrich Haupt ist bei bester Gesundheit und möchte nun seine Unternehmensnachfolge regeln.

Gerade die bestgeführten Unternehmen ...

Darin unterscheidet sich Ulrich Haupt von der Mehrzahl der Unternehmer. Denn eine Studie der Bertelsmann-Stiftung hat ergeben:

> Gerade die bestgeführten Unternehmen regeln die Unternehmensnachfolge früh und vollständig (vgl. Albach/Freund 1989, S. 207ff.) – allen Hemmungen zum Trotz, die dieses tabuisierte Thema normalerweise begleiten.

Und häufiger als sonst nehmen gerade die erfolgreichen Unternehmen auf dem Gebiet der Regelung der Unternehmensnachfolge auch externe Beratung in Anspruch.

Hilfe, Erbengemeinschaft!

Ulrich Haupt lebt im gesetzlichen Güterstand der Zugewinngemeinschaft und hat bisher mit seiner im Betrieb mitarbeitenden Ehefrau ein gemeinschaftliches Testament gemacht, in welchem sich die Eheleute gegenseitig als Alleinerben einsetzen (sog. Berliner Testament).

Mit seinem Testament unterscheidet sich unser Unternehmer wiederum von etwa drei Vierteln aller übrigen Unternehmer. Allgemeinen Beobachtungen zufolge, die der Verfasser auch aus seiner Referententätigkeit bestätigen kann, gilt:

> Ca. drei Viertel aller Unternehmer haben überhaupt keine letztwillige Verfügung, d. h. *kein* Testament oder *keinen* Erbvertrag. Dies bedeutet: Im Fall des Todes des Unternehmers träte die gesetzliche Erbfolge ein, zumeist mit der Konsequenz, daß eine Erbengemeinschaft entsteht. Diese wiederum birgt für das Unternehmen die ernsthafte Gefahr, daß jeder Miterbe jederzeit die Auseinandersetzung verlangen kann, und zwar zu Verkehrswerten. Das bedeutet schlimmstenfalls die Zerschlagung des Unternehmens.

Daher gilt die erste Sorge der Schaffung des Unternehmertestaments. Dabei sollte ein sog. *Sofort-Testament* angefertigt werden. Dies wird in der Regel zwar noch nicht alle Vorstellungen des Unternehmers über Details der beabsichtigten Erbregelung, jedoch die maßgebliche Weichenstellung enthalten und gröbste Irrwege vermeiden. Im Laufe der Beratung können dann die wirtschaftlichen Absichten im einzelnen sorgfältig ermittelt und abschließend in ein *umfassendes Unternehmertestament* umgesetzt werden.

> Ein kurzfristig angefertigtes Sofort-Testament sollte später durch ein umfassendes Unternehmertestament ersetzt werden, das die wirtschaftlichen Absichten detailliert und präzise festhält.

Berliner Testament – das Ei des Kolumbus?

Im beschriebenen Fall liegt also ein einfaches Berliner Testament vor, jedoch kein ausgesprochenes Unternehmertestament. Der Schaffung eines solchen Unternehmertestaments gilt nun die Arbeit der ersten Beratungsstunden. Die Ehefrau, die von den Eheleuten die bessere Handschrift hatte, setzt die maschinenschriftliche Vorlage in einen handschriftlichen Text um, der sodann von beiden Eheleuten eigenhändig unter Datums- und Ortsangabe unterzeichnet wird, wobei der Ehemann seiner Unterschrift noch voransetzt: „Dies ist auch mein Wille".

Das Berliner Testament gilt für Unternehmer und allgemein für größere Vermögen als nicht passend. In erster Linie werden hier steuerliche Gründe angeführt: Das Unternehmen würde im Fall des Berliner Testaments – wie die Fachleute sich ausdrücken – „über Eck" laufen, also zunächst in das Vermögen des überlebenden Ehegatten fallen und dann erst auf die Kinder oder das für die Unternehmensnachfolge ausersehene Kind gelangen. Hierdurch würde zweimal Erbschafts- bzw. Schenkungssteuer ausgelöst. Seitdem höhere Freibeträge, insbesondere für betriebliches Vermögen, zur Verfügung stehen, ist bei kleineren und mittleren Betrieben diese steuerliche Gefahr nicht mehr so groß, jedoch sicher bei größeren Vermögen.

Unvorteilhaft ist beim Berliner Testament weiterhin, daß, wie in unserem Fall, ein durchaus in nächster Zeit übernahmebereites Kind im Falle eines frühzeitigen Ausfalls des Seniors u.U. viele Jahre warten müßte, bis das Unternehmen in Folge eines weiteren Erbgangs auf das Kind übergeht. Dies gilt, sofern der überlebende Ehepartner sich nicht zu einer alsbaldigen Übergabe entschließen kann.

> Daher sollte der überlebende Ehepartner im Unternehmertestament ausreichend versorgt werden, das Unternehmen und – soweit das Sicherungsbedürfnis des überlebenden Ehegatten dies zuläßt – auch Immobilien- und sonstiges Vermögen direkt auf die hierfür in Frage kommenden Kinder übergehen.

Im beschriebenen Fall sieht das Testament vor, daß das Unternehmen als Vermächtnis auf das zur Nachfolge ausersehene Kind übertragen werden soll. Unser Unternehmer legt nun Wert darauf, daß auch die als Nachfolgerin ausgewählte Tochter bei sich die richtigen Voraussetzungen schafft, damit ein größeres Vermögen auf sie auch aus der Sicht der Familie sinnvoll übertragen werden kann. Die Tochter hat den Güterstand der Gütertrennung vereinbart und selbst noch kein Testament.

Gütertrennung

Dies bedeutet: Wäre der Tochter frühzeitig etwas zugestoßen, so wäre zwischen dem Schwiegersohn des Unternehmers und seinen zwei Enkeln eine Erbengemeinschaft entstanden – mit der aus der Sicht der Familie zweifach unangenehmen Folge, daß einerseits der Schwiegersohn, zum anderen minderjährige Kinder am Unternehmen beteiligt sind.

> *Vorgenommen wurde die Gütertrennung aus der häufig anzutreffenden Überlegung, daß der eine Partner ein Geschäft besitzt. Zum anderen hatte man die Hoffnung gehegt, mit der Vereinbarung der Gütertrennung den Schwiegersohn ein für allemal, d. h. auch im Erbfall, vom Unternehmen fernzuhalten.*

Letzteres schafft jedoch die Gütertrennung allein nicht; hierzu bedarf es eines Testaments und eines Pflichtteilsverzichts.

> Aus Haftungsgründen, wie es häufig geschieht, die Gütertrennung anzustreben ist überflüssig: Bereits der gesetzliche Güterstand der Zugewinngemeinschaft enthält eine Trennung der Vermögen beider Eheleute. Diese haften nicht für geschäftliche Schulden des jeweils anderen – jedenfalls nicht, solange der eine Partner nicht für den anderen eine gesonderte Haftung eingegangen ist, also z. B. eine Bürgschaft gezeichnet hat.

Die Gütertrennung macht nur Sinn im Falle der Scheidung und hilft in der für das Unternehmen so gefährlichen Situation, dieses vor einer Zerschlagung zu bewahren. Erbschaftsteuerrechtlich ist sie für den überlebenden Ehepartner nachteilig, da im Falle der Gütertrennung der überlebende Ehegatte nicht die Möglichkeit hätte, einen im Einzelfall zu errechnenden Zugewinnausgleich vom Nachlaß abzuziehen.

Testament der Nachfolgerin

Wegen dieser ungünstigen Folgen geht die Tochter von Ulrich Haupt mit ihrem Ehemann noch einmal zum Notar und gestaltet den bisherigen Ehevertrag in die Regelung einer sog. modifizierten Zugewinngemeinschaft *um. Danach bleibt es beim gesetzlichen Güterstand, im Scheidungsfall bleibt jedoch das betriebliche Vermögen bei der Errechnung des Zugewinns außer Ansatz. Da man schon einmal beim Notar ist, leistet der Schwiegersohn gleich noch einen (auf das betriebliche Vermögen) beschränkten Pflichtteilsverzicht auf das Ableben seiner Ehefrau, der Unternehmensnachfolgerin.*

Mit diesen Schritten ist auch insoweit ein Flankenschutz geschaffen, als das Unternehmen vor Pflichtteilsansprüchen des Schwiegersohnes geschützt ist, falls die Unternehmensnachfolgerin verstürbe und per Testament die von ihr gehaltenen Anteile den Enkeln oder ihren Geschwistern zugeordnet hätte.

Die Hauptaufgabe für die Junioren ist jedoch hiermit noch nicht geleistet: Solange sie nicht selbst ein spezielles Testament errichtet haben, wäre der Schwiegersohn immer noch als Miterbe in Erbengemeinschaft am Unternehmen beteiligt.

Die Tochter vermacht in ihrem eigenen Testament nunmehr die Anteile am Unternehmen ihren Kindern und ordnet Testamentsvollstreckung an zur Wahrnehmung der Rechte der minderjährigen Erben und zur späteren Bestimmung des geeigneten Unternehmensnachfolgers aus deren Kreis. Der Schwiegersohn des Unternehmers soll als Erbe das restliche Vermögen erhalten. Dieses Testament errichtet die Tochter ebenfalls beim Notar.

Notarielles Testament?

Ausschlaggebend für die Einschaltung eines Notars waren Gründe des Gebührenrechts. Normalerweise ist im Falle eines notariellen Testaments von jungen Menschen zu bedenken, daß dieses noch mehrfach abgeändert werden müßte und insoweit die bis dahin angefallenen Notargebühren vertan wären. Trifft dies schon deswegen nicht zu, weil die Betreffenden ja die zusätzliche Beratung der Notare in Anspruch nehmen konnten, so war die maßgebliche Überlegung doch die: Im Fall eines notariellen Testaments ist ein Erbschein zum Antritt der Erbschaft für die Erben nicht notwendig. Dessen Gebühren (zwei volle Gebühren pro Ehepartner) können die Erben also sparen. Wenn überdies das Testament (zwei volle Gebühren für beide Eheleute zusammen) und evtl. Ehe- und Pflichtteilsverzichtverträge abgeschlossen werden, bevor von den Eltern größere Vermögensanteile auf das betreffende Kind übertragen werden, ist dieses zum Zeitpunkt des betreffenden notariellen Vorgangs im Vergleich zu später noch „arm". Das Testament kann daher bei äußerst günstigen Bedingungen die Wirkung eines später sonst notwendig werdenden Erbscheins erreichen.

Ausbildungsplan für den Nachfolger

Im Rahmen der von der Juniorin zu erledigenden Aufgaben kommt zwangsläufig die Frage auf, ob ihre Ausbildung schon als abgeschlossen zu betrachten sei und welche Ausbildungsschritte noch anstünden. Diese werden in einem Zeitplan festgehalten – in Abstimmung mit den Erfordernissen des Unternehmens.

> Häufig ist in der Praxis zu beobachten: Unternehmerkinder kommen nach Abschluß der Ausbildung direkt ins Unternehmen und haben nur im Ausnahmefall andere Betriebe gesehen. Dieser Mangel an Kenntnis anderer Betriebe wird von Fachleuten als gravierend angesehen und als häufig vorkommend bestätigt.

In unserem Fall war ist es infolge des noch nicht fortgeschrittenen Alters des Seniors durchaus möglich, daß die Nachfolgerin auch für längere Perioden in anderen Unternehmen weilen konnte, wenngleich durch die beiden Kinder der Tochter enge Grenzen gezogen waren. In solchen Fällen, in denen das Kind den eigenen Betrieb bereits kennt, ist schon viel gewonnen, wenn es, vielleicht auch nur kurz (u.U. nur für eine Woche), in einen fremden Betrieb „hineinschnuppert". Hat es doch dann den eigenen Betrieb als Raster vor Augen und kann so relativ rasch die Besonderheiten des anderen Unternehmens erfassen!

Der Senior nützt die guten Kontakte zu einigen Mitbewerbern, die außerhalb der betreffenden Region arbeiten, und vereinbart mit diesen – auf Gegenseitigkeit – den Austausch der Junioren, die für kurze Zeit den Status des persönlichen Assistenten des jeweiligen Unternehmers erhalten sollen. Dadurch hat die Juniorin in den betreffenden Betrieben höchstmögliche Einblicke und ist doch nicht zu lange von ihrer Familie und vom elterlichen Betrieb entfernt. Damit nimmt die Planung auf Führungsebene auf der Zeitachse bereits Gestalt an.

Der Nachfolgeplan

Ganz natürlich wendet sich das Gespräch nun der Frage zu, welchen Status zwischen den verschiedenen Ausbildungsabschnitten die Tochter im Betrieb auf Führungsebene haben soll:

- zunächst verantwortliche Leitung einer Zweigniederlassung mit Prokura für diese,
- dann später Prokura für den Gesamtbetrieb,
- anschließend Mitgeschäftsführerin mit Gesamtvertretungsbefugnis und
- schließlich Geschäftsführerin mit Alleinvertretungsbefugnis,
- zuerst noch neben dem Vater und dann nach Ausscheiden des Vaters allein.

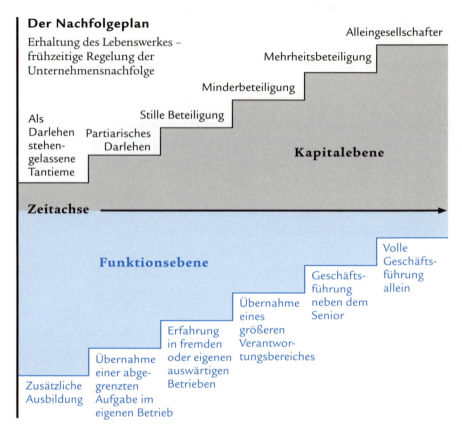

Aus dem stufenförmigen Modell der Abbildung ist leicht abzulesen, in welchen Teilschritten der Senior sich aus dem Tagesgeschäft würde lösen können und welche Aufgaben er möglichst lange ausführen soll, z. B. die Pflege ganz bestimmter Kunden, bestimmte Teile der Öffentlichkeitsarbeit, die Repräsentanz des Unternehmens in bestimmten Gremien.

Parallel zu der Ausgestaltung der *Führungsebene* werden auf der Zeitachse dann auf der *Kapitalebene* die verschiedenen Schritte der geplanten Übertragungen vorgesehen. Hierbei wird Wert darauf gelegt, daß nur der als Unternehmensnachfolgerin vorgesehenen Tochter auch Anteile am Betriebsunternehmen übertragen werden. Dies geschieht zum einen unter Ausnutzung der betrieblichen Freibeträge: alle 10 Jahre 500.000 DM plus

40 Prozent des Steuerwerts des übertragenen Vermögens nach Abzug der 500.000 DM; daneben bestehen alle 10 Jahre als private Freibeträge 400.000 DM pro Kind und je Elternteil.

Hierbei wird Wert darauf gelegt, daß der Senior die Mehrheit und damit die Leitungsmacht erst abgibt, wenn die Tochter die Alleinvertretungsmacht haben wird. Damit wäre dann für eine Periode von zwei Jahren rein formell der Senior noch in der Geschäftsführung, hätte jedoch die Mehrheit bereits an das Kind übertragen.

Das Unternehmen wurde bislang als KG geführt. Geplant war bis dahin die spätere Umwandlung in eine Kapitalgesellschaft – möglichst eine Kleine AG.

Aus diesen Gründen ist es wichtig, möglichst viel zu übertragen, solange noch die *Personengesellschaft* Träger des Unternehmens ist. Denn das – gut verdienende – Unternehmen wäre schenkungssteuerrechtlich teurer zu übertragen, wenn es zum Zeitpunkt der Übertragung bereits *Kapitalgesellschaft* wäre (GmbH oder AG – Stichwort: „Stuttgarter Verfahren").

Rechtsform

Damit war wiederum ganz automatisch die Frage der zukünftigen Rechtsform angeschnitten. Hierbei hat der Unternehmer jedoch bereits einige Vorentscheidungen getroffen. Schon frühzeitig hat Ulrich Haupt Wert auf folgendes gelegt:

Eigentümer des Betriebsgeländes und der hierauf errichteten dem Betrieb dienenden Gebäude ist die Ehefrau (sog. **Wiesbadener Modell***). Bei ihr sind die Wirtschaftsgüter im Privatvermögen. Als ein Nachbargrundstück zugekauft werden sollte, schenkten Ehemann und Ehefrau den zwei Töchtern, die mit der Mutter zusammen zu je einem Viertel das Nachbargrundstück erwarben, Bargeld. Des Grundbuch-Zusammenhangs wegen brachten dann die Damen alle Grundstücksanteile einschließlich des Alt-Grundstücks in eine GmbH & Co.*

KG ein, also eine sog. gewerblich geprägte Personengesellschaft. *Dadurch wurden sämtliche eingebrachte Grundstücke Betriebsvermögen. Somit stehen auch der am Betriebsunternehmen nicht beteiligten Tochter die zusätzlichen betrieblichen Freibeträge zur Verfügung. Die Mutter überträgt dann so viele Anteile auf die Töchter, daß alle drei Damen in der GmbH & Co. KG gleichmäßig 33,3 Prozent haben.*

Durch diese Konstruktion „stört" die nicht im Betrieb befindliche Tochter nicht im Betriebsunternehmen, ist aber andererseits an den maßgeblichen Werten innerhalb der Familie gut abgesichert beteiligt.

Im Gesellschaftsvertrag des Besitzunternehmens wird verankert, daß die Gesellschafter mit ihren Ehepartnern Pflichtteilsverzichtverträge *und Eheverträge mit modifizierter Zugewinngemeinschaft abschließen müssen. Dies wird bei der kurz darauf stattfindenden Eheschließung der einen Tochter dann auch prompt – wiederum notariell – vollzogen.*

Unterbeteiligung

Wenn die Möglichkeit der Unterbringung der weichenden Erben in der Immobiliengesellschaft nicht zur Verfügung gestanden hätte und auch kein sonstiges Vermögen vorhanden gewesen wäre, hätte die weichende Erbin (= die nicht im Unternehmen tätige Tochter) eine Unterbeteiligung an den von der Nachfolgerin übernommenen Anteilen erhalten können. Die Nachfolgerin hätte dann, sobald sie dazu imstande gewesen wäre, die Schwester „hinauszahlen" können, d. h. die Unterbeteiligungen Stück für Stück auflösen können. Bis dahin wäre die Schwester im wesentlichen gewinnbezugsberechtigt gewesen, hätte jedoch keine Stimmrechte im Unternehmen gehabt.

Auf der anderen Seite sind dem Unternehmensnachfolger im Besitzunternehmen gewisse Vorrechte einzuräumen. Auch hier könnte daran gedacht werden, diesem Ankaufsrechte gegenüber den Geschwistern einzuräumen, also das Recht, sofern er kann, diese zu vorher festgelegten Sätzen „hinauszukaufen". Im übrigen sollte er beim Abschluß und der Gestaltung der Pachtverträge zwischen Besitzunternehmen und Betriebsunternehmen nicht überstimmt werden können; in Streitfällen könnte eine Schiedsvereinbarung helfen, wonach schiedsgutachterlich die angemessene Pacht festgesetzt wird, wobei betriebliche Belange berücksichtigt werden müssen.

Der Beirat

Bislang war das Unternehmen nicht abgesichert, falls in der labilen Übergangszeit der Senior oder die Nachfolgerin früh ausfallen sollte. Die Betriebsgesellschaft bekommt nun eine Ergänzung des Gesellschaftsvertrags in Form einer **Beiratssatzung***, und das Unternehmen beginnt sofort mit dem Einspielen des Beiratswesens, in dem die zukünftig überwiegend für Nicht-Familienangehörige vorgesehenen Beiratspositionen zunächst von der Ehefrau des Unternehmers nebst der nicht im Betrieb tätigen Tochter besetzt werden. Diese beginnen mit dem zunächst monatlichen, später vierteljährlichen Sitzungsrhythmus mit vorbereiteten Einladungen und gut vorbereiteten Tagesordnungspunkten. Rechnungswesen und Controlling werden so ertüchtigt, daß jeweils aktuelle Berichte, vor allem mit den für die Führung des Unternehmens notwendigen zehn wichtigsten Kennzahlen, erstellt werden können (***One-Page-Management***). Parallel hierzu machen sich der Unternehmer und seine Nachfolgerin nun intensiv Gedanken über die endgültige Besetzung des Beirats.*

> Die Besetzung eines Beirats ist eine erstrangig wichtige, anspruchsvolle Aufgabe, die zu ihrer Erledigung ihre Zeit braucht. Hier darf nichts überhastet werden.

Zudem müssen die gefundenen Beiratsmitglieder zueinander passen. Im Idealfall sollten sie sich (komplementär) ergänzen, d. h., jedes Mitglied sollte eine Stärke mitbringen, an der es den anderen mangelt. Der Geschäftsleitung gegenüber wiederum sollten im Beirat Faktoren vertreten sein, die der Unternehmerpersönlichkeit fehlen.

> Die Rolle des Beirats wäre demnach als die Rolle des „guten Freundes" des Unternehmers zu verstehen, der diesen ergänzt und mit dem der Unternehmer sich über all die Fragen unterhalten könnte, die oberhalb des Tagesgeschäftes liegen und die typischerweise diesem geopfert werden.

Da mit der Tochter als Nachfolgerin garantiert ist, daß das Unternehmen technisch und auch vom Controlling her gut geführt werden würde, steht von vorn herein die Suche nach einem Beiratsmitglied mit Schwerpunkt Marketing im Vordergrund: Das Unternehmen ist von der Qualität seiner Produkte überzeugt, sieht jedoch zukünftig einen Bedarf, den Markt zu informieren.

In Form eines Marketingvorstands eines großen Lieferanten wird dann der Marketingexperte bald gefunden. Relativ schnell gesellt sich diesem dann noch ein Unternehmensberater zu, der den Bereich Strategie abdecken soll.

Kleine AG

Nachdem der Beirat „steht", hindert nichts mehr den Übergang zur längst gewünschten Kleinen AG. Mit einer gut vorbereiteten PR-trächtigen Veranstaltung stellt sich das Unternehmen in der neuen Rechtsform der Öffentlichkeit vor und präsentiert einen durch den Beirats-Vorlauf gut eingespielten Aufsichtsrat.

Hierbei spürt die Familie (obwohl sich am Unternehmen selbst nichts verändert hat) einen Zuwachs an Image. So kommt auf einmal eine Kooperation mit einem auf Speziallegierungen spezialisierten Partner zustande, mit dem zusammen jetzt Kleinteile für die Automobilindustrie gefertigt werden, was zu einer hochgradigen Alleinstellung der Produkte führt. Diese Kooperation wurde nach Aussage des Kooperationspartners erst dadurch möglich, daß das Unternehmen durch die Schaffung

- *des starken Beirats,*
- *der sichtbaren und nachvollziehbaren Regelung der Unternehmensnachfolge*
- *und der Kleinen AG*

sein Äußerstes getan hatte, um eine Kontinuität gegenüber den Partnern zu gewährleisten. Leicht kann dann auch der Bitte des Kooperationspartners entsprochen werden, sich gesellschaftsrechtlich zu verflechten: Von den Aktien erhält der Kooperationspartner 5 Prozent und wechselseitig das Unternehmen vom Kooperationspartner Anteile in gleichem Wert (Anteilstausch).

Beteiligungsgesellschaft

Nach Erledigung dieser Schritte kommt das schon lange angestrebte Gespräch mit einer Beteiligungsgesellschaft gut vorwärts. Ulrich Haupt verspricht sich nämlich von dem Engagement einer Beteiligungsgesellschaft in seinem Unternehmen nicht nur Geld, d. h. Eigenkapital, sondern auch Know-how, wohlmeinende Kontrolle, vor allem jedoch eine Signalwirkung für private Investoren.

Die Beteiligungsgesellschaft beteiligt sich zusammen mit einer weiteren gleichartigen Gesellschaft zu je 500.000 DM in Form von stillen Beteiligungen auf 5 bzw. 10 Jahre. Vertragsgemäß räumt die Familie dann auch der Beteiligungsgesellschaft einen Sitz im Aufsichtsrat ein, so daß in dieser Phase dann gar kein Familienmitglied im Aufsichtsrat vertreten ist. Geplant ist aber, daß mit dem vertragsgemäßen Ausscheiden der zweiten Beteiligungsgesellschaft in 10 Jahren der jetzige Senior deren Aufsichtsratssitz übernehmen soll.

Das würde auch passen, zumal der Senior dann 60 Jahre alt wäre.

Überraschende Folge der wiederum durch eine gelungene PR publizierten Beteiligung der Beteiligungsgesellschaft: Eine Geschäftsbank bietet auf einmal dem Unternehmen einen Kredit an, von dem es nicht zu träumen gewagt hatte. Und die Hausbank senkt – zur Verblüffung der Familie – die Zinsen mit der Begründung, die Finanzstruktur des Unternehmens habe sich durch die Hereinnahme der Beteiligungsgesellschaft erheblich verbessert.

Über Vermittlung der Beteiligungsgesellschaft kommt das Unternehmen zudem sogar an Fördergelder für Innovationen heran, von denen es bisher nichts gehört hatte.

> Dies ist typisch: Gerade gut geführte Betriebe nehmen die staatlichen Fördermöglichkeiten in viel höherem Umfang in Anspruch, als es schlecht geführte, weil schlecht informierte Unternehmen tun.

Mitarbeiterbeteiligung

Letzter Schritt und krönender Abschluß der gesamten Unternehmensnachfolge soll die Einführung einer Mitarbeiterbeteiligung sein. Die eingangs erwähnte Studie der Bertelsmann-Stiftung hat ergeben: Was die bestgeführten Unternehmen markant von den normal geführten Unternehmen unterscheidet, ist die außergewöhnliche Motivierung der Gesamtheit der Mitarbeiter, nicht nur einzelner Führungspersonen. Die bestgeführten Unternehmen verstehen es also, die große Zahl ihrer Mitarbeiter ungleich höher zu motivieren, als dies in anderen Betrieben der Fall ist. Erfahrungsgemäß ist die Einführung einer gut vorbereiteten und klug gewählten Mitarbeiterbeteiligung ein vorzügliches Mittel, um die Mitarbeiter optimal zu motivieren, d. h. die Mitarbeiter zu Mitunternehmern zu machen.

Hierzu wählt das Unternehmen die Ausgabe von **Stimmrechtslosen Vorzugsaktien** *mit dem Recht, nach 5 Jahren auch Stammaktien zu erwerben, welche jedoch gepoolt sein sollen und an eine tatsächliche Mitarbeit gebunden sind. D. h., sie werden mit dem Ausscheiden aus dem Betrieb vom Unternehmen zu festen Sätzen wieder zurückgenommen. Alle gesetzlichen und steuerrechtlichen Vorteile, die mit dieser Mitarbeiterbeteiligung verbunden sind, werden genutzt.*

Fremdmanagement

So ist das Unternehmen auch für den extremen Fall gerüstet, daß sowohl Senior wie auch Nachfolgerin ausfallen sollten. Für diesen Fall sollen die bestmöglichen Bedingungen für die Gewinnung einer nicht zur Familie gehörenden Führungskraft gefunden werden. Nach der Bertelsmann-Studie haben es Familienunternehmen dreimal schwerer, tüchtige Führungskräfte zu gewinnen als Nicht-Familienunternehmen.

Eines der Hauptkriterien der Kleinen AG ist die volle Eigenverantwortlichkeit des Vorstands. D. h., im Normalfall bestehen keine Weisungsrechte des Aufsichtsrats und auch nicht der Hauptversammlung – natürlich außerhalb der im Gesellschaftsvertrag festgelegten zustimmungspflichtigen Geschäfte. Unter solchen Voraussetzungen ist es möglich, auch in der Struktur einer Familiengesellschaft tüchtige Fremdmanager zu bekommen.

> Mit der Wahl der Gesellschaftsform Kleine AG und einem überwiegend mit Nicht-Familienangehörigen besetzten Aufsichtsrat stehen auch Familienbetrieben alle Türen zum Markt der Führungskräfte offen.

Fazit

So steht am Ende dieses Generationsübergangs ein Unternehmen, das sich sowohl auf der Führungsebene als auch auf der Kapitalebene und der Ebene des Kontrollgremiums geöffnet hat.

Eine solche „radikale" Öffnung ist für viele mittelständische Familienunternehmen leider immer noch eine angstbesetzte Vorstellung. Der Beispielfall zeigt jedoch, daß die Öffnung für den Betrieb wie auch für die Familie mit vielen Vorteilen verbunden ist.

> Von einer vertraglich geregelten und frühzeitigen Unternehmensnachfolge profitiert das Unternehmen nicht nur auf der Führungsebene, sondern auch im Hinblick auf eine bessere Kapitalausstattung, motiviertere Mitarbeiter und eine höhere Marktakzeptanz. So ist das Unternehmen *fit for future*.

Literatur

Albach/Freund: Generationswechsel und Unternehmenskontinuität – Chancen, Risiken, Maßnahmen, Gütersloh 1989.

Marktgerechte Logistik für mittelständische Unternehmen

Günther H. Gruhn

Logistik – alter Wein in neuen Schläuchen?

„Erst das Verbindende läßt alle Faktoren rund und harmonisch erscheinen." Mit dieser Feststellung hat Johann Wolfgang von Goethe schon vor 200 Jahren sehr präzise das Dilemma beschrieben, das heute in den meisten Unternehmen für den Verlust von schwer erwirtschaftetem Ertrag verantwortlich ist:

> Oft fehlt die strategische Koordinationsfunktion der Logistik, um aus den vielen Zielkonflikten im Unternehmen synergetische Erträge zu gewinnen.

Durch abteilungsbegrenztes Inseldenken, durch Organisationsformen wie Profitcenter und zum Teil auch durch in der Natur der Menschen begründete Egoismen gibt es besonders in mittelständischen Unternehmen ein erhebliches Konfliktpotential. Die fachlichen Auseinandersetzungen verlassen im Hinblick auf den Siegeswillen der beteiligten Ressort-Verantwortlichen in ihrer Schärfe oft das „sportliche" Niveau. Dabei wird der Druck besonders in den weniger stark differenzierten Märkten in rasantem Tempo schärfer. Schon lange haben wir es zumindest in Mitteleuropa überwiegend mit Käufermärkten zu tun, in denen die Abnehmer ihre Forderungen an Service, Lagerhaltung, Lieferzeit etc. manchmal recht forsch durchsetzen. Ganz besonders gilt das auch für den Verkaufspreis.

Was kann getan werden, damit mittelständische Unternehmen dem weiteren Ertragsverfall strategisch entgegenwirken? Wie können die unterschiedlichen Ziele auf ein gemeinsames Oberziel koordiniert werden? Der EKS-konforme Lösungsansatz für künftige Marktanforderungen an den Service bietet die Chance, Service-Gewinne zu realisieren, anstatt Reibungsverluste weiter zu akzeptieren.

Die Zielsetzung läßt sich einfach und fast branchenunabhängig formulieren: Service, Service und nochmals Service – immer an die Kunden denken!

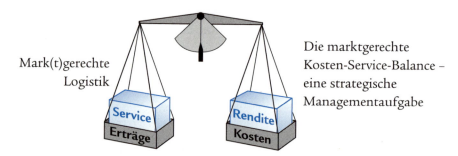

Mit möglichst wenig Aufwand (Kosten) soll möglichst viel punktgenauer Lieferservice für die Kunden und Märkte als *zwingender Nutzen* (USP) erreicht werden. Das ist die aktuelle Aufgabe für die Führungsverantwortlichen aller Serviceprozesse in den Unternehmen – vom Auftragseingang, über die EDP/IT/EDV, das Lager bis zur Warenübergabe an der Rampe des Kunden.

Informationsfluß geht vor Materialfluß

„Informationsfluß geht vor Materialfluß" – so heißt die Goldene Regel für die moderne Logistik. Wer sie einhält, kann viele aktuelle Probleme leichter und wirksamer beseitigen; viele Schwierigkeiten lösen sich mit ihr von selbst. Bestätigt wird diese Regel von der Strategielehre EKS. Danach lassen sich die Probleme allgemein hierarchisch einstufen.

Informations- und Qualitätsmanagement | 201

Auf der unteren Ebene liegen die *materiellen* Komponenten (Stoff und Technik), auf der oberen Ebene die *immateriellen* (Information, Psyche, Macht); dazwischen befinden sich Wirtschaftlichkeit und Finanzen als „Bindeglieder". Je höher ein Problem in der Pyramide angesiedelt ist, desto weitreichender sind seine Folgen und desto größer ist sein Wirkungsgrad. Daher haben die immateriellen Komponenten *strategischen* Charakter.

> Prinzipiell ist es besser, ein Logistik-Problem auf strategischer Ebene, also „top-down" anzugehen als von der materiellen Seite des bloßen Umgangs mit Waren oder Materialflüssen, also „bottom-up".

Ein typischer Fehler bei der Lösung logistischer Probleme besteht darin, die Dinge zu sehr von der materiellen Seite zu betrachten, anstatt zu erkennen, daß die Probleme *höher* angesiedelt sind. Hinter jedem Logistik-Problem, das auf der materiellen Ebene sichtbar wird (z. B. Materialengpässe, steigende Lagerbestände, fehlerhafte Warendistribution), stecken immer immaterielle bzw. *energetische* Probleme. Werden diese erkannt und gelöst, verschwindet das Problem auf allen darunterliegenden Ebenen automatisch.

In einem mittelständischen Unternehmen traten immer wieder Probleme in der Planung der Auftragsreihenfolge auf. Von den 200 Kundenaufträgen täglich konnten daher nur ca. 50 Prozent termingerecht ausgeliefert werden. Man erhöhte zunächst die Maschinenkapazitäten (Ebene der Technik), das Problem aber blieb. Die Analyse der Kundenaufträge ergab, daß 40 Prozent ex Fertigwarenlager geliefert werden konnten. Der Rest waren Modifizierungen, die sich aus etwa 300 Basisteilen ergaben. Die Absatzvorausschau ging aber nur vom Gesamtumsatz aus, nicht vom Absatz je Teil.

Erst mit Einführung einer EDV-gestützten, integrierten Absatz- und Beschaffungsplanung auf Artikelbasis (Ebene der Information) im kurzfristigen Bereich wurde die Fertigungssteuerung stabil, das **trouble shooting** *konnte eingespart werden, und – was noch wichtiger ist – das Serviceniveau verbesserte sich spürbar durch die bessere Termineinhaltung.*

Zunächst wurde das Problem auf der Ebene der Technik angegangen, obwohl es auf der dominanteren Ebene der Information zu lösen war. Der zweite Teil hätte noch wirksamer auf der Macht-Ebene gelöst werden können, wenn der Markt aufgrund hoher Marktanteile der Firma eine Firmennorm für die Standardteile angenommen hätte.

Immer mehr Unternehmen erkennen die strategische Bedeutung der logistischen Systeme an. Im Idealfall werden damit die Flüsse des Materials so gesteuert, daß dieses *just in time* oder in der Autoproduktion *just in sequence*, d. h. im Moment der Montage, an Ort und Stelle ist: beim Kunden, in der Produktion, an der Werkbank oder im Magazin. Aber jede Warenbewegung setzt die richtige Information voraus. Nur durch Einhaltung dieser Regel läßt sich die Materialbereitstellung und die gesamte Logistik optimal und kostengünstig realisieren.

Aus der Praxis einer Logistikberatung

Der Anruf des geschäftsführenden Inhabers eines gemischten Betriebs mit Produktion und Handel erreichte unser Büro morgens um 10.00 Uhr: „Wir haben

Informations- und Qualitätsmanagement

Probleme mit unserem Lager. Wir stellen Freizeitartikel her und vertreiben diese direkt und im Postversand. Die Lagerbestände steigen und steigen, und unsere Lagerhallen platzen aus allen Nähten. Vor drei Monaten haben wir deshalb zwei zusätzliche Außenläger mit zusammen 3.000 m² angemietet, und schon wieder reicht der Platz nicht aus. Am meisten leiden wir aber darunter, daß trotz unserer höheren Lagerbestände unsere Lieferbereitschaft immer schlechter statt besser wird – und deshalb Kunden wegbleiben. Unsere Lagerkosten steigen, unser Umsatz stagniert, die Rendite sinkt, und die Mitarbeiter sind frustriert. Was sollen wir tun?"

Es wurde ein Workshop zusammen mit dem engsten Führungskreis vereinbart. Das Ergebnis von drei Tagen gemeinsamer Arbeit war eine Potential- und Chancen-Analyse, die neben rein logistischen Aspekten natürlich auch die angrenzenden Bereiche umfaßte. Denn wir wollten uns von Anfang an weniger auf die Schwächen und mehr auf die Stärken, also die Ertragspotentiale, konzentrieren. Einen Auszug aus dem Ergebnis sehen Sie in der folgenden Tabelle.

Systematisch wurden die auf den verschiedenen materiellen und immateriellen Ebenen liegenden Probleme erkannt und die darin liegenden Ertragschancen identifiziert. Für jede Wirkebene wurde dabei in sieben Teilschritten die Lösung erarbeitet. Die Maßnahmen wurden konsequent abgearbeitet, wobei das Tableau immer wieder aktualisiert wurde. Durch diese systematische und strategische Vorgehensweise, die im Gegensatz zu dem sonst üblichen Vorgehen nicht auf die Betrachtung des problematischen Lagerbestandes, also die materielle Komponente, beschränkt blieb, konnten nachhaltige Erfolge erzielt werden. Das Unternehmen befindet sich heute trotz starken Wettbewerbsdrucks und nachlassender Kaufkraft auf der angestrebten Erfolgsspirale. Am meisten dürfte dazu die top-down vermittelte und teilweise bottom-up erarbeitete Vorwärtsstrategie verantwortlich sein. Wie sagte der ehemalige Wirtschaftsminister Ludwig Erhard: „Wirtschaftserfolg ist zu über 50 Prozent Psychologie".

Wo liegen die Ertrags-Potentiale und aktuellen Ertragsreserven?

Auszug / Teilschritt	Wirk-Ebene 1 — Stoffliche Erträge	2 — Technische Erträge	3 — Wirtschaftliche Erträge
I — Strategisches Konzept	Reduzierung des Materialspektrums bei **Substituierbarkeit**	-AbfG- realisieren und technisch in Recycling-Konzept integrieren	**Verursachungsgerechte** Kosten: Rendite, **Verantwortung**
II — Zielgruppenstruktur	Differenzierte **Auftragsbelege,** Bildschirmmasken etc. nach Zielgruppen	**Kundengerechte** Pack-Schemen, Transportbehälter und Belieferungssysteme	Differenzierte **Serviceleistungen** (Minimalprinzip)
III — Zielgruppenspezifische Service-Profile	**Zielgruppenspezifische Materialien** verwenden (entsorgungsorientiert)	Überprüfung der zielgruppenspezifischen Transportmittel, Verwaltung	Was kostet die Kunden der **Service beim Wettbewerb?**
IV — 1. Branchen-Analyse zum Lieferservice	Spezielle **Fragebögen** Bruchanalyse, materialspezifisch	Datenbank für Reklamationen und **Serviceprobleme** der a) Unternehmen b) Branche	Unterstützung der B- und C-Kunden beim Disponieren zu **Reduzierung der Schnellschüsse**
V — Ermittlung potentieller added values	Stoffgerechte **Restesammlung** (und Verkauf)	**Recycling**-orientierte Abfallentsorgung im Werk und bei Partnern	Differenzierte **Service Kosten-Berechnung** — **Service-Wertanalyse-Team** mit A-Kunden
VI — Maßnahmen-Workshop: Systematische Engpaßbearbeitung der Problempyramide	Der jeweils zwingende **Engpaß** wird auf Wandtafeln und Memory-Cards plaziert	Neue **Lagertechnik** nach Sortimentsanpassung Differenzierte **Qualitäts-Endkontrollen**	KVS-Programm Kontinuierliche Verbesserung im Service (und fast automatisch in der Rendite)
VII — Aus -VI-: Aktueller Umsetzungsplan	Entnahmegerechte **Materialplazierung** und Materialsortierung	Vorbereiten auf das **EG-Öko-Audit** und auf ISO 9001	Verursachungsgerechte **Kostenabrechnung**

Informations- und Qualitätsmanagement | 205

4	5	6	7	8
nanzielle Erträge	**Informations-Erträge**	**Psychische Erträge**	**Erträge aus Marktmacht**	**Strategische Erträge**
hwarnsystem (maximalen) oitaleinsatz/ pitalbindung sh management	Aufbau eines **Intranet** Service & Logistik-Controlling + Monitoring	Neues **Führungskonzept** für mehr Klarheit bei Delegation und Verantwortung	Bereinigung der **Beteiligungs-verhältnisse, intern**	Aufspalten des Unternehmens in a) Produktionsbetrieb, b) Handel und in ein c) Service-Kompetenz-Center
erflüssige pitalbindung bei n Partnern auen	**Zielgruppenspezifische Servicephilosophien** definieren – kommunizieren	Das **Personal** zielgruppenspezifisch sensibilisieren	Händlerstruktur als **Multiplikatoren organisieren**	**Festlegen der Zielgruppen** im strategischen Unternehmens-konzept
nellere Fakturierung rch schnellere und sere Abwicklung	EDI-Projekt für/mit Vertragspartnern siehe auch: Intranet s. I/5	**Partnerring**sensibilisie-rung in Audits mit Zielgruppenbetreuern	**Kundenbindung-**verstärkende Servicestrategien bevorzugen	Die 3 unterschied-lichen sozialen Grundbedürfnisse besser fokussieren (s. I/8)
adensquoten-nsparenz bei den nden (auch tentielle Folgen), duzierung und sicherungs-mien senken	**Marktbefragung** durch Call-Center, Rücklaufkarten **und Messegespräche** Scorecards für den Service	Supply-Chain-**Workshop mit den A-Kunden** zum neuen Lieferservice Mehr Lieferservice trainieren	**Kooperation** bzw. Beteiligung **prüfen** wegen schnelleren Machtzuwachses	Potentialermittlung „Neue Service-Leistungen"
anzierungskonzepte die Kunden bei satz ab 60 TDM	**Branchenworkshops** mit potentiellen Kunden und A-Lieferanten: Neue Lösungsansätze entwickeln	Regelmäßige **Kontakte der** Logistik & Service-**Profis** auf Kunden- und Lieferantenseite	Strategisch-systematisch zum **Service-Trendsetter** der Branche werden	Übernahme branchentypischer Serviceleistungen im eigenen, neuen **Service-Kompetenz-Center (Insourcing)**
erhüter bei nden **abbauen**, pital-Wert-**Analyse** der Servicekette	Bessere Auftrags**status-Transparenz** Einführen der **Spannungsbilanz**	**Sensibilisierung** für das **Wertedenken** der Mitarbeiter „Das lernende Unter-nehmen" werden	**Gruppenarbeit** einführen, wo möglich, wegen Kompetenzzuwachs	Bessere Umsetzung der Unternehmens-strategie in **verbindliche Zielvereinbarungen** (MbO)
nkenimage bei der usbank **verbessern** nderverkauf agerhüter") tivierung von pitalreserven	2 x jährlich wird mit den Führungskräften an **Zielen + Strategien** gearbeitet inkl. Ist:Soll-Abgleiche Strategisches und operatives **Frühwarnsystem** installieren		**Aktionsangebote** zu kybernetisch kalkulierten Preisen und Servicekosten	**Outsourcing** der Produktion einfacher **Standardteile**

Lean-Management und Lean-Strategien

In dem soeben vorgestellten Betrieb herrschte wie in vielen anderen Unternehmen die weitverbreitete Meinung vor, die Bereitstellungs- und Verteilprobleme im Produktions- und Weiterverarbeitungsprozeß ließen keine Fremdvergabe der logistischen Hilfsfunktionen an Spezialbetriebe zu. Die Praxis bewies aber eher das Gegenteil. Je mehr Servicefunktionen delegiert wurden, um so mehr Kapazität blieb für die Lösung der eigentlich relevanten Probleme sowie für Entwicklung und Innovation.

Folgende Beispiele aus der Praxis deuten unterschiedliche Möglichkeiten an, um durch bessere Kooperation und Lean-Strategien den Unternehmenserfolg wesentlich zu steigern:

- *Ein Konsumgüter-Hersteller lagert alle Fertigwaren bei seinem Hausspediteur. Die* **Lagermiete** *wird nach Beanspruchung abgerechnet. Die Termin- und Tourenplanung wird auf der gemeinsamen EDV-Anlage mit Zugriff auf Programme und Dateien erstellt.*
- *Statt die* **EDV-Kapazität** *wesentlich zu erweitern, werden von einem anderen Mittelständler zeitintensive Jobs außer Haus verarbeitet.*
- *Der eigene* **Fuhrpark** *eines mittelständischen Unternehmens wurde zu einem Teil dem Hausspediteur und zu einem anderen eigenen Fahrern angeboten, die auf diese Weise selbständig wurden. Damit wurde gleichzeitig das* **Personalproblem** *zufriedenstellend und human gelöst. Bei der Finanzierung war das Unternehmen behilflich.*
- *Ein Unternehmer wollte eine Halle leasen, um die eigene Liquidität zu schonen. Nach Gesprächen mit seiner Hausbank stellte er fest, daß auch das* **Leasingprojekt** *bei der Festsetzung seiner Kreditlinie berücksichtigt werden sollte. Er behalf sich durch Anmietung von Platz in benachbarten Werken.*
- *Um projektbezogenes Spezialwissen, insbesondere bei System-Planungen, zu nutzen, ist es oft sinnvoller, Zeitverträge abzuschließen, statt hochqualifizierte Mitarbeiter langfristig nach Projektabschluß mit weniger schwierigen Aufgaben zu beschäftigen. Personalfixkosten können dann ebenso vermieden werden wie der Frust der später überqualifizierten Mitarbeiter.*

Informations- und Qualitätsmanagement | 207

- *Ein Handelsunternehmen reduzierte die Serviceaufgaben seiner Außendienstmitarbeiter durch Einsatz einer Spezialfirma für die Warenplazierung und Regalpflege.* Das Verkäuferpotential *wurde dadurch spürbar erhöht.*

Durch die konsequente Konzentration auf die eigenen Kernkompetenzen verschlankten sich die jeweiligen Unternehmen automatisch, und die Entscheidungswege wurden kürzer.

> Es ist zu prüfen, inwieweit zur Delegation von Servicefunktionen vorhandene Kapazitäten an Spezialisten, Erfahrungen und Anlagen bei Lieferanten, Spediteuren, EDV-Dienstleistungsunternehmen und Kooperationspartnern durch Outsourcing flexibel genutzt werden können, anstatt das eigene Fixkostenniveau zu erhöhen. Auf diese Weise bleibt eine organisierte Flexibilität erhalten.

Die entgegengesetzte Alternative besteht darin, die Logistik auf dem Wege des Insourcings zur eigenen Kernkompetenz zu entwickeln.

Die Stärken stärken, statt sich bei der Schwächenanalyse zu verzetteln

In einem Seminar für Unternehmenslogistik an der IHK für München und Oberbayern lernte ich G.K. kennen. Seit der Gründung vor ca. 15 Jahren wächst sein Versandhandel für Spezialsportartikel dynamisch mit zweistelligen Zuwachszahlen. In dieser Spezialsportart hat er selbst mehrfache Meistertitel erworben und dadurch ein hervorragendes Image in der Branche. Er verfügt über allerbeste internationale Kontakte in dieser Zielgruppe und auf dem Beschaffungsmarkt.

G.K. plante ein modernes Kompetenzzentrum für Mitteleuropa. Der Verkaufsinnendienst, die gesamte Auftragsabwicklung für 16 europäische Länder und ganz Deutschland sowie die komplette Warendistribution sollten konzentriert werden. Außerdem sollte eine permanente Hausmesse mit Direktverkauf ein-

gerichtet werden. Sporadisch stattfindende sportliche Wettkämpfe und Events sollten dem Zentrum den nötigen sportlichen Touch und positive Zielgruppenfrequenz geben.

Das entwickelte Schritt-für-Schritt-Programm für die Realisierung der gesteckten Ziele sah auf der typischen EKS-Spirale folgendermaßen aus:

Die EKS-Spirale, der individuelle Weg zum Spitzennutzen

Auch hier wurde wiederum nicht auf der materiellen, sondern auf der strategischen Ebene angesetzt, indem schrittweise über zwei Branchenanalysen mit jeweils einem Maßnahmen-Workshop das Ziel erarbeitet wurde. Schon während des ersten gemeinsamen Workshops wurde klar, daß ein ganz erhebliches Ertragspotential des Handelsunternehmens in den Logistikprozessen und darüber hinaus in potentiellen added values im Service steckte. Um die Transparenz zu erhöhen, erstellten wir eine Spannungsbilanz für die Unternehmenslogistik.

Im Gegensatz zur Bilanz des klassischen Rechnungswesens, die den Betrieb als Kapitalsystem (also als materielles System) betrachtet, werden in der Spannungsbilanz die immateriellen (emotionalen, sozialen und psychologischen) Verhältnisse berücksichtigt.

Informations- und Qualitätsmanagement | 209

Spannungsbilanz für die Unternehmenslogistik		
Werteskala	gar nicht erfüllt	voll und ganz erfüllt
	0 10 20 30 40 50	60 70 80 90 100
Material-Aspekte Beschaffbarkeit Verfügbarkeit Lieferantentreue Produktqualität Vernetzung mit den Lieferanten		
Kapital-Aspekte Umlaufvermögen FF, HFW Umlaufvermögen Etiketten/Rohstoffe u.a. Umlaufvermögen Werkzeuge/Magazin Rentabilität		
Personal-Aspekte Flexibilität Betriebsklima Motivation Fluktuation Loyalität Kompetenz Führungsstruktur		
Absatz-Aspekte Kundenorientierung Zufriedenheit der Kunden Reklamationen Kundentreue Zielgruppenklarheit Vernetzung mit den Kunden		
Know-how-Aspekte Qualitätsbewußtsein Kreativität Management Innovation Organisationsgrad/Automationsgrad		
Multiplikationskraft		
Image		

Legende: FF = Fertigfabrikate, HFW = Halbfertigware
Die Werte sollten mit den Verantwortlichen im Arbeitskreis abgeglichen werden.

Faktoren einer effizienten Logistik

Der Faktor Information

Durch bessere Informationen, z. B. über den Kundenbedarf, läßt sich die Technik/Produktion besser steuern und damit wirtschaftlicher einsetzen, was wiederum den Kunden über einen günstigeren Preis zugute kommen kann. Der Materialbedarf läßt sich entsprechend einfacher anhand von Absatzplanzahlen des Vertriebs aus den Stücklisten ermitteln. Was häufig fehlt, ist jedoch das integrierende *Kommunikationssystem*, das dem Informationsbedürfnis aller Stellen im Unternehmen gerecht wird.

> Die richtige Information zur richtigen Zeit an die richtige Stelle zu bringen, ist Aufgabe des modernen Kommunikationsmanagements.

Seit mehreren Jahren wird Logistik als Studienfach sowohl in der Technik (z. B. an der Universität Dortmund) als auch in der Betriebswirtschaft (an der Universität Darmstadt) angeboten. Die Großindustrie unterhält oft innerhalb der logistischen Servicefunktionen Stabsstellen zur permanenten Systemverbesserung. Die Entwicklung in Mittel und Methode geht rasant weiter. Wie verhält es sich mit dem Humankapital Mensch?

> *Ein großer Automobilhersteller hat sich zum Trainingsbedarf seiner Mitarbeiter bei Einführung der Logistik etwa wie folgt geäußert: „Seit zehn Jahren haben wir gezielt an der Qualifikation unserer Logistik-Mitarbeiter gearbeitet und z. B. spezielle Ausbildungsberufe und anerkannte Berufsabschlüsse induziert. Das Problem der Qualifikation des Personals wurde bei uns ganz besonders ernst genommen. Ohne diese Anstrengung ist ein durchschlagender Erfolg einer Logistik-Organisation nicht zu erzielen."*

Dem fortschrittlichen Betrieb, der sich zur Einführung von Logistik entschließt, ist die Durchführung intensiver Trainings im Vorfeld sehr zu empfehlen: Es gilt, Schwächen zu erkennen und Stärken zu stärken. Ein Betrieb, der sich zur Einführung von Logistik entschließt, braucht das in-

Informations- und Qualitätsmanagement | 211

tensive Training aller Beteiligten, um auf der strategisch bedeutsamen Ebene der Information ansetzen zu können. Das Training hat folgende Ziele:

- **Abbau von Informationsdefiziten:** zur Zielsetzung, zur künftigen innerbetrieblichen und übergreifenden Kommunikation, zur künftigen innerbetrieblichen Organisation

- **Abbau von Kooperationsdefiziten** zwischen den Funktionsträgern, zur ganzheitlichen Kosten-/Leistungsbetrachtung, zur gemeinsamen Steigerung der Wertschöpfung

- **Abbau von Umsetzungsdefiziten** bei der Mitarbeiterqualifikation, bei der Kreativität, bei der systematischen Ideenausschöpfung, beim Führungsstil und beim neuen Projektmanagement.

Ertragspotential durch Zielklarheit

Für alle Unternehmen ist das Ziel klar: Sie wollen jeweils durch den bestmöglichen, auf die jeweilige Zielgruppe abgestimmten Lieferservice die Anziehungskraft im Markt weiter ausbauen, also *best-practice* im Lieferservice erreichen.

Durch die strategische Vorgehensweise können alle Bemühungen in der Logistik-Prozeßkette an diesem Oberziel ausgerichtet werden. Zum wahren Erfolg wird die Vorgehensweise erfahrungsgemäß aber erst, wenn konsequent top-down, also von den strategischen Fragen ausgehend, zu den stofflichen Überlegungen vorangeschritten wird.

> Logistik heißt, in vernetzten Systemen, also kybernetisch, zu denken, zu planen und zu steuern. Die Einführung der Logistik ist eine Managementaufgabe und kann nur top-down realisiert werden. Da jede Reorganisation ein erhebliches Konfliktpotential birgt, empfiehlt sich eine logistik- und moderationsstarke, neutrale Unterstützung ohne persönliche Interessenkonflikte.

Trainings-Module,
die zielgruppenspezifisch zusammengestellt und eingesetzt werden

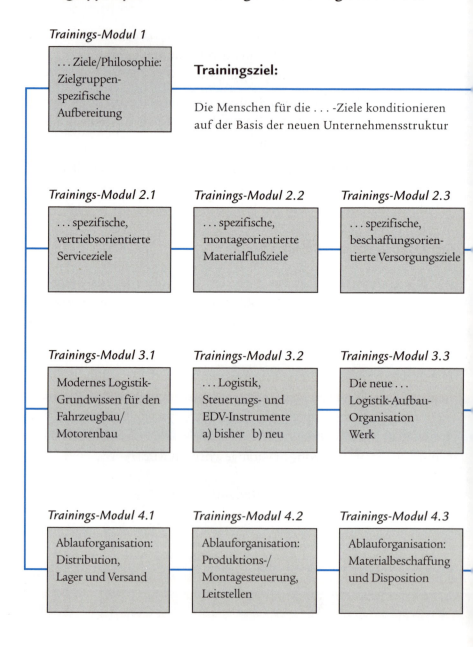

Informations- und Qualitätsmanagement | 213

Hierarchie der Unternehmensziele

Ebene 1:
Unternehmens-
philosophie
Unternehmensziele

Trainings-Modul 2.4
... logistische Entsorgungsziele (siehe auch Ökologie)

Trainings-Modul 2.5
... logistische Rendite-Ziele

Ebene 2:
Unternehmens-
strategie für Vertrieb, Produktion, Beschaffung, Logistik (Ökologie, Personal, Ökonomie)

Trainings-Module:
3.4 in der Vertriebsabwicklung
3.5 in der Montagesteuerung
3.6 in der Disposition
3.7 im Logistik-Controlling
3.8 Führung und Motivation im Logistik-System

Ebene 3:
Operatives
Logistikmanagement
(Markt=) Zielgerichtet

Trainings-Modul 4.4
Ablauforganisation: Entsorgung

Trainings-Modul 4.5 – 4.n
Spezielles: z.B. Reporting, EDV

Ebene 4:
Spezielle ...
Ablauforganisation
im Logistik-System

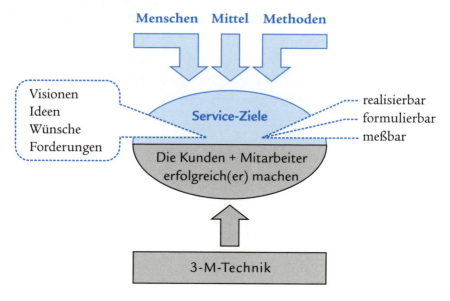

Das zielgerichtete Zusammenwirken von Menschen, Mittel und Methoden reduziert Umwege.

Die Situation der Logistik-Dienstleister

Auf Basis bestehender, definierter Unternehmensziele wird von vielen Verladern durch Straffung der Logistikprozesse (z. B. durch Zentralisierung von Verantwortungen für alle Lagerhaltungen, Ein- und Ausgangs-Transporte, EDV-Anwendungen, Dispositionen etc. in den Fachabteilungen) – also durch Lean-Processing und Lean-Management – der Kostendruck des Marktes an die Logistik-Dienstleister oder Unterlieferanten weitergegeben. Durch Outsourcing möglichst vieler, logistischer Teilprozesse an Logistik-Dienstleister wird versucht, die eigenen Kosten zu variabilisieren, aber oft ohne bessere Lösungen anzustreben, und, wo es z. B. durch andere Lohntarifverträge möglich ist, die Lohnkosten zu senken. Voraussetzung für den Erfolg ist jedoch:

> Erst ein höherer Spezialisierungsgrad der Logistik-Dienstleister und die bessere Auslastung der Kapazitäten können zur Gesamtkostensenkung in der Logistik-Kette beitragen.

Die oft sehr reaktive Blickrichtung führt dazu, daß die Rationalisierungserwartungen auf Verladerseite und die Ertragserwartungen bei den Logistik-Dienstleistern unerfüllt bleiben. Nur wenn – top-down agierend – der strategische Ansatz mit der Überprüfung und Neufestlegung der künftigen, strategischen Kernkompetenzen beider Partner erfolgt, kann ein erfolgreiches Re-Engineering für die Serviceleistungen erwartet werden.

Darin liegt eine strategische Chance für Logistik-Dienstleister, besonders für mittelständische, die sich besonders schnell an veränderten Märkten ausrichten können.

Aufbau eines Qualitätsmanagement-Systems – So nutzen Sie ISO 9000 gewinnbringend für Ihr Unternehmen

Gunda Lederer

Aloys Sielhorst GmbH, Kabel- und Rohrleitungstiefbau

„Die Aloys Sielhorst GmbH erbringt Dienstleistungen im Kabel- und Rohrleitungsbau. Als eines der ersten Mitglieder der Gütegemeinschaft Leitungstiefbau e.V. erfüllen wir bereits seit 1992 hohe Anforderungen an Personal, Geräte und Betriebseinrichtungen. Zu den Grundsätzen unseres Unternehmens gehört es, unsere Arbeit ohne Mängel auszuführen, und so langfristig das Vertrauen unserer Auftraggeber zu stärken. ..."

So lauten die ersten Sätze der Grundsatzerklärung zur Qualitätspolitik der Aloys Sielhorst GmbH. Das 1969 gegründete Unternehmen konnte bereits in der Vergangenheit mit Recht von sich behaupten, Qualitätsarbeit geleistet zu haben. Dies sollte auch in der Qualitätspolitik zum Ausdruck kommen. Sie ist Bestandteil eines Qualitätsmanagement-Systems, das Ende 1996 mit der Zertifizierungsurkunde nach DIN EN ISO 9001 ausgezeichnet wurde.

Neben einer erklärten Qualitätspolitik verlangt diese Norm, daß das Qualitätsmanagement-System in einem Handbuch und in Anweisungen beschrieben ist. Für ein Unternehmen wie die Aloys Sielhorst GmbH heißt das,

- *daß alle Baustellentätigkeiten eindeutig nachvollziehbar sein müssen,*
- *daß alle Prüfungen schriftlich aufgezeichnet werden,*
- *daß Prüfmittel überwacht werden,*
- *daß Lieferanten nach festgelegten Kriterien ausgewählt und bewertet werden und einiges mehr.*

Mit dem Zertifikat wurde im November 1996 dem Unternehmen bestätigt, daß es ein normgerechtes Qualitätsmanagement-System aufgebaut hat und nach den darin festgelegten Grundsätzen handelt.

Im Jahr zuvor war der mittelständische Unternehmer von seinem Hauptauftraggeber aufgefordert worden, ein solches Qualitätsmanagement-System einzurichten und zertifizieren zu lassen. Als Vorreiter seiner Branche in der Region ging er die Aufgabe mit der Erwartung an, auf diese Weise Aufträge zu sichern und auch in Zukunft als kompetentes und zuverlässiges Ausführungsunternehmen gefragt zu sein. Planung, Arbeitsvorbereitung und Einsatz der 24 Mitarbeiter bei den Baumaßnahmen gestaltete der Unternehmer bereits sehr effektiv, und es mangelte nicht an Ideen und Umsetzungen zur ständigen Verbesserung. Daher sah der Unternehmer bei den Gesprächen zur Bestandsaufnahme zunächst wenig weiteres Verbesserungspotential. Ziel des Projekts war in erster Linie die Bestätigung des gut geführten Unternehmens durch das Qualitätszertifikat. Organisation und Abläufe waren in wenigen Monaten im Handbuch beschrieben. Es wurden zweckmäßige Checklisten entwickelt, die heute von den Vorarbeitern routinemäßig genutzt werden. Die schriftlichen Unterlagen sind so angelegt, daß sie das Weiterleiten wichtiger Informationen stützen und gleichzeitig als Qualitätsnachweise dienen.

Für die meisten Unternehmen bedeutet das Umsetzen von Qualitätsmanagement ein Mehr an Papier und Schreibarbeit, als sie es bisher gewohnt waren. Gerade im Baubereich ist dies ein schwer durchzuführender Aufwand. Als die Aloys Sielhorst GmbH im Frühjahr 1996 mit dem Aufbau des Qualitätsma-

nagement-Systems begann, gab es immer eine Devise: **keine Bürokratie und möglichst wenig Papier.** *Das wurde konsequent umgesetzt.*

Damit die Veränderungen von allen Mitarbeitern mitgetragen werden konnten, wurde eine Reihe von Schulungen durchgeführt. Die Geschäftsleitung ernannte einen Qualitätsbeauftragten, der dafür sorgte, daß die im Handbuch beschriebene Selbstverpflichtung auch eingehalten wurde.

Bei der Zertifizierung durch eine unabhängige Zertifizierungsgesellschaft konnte der externe Auditor das Funktionieren des Qualitätsmanagement-Systems voll bestätigen. Das Zertifikat wurde ohne Auflagen erteilt.

Der Aufwand, der in der Aufbauphase geleistet werden mußte, wird heute belohnt: Die Mitarbeiter arbeiten selbständiger und qualitätsbewußter, so daß der Unternehmer mehr Zeit für Planung und Unternehmensführung hat.

Nach wenigen Monaten zeigten sich bereits **zahlenmäßige Erfolge***: Aufgrund der Mängelprotokolle, die mit dem QM-System eingeführt wurden und bei Fehlern auf der Baustelle ausgefüllt werden mußten, achteten die Mitarbeiter sehr viel genauer darauf, keine Fehler mehr zu machen. Es wurde achtsamer mit den Materialien umgegangen und vorsichtiger gearbeitet. Als Folge davon reduzierten sich die Kabelschäden um die Hälfte, und der Unternehmer konnte die Versicherungsprämie entsprechend reduzieren.*

> Langfristig gesehen dient das Qualitätsmanagement-System dazu, das Vertrauen der Kunden in das Unternehmen und seine Leistungsfähigkeit zu stärken und die Stellung des Unternehmens auf dem Markt zu sichern.

Die anfängliche Erwartung „Aufträge sichern", die jeder Unternehmer an das Zertifikat knüpft, hat sich auch bei Aloys Sielhorst erfüllt. Das Unternehmen hat seine Auftraggeber behalten und konnte Dienstleistungsverträge über mehrere Jahre hinweg unterzeichnen.

Hydroment GmbH – Baustoffe zur Mauerentfeuchtung

Andere Motive und auch andere Zwänge liegen dem zweiten Beispiel zugrunde: Auf der Bau 97 in München knüpfte ein Berater Kontakt zur „Hydroment GmbH", Hersteller und Vertreiber eines speziellen Entfeuchtungsputzes. Der Geschäftsführer des mittelständischen Unternehmens zeigte sich interessiert am Thema ISO 9000 und dachte zunächst daran, das Zertifikat **werbewirksam** *zu nutzen. Wettbewerber, vor allem große Hersteller von Bauprodukten, waren bereits zertifiziert. Der Umgang mit Normen und Zertifikaten ist in der Baubranche üblich, und Kunden in In- und Ausland erwarten ein Zertifikat nach ISO 9000. Zu diesen Überlegungen versprach sich der Unternehmer weiteren Nutzen von der Möglichkeit, die Organisation und die internen Abläufe systematisch durchleuchten zu lassen.*

Die Ausgangssituation für ein Projekt zum Aufbau eines Qualitätsmanagement-Systems war günstig: Die Geschäftsleitung stand dem Qualitätsgedanken positiv gegenüber, und die Zeit für Schulungen und Workshops konnte eingeräumt werden. Der Unternehmer identifizierte sich so mit der Aufgabe, daß er selbst die Rolle als Qualitätsbeauftragter übernahm – eine nicht unübliche Regelung in kleinen und mittleren Unternehmen. Die Bestandsaufnahme ergab wie in den meisten mittelständischen Unternehmen einen geringen Dokumentationsgrad.

> Mittelständische Betriebe haben in der Regel kein Organisationshandbuch mit Organigramm und Zuständigkeiten. Allein durch das Aufschreiben der internen Abläufe und bereits vorhandenen Regelungen in angemessener Form kommt jedoch meist schon ein Erfüllungsgrad bezüglich der DIN EN ISO 9001 zwischen 60 und 80 Prozent zustande. Um 100 Prozent zu erreichen, müssen *unternehmensspezifische Lösungen* zur Erfüllung bestimmter Normforderungen gefunden werden.

Informations- und Qualitätsmanagement

Bei Hydroment zeigte sich, daß sich manche Abläufe in der Verwaltung in nicht gewünschter Form verselbständigt hatten. Statistiken wurden genauer und ausführlicher geführt, als sie eigentlich benötigt oder genutzt wurden. Da ohnehin ein neues EDV-System anstand, konnten Veränderungen gleich eingeplant werden. Ebenso sollte auch der Lagerbereich neu organisiert werden. In der Aufbauphase des Qualitätsmanagement-Systems wurde der Warenfluß vom Abfüllen bis zum Verpacken der Produkte überdacht und eindeutige Kennzeichnungen der Lagerbereiche vorgenommen. All diese Maßnahmen wurden immer in Abstimmung mit den betroffenen Mitarbeitern umgesetzt. Deren Ideen und Anregungen waren besonders hilfreich und trugen auch zur Akzeptanz der Veränderungen bei.

Eine Besonderheit des Unternehmens ist die Konzentration auf die spezielle Produktgruppe Entfeuchtungsputze, für die es über 20 Jahre alte Referenzobjekte gibt – Fakten, die für die Qualität der Produkte sprechen. Für eine Reihe von Bauprodukten sieht der Gesetzgeber neben vorgeschriebenen Maßnahmen zur Eigenüberwachung eine zusätzliche Fremdüberwachung durch unabhängige Prüfinstitute vor. Auch für die Produkte der Hydroment GmbH mußte eine Systematik zur **werkseigenen Produktionskontrolle (WPK)** eingeführt werden. Vorbereitungen dazu waren bereits im Labor getroffen worden. Für alle in einschlägigen Regelwerken vorgeschriebenen Prüfungen waren Apparaturen und Prüfmittel vorhanden, und die Laborleiterin führte die entsprechenden Produktprüfungen durch. Ein Großteil der WPK-Forderungen decken sich mit der Norm DIN EN ISO 9001, so daß es nahelag, beide Systeme in einer Dokumentation zusammenzufassen. Es erwies sich als günstig, daß mit der LGA InterCert GmbH eine Zertifizierungsgesellschaft gefunden wurde, die gleichzeitig die Fremdüberwachung leisten kann. Da bei den jährlich wiederkehrenden Überwachungsaudits Qualitätsmanagement und WPK parallel überprüft werden können, bleiben die Zertifizierungs- und Überwachungskosten gering.

Über das Element „Schulungen" aus der ISO 9001 kamen wir auf weiteres Potential, das dem Unternehmen in Zukunft nutzen sollte: Die Norm sieht nicht einfach nur vor, daß Schulungen für die Mitarbeiter angeboten werden, sondern daß der Bedarf an Schulungen systematisch ermittelt wird. Im Gespräch ergaben sich Lösungen, wie das in Zukunft normgerecht und sinnvoll gehandhabt werden sollte.

Schwieriger stellte sich die Situation bei den Handelsvertretern dar, die die Hydroment-Produkte vertreiben. Gezielte Schulungen über technische Anwendbarkeit und Produktnutzen sollten den Umsatz steigern. Eine **Fragebogenaktion** im Vorfeld lieferte wertvolle Hinweise über die Interessen der Handelsvertreter, die dann ohne Ausnahme am Informationstag mit Laborbesichtigung und Produktvorführung teilnahmen.

Der Aufbau des Qualitätsmanagement-Systems wurde von der Geschäftsleitung als Chefsache betrachtet. Anders wäre es auch nicht möglich gewesen, in neun Monaten Projektlaufzeit von der Bestandsaufnahme bis zur erfolgreichen Zertifizierung alle notwendigen und begleitenden Maßnahmen durchzuführen:

- *Teilnahme aller Mitarbeiter an Schulungen und Workshops zum Aufbau des Qualitätsmanagement-Systems sowie Umsetzen der intern nötigen Maßnahmen,*
- *Lagerneugestaltung,*
- *Einführen eines neuen EDV-Systems, verbunden mit Mitarbeiterschulungen,*
- *Erstellen neuer Präsentationsunterlagen mit verbesserter Darstellung des Produktnutzens und deutlicher Abgrenzung zu Wettbewerbsprodukten.*

Der Bericht des ersten Überwachungsaudits ein Jahr nach der Zertifizierung durch die LGA InterCert GmbH klingt außerordentlich positiv: „Das System ... wird von der Geschäftsleitung und den Mitarbeitern mit großer Disziplin in der Praxis gelebt. Die Integration in die betrieblichen Abläufe ist nach Ermessen des Auditors besonders gut gelungen."

Informations- und Qualitätsmanagement | 223

Hintergründe zum Qualitätsmanagement

Wozu Qualitätsmanagement?

Häufige Motive zum Aufbau eines Qualitätsmanagement-Systems (QM-Systems) sind – wie auch in den beiden Fallbeispielen – Anfragen wichtiger Kunden und die Beobachtung der Mitbewerber am Markt. Die Entscheidung, ein QM-System einzuführen, wird meist mehr durch den Blick nach außen als nach innen beeinflußt. Doch was steckt eigentlich hinter dem Qualitätsmanagement? Welchen internen Nutzen sollten die Unternehmen davon haben?

> Qualität wird nicht nur nach betriebseigenen Wertmaßstäben gemessen, sondern vom Kunden nach dessen Ansprüchen und Erwartungen festgelegt. In Unternehmen, die sich heute intensiv mit dem Thema Qualität beschäftigen, legt der *Kunde* den Maßstab an und entscheidet über die Qualität der Produkte. Jeder Anbieter von Produkten und/oder Dienstleistungen sollte daher bestrebt sein, diese *Erwartungen und Wünsche* optimal zu erfüllen und seinen Kunden die bestmögliche Qualität zu bieten. Dies sichert langfristig die Anziehungskraft des Unternehmens bzw. seiner Produkte oder Dienstleistungen.
>
> Unabhängig davon, ob es sich um die Qualität einer Ware oder einer Dienstleistung handelt, gilt stets: *„Qualität entsteht nicht zufällig, sondern ist das Resultat einer systematischen Vorgehensweise."*

Eine systematische Vorgehensweise setzt in erster Linie eindeutig festgelegte und transparente Strukturen innerhalb der betrieblichen Organisation eines Unternehmens voraus.

Von diesen Grundgedanken wird die weltweit gültige Normenreihe DIN EN ISO 9000ff geprägt, die der anerkannte Maßstab für den Aufbau und die Erhaltung eines QM-Systems geworden ist. Qualitätsmanagement wird hier als ein *Werkzeug der Unternehmensführung* verstanden, mit dem ein qualitätsorientiertes Unternehmensbewußtsein geschaffen und gefördert werden soll.

Insbesondere für mittelständische Unternehmen, die sich in den letzten Jahren zunehmend für die ISO 9000 geöffnet haben, bietet diese wertvolle Hilfen zur Optimierung betrieblicher Abläufe.

Durch die eindeutige Klärung von Zuständigkeiten und Abläufen wird es möglich, die Qualität der angebotenen Produkte bzw. Dienstleistungen *„von innen heraus"* zu verbessern. Dies muß immer mit der Zielsetzung geschehen, Fehler gar nicht erst entstehen zu lassen.

Ein QM-System nach DIN EN ISO 9000ff stärkt damit die Wettbewerbsfähigkeit eines Unternehmens im wesentlichen durch folgende *wertvolle Effekte*:

- Kosteneinsparung durch Fehlervermeidung statt Fehlerbeseitigung,
- zügige Bearbeitung der in Anzahl und Umfang geringeren Reklamationen,
- Motivation und Engagement der Mitarbeiter durch stärkere Einbindung,
- verbesserte Kundenorientierung und Kundenbindung,
- Zeiteinsparung als Folge reibungsloser Abläufe,
- Stärkung der Marktposition.

Die beiden Fallbeispiele zeigen, wie unterschiedlich der Nutzen aus dem QM-System sein kann.

> *Die Norm DIN EN ISO 9000 bietet die Basis für eine gründliche Ist-Analyse im Unternehmen. Dadurch kommen immer Engpässe aus nicht erfüllten Normforderungen zum Vorschein, aber auch solche, die von der Norm nicht berührt werden. Wenn es gelingt, diese Engpässe, die das Unternehmen letztendlich am Erfolg hindern, zu beseitigen, dann erfüllt Qualitätsmanagement seinen Zweck.*

Leider gibt es auch Unternehmen, die trotz Zertifikat keinen Durchbruch erleben, weil die Norm lediglich formalistisch abgearbeitet wird und ein Qualitätsmanagement im Sinne einer *Ausrichtung am Kundenwunsch* nicht existiert.

Die Normengrundlage: Entstehung – Entwicklung – Ausblick

Die DIN EN ISO 9000ff ist eine *weltweit verbreitete Normenreihe*, die für Unternehmen aller Branchen eine Grundlage bietet, ihre Aufbau- und Ablauforganisation an einem Standard auszurichten. Der erste Entwurf wurde 1987 vom CEN (Europäisches Komitee für Normung) angenommen und in Deutschland als DIN ISO 9000ff (heute DIN EN ISO 9000ff) zur Anwendung freigegeben.

Die Normenreihe der DIN EN ISO 9000ff enthält zum einen eine *Anleitung* zu Auswahl und Aufbau eines QM-Systems (DIN EN ISO 9000 und DIN EN ISO 9004) und dient zum anderen als *Nachweisstufe* für die Zertifizierung. Zu den Nachweisstufen zählt man die DIN EN ISO 9001, 9002 und 9003. Davon ist die DIN EN ISO 9001 mit *20 QM-Elementen* die umfassendste der drei Nachweisstufen („Zertifizierungsnormen"). Sie deckt alle Schritte von der Kundenanfrage über die Entwicklung, die Fertigung eines Produkts (Erbringung einer Dienstleistung) und Auslieferung bis zum Kundendienst ab.

Aus den Erfahrungen der ersten Jahre zeigten sich Mängel, die eine Überarbeitung nötig machten. Das Einbeziehen der Geschäftsleitung des Unternehmens in das Thema Qualität ließ zu wünschen übrig. Die Notwendigkeit, ein Zertifikat zu erwerben, wurde erkannt und an den Qualitätsbeauftragten delegiert. Für Qualitätsmanagement wurden Stabstellen geschaffen, und eine wirkliche Qualitätskultur konnte sich nur schwer entwickeln. Die Folge war eine *Korrektur 1994*, die die Geschäftsleitung mehr in die Verantwortung zog. Mit der Begriffsänderung von „Qualitätssicherung" zu „Qualitätsmanagement" sollte dies unterstrichen werden. „Qualität ist Chefsache" war die neue Aussage. Der Aufbau der Normen 9001/2/3 nach den 20 Elementen wurde beibehalten und nach wie vor von den Anwendern kritisiert.

Der Grund ist plausibel: Wenn das Ziel lautet „Abläufe vereinfachen", kommt man automatisch zu einer Betrachtung von Unternehmensprozessen, die ineinandergreifen. Wie soll beispielsweise ein Bauleiter einsehen, daß seine Beobachtungen bei einer Ortsbegehung einer Baustelle einerseits zu „Vertragsprüfung – QM-Element 3" („Können wir die Anforderung, die der Kunde an uns stellt, erfüllen?") und andererseits zu „Designlenkung – QM-Element 4" („Welche Mittel müssen für diese Maßnahme eingeplant werden?") gehören?

Diese Problematik und der Bedarf von mehr Übersichtlichkeit in der Normenreihe führte zu einer kompletten *Revision*, mit deren Endfassung *Ende 2000* gerechnet werden kann. Dann entfallen die bisher bekannten Normen DIN EN ISO 9002 und DIN EN ISO 9003. Die ISO 9001 enthält alle Forderungen an QM-Systeme und ist für alle Unternehmen anwendbar.

Die DIN EN ISO 9004 wird erheblich aufgewertet. In der Ausgabe 2000 erhält sie den Titel *Leitfaden zur Qualitätsverbesserung*.

Eine wichtige Verbesserung für den Benutzer ist die Verwendung einer *einfachen und klaren Sprache*. Der Aufbau der Norm ISO 9001 enthält nicht mehr an die 20 Qualitätselemente, sondern ist an die gewohnten „Geschäftsabläufe" angelehnt (*Prozeßorientierung*). Diese beginnen mit der Ermittlung der Marktchancen und enden mit der Bereitstellung der Dienstleistung bzw. des Produkts auf der Grundlage der Kundenwünsche. Der daraus resultierende Aufbau der Norm soll einem Unternehmen mehr Möglichkeiten bieten, die eigenen Abläufe in dem Managementsystem abzubilden.

Informations- und Qualitätsmanagement

> Die Norm ISO 9001 : 2000 setzt folgende *Akzente*:
> - Stärkere Ausrichtung auf Erfordernisse/Erwartungen des Kunden,
> - klare Vorgaben zur Bewertung des Qualitätsmanagements,
> - Herunterbrechen der Ziele auf weitere unternehmensinterne Ebenen,
> - stärkere Betonung der Zielverfolgung,
> - systematische Bewertung der Leistungsgrößen des Qualitätsmanagementsystems,
> - kontinuierliche Verbesserung,
> - Nachweis der Effektivität der Schulungen.

Insgesamt ist zu erwarten, daß die ISO 9001 : 2000 die Umsetzung in ein effektives, auf die kontinuierliche Verbesserung ausgerichtetes Managementsystem deutlicher als bisher unterstützen wird.

Neben den Normen für QM entwickelten sich in den letzten Jahren auch solche für *Umweltmanagement* (DIN EN 14000, EG Öko-Auditverordnung) und *Arbeitssicherheit* (Sicherheitszertifikat Contraktoren). Für mittelständische Unternehmen ist es in jedem Fall ratsam, sich zu überlegen, welche rechtlichen Anforderungen bestehen (Umwelt, Arbeitssicherheit), und diesbezügliche Regelungen in ein Managementsystem zu integrieren. Ergebnis ist ein dokumentiertes Organisationssystem, das die grundlegende Bestrebung eines Unternehmens stützt: Gewinne erzielen!

Etwa zeitgleich mit der Normenreihe DIN EN ISO 9000 wurde Mitte der 80er Jahre von der Industrie *Total Quality Management* (TQM) aufgegriffen. TQM steht für umfassendes Qualitätsmanagement. Während Qualitätsmanagementsysteme nach ISO 9000 Mindestanforderungen an die Organisation von Zuständigkeiten und Abläufen beschreiben, wurde TQM von jeher mehr als *Philosophie des „Immer-Besser-Werdens"* betrachtet.

Synonym für TQM können die Begriffe *Kaizen* oder *Kontinuierlicher Verbesserungsprozeß (KVP)* verwendet werden (vgl. Simon 1996). Die Ursprünge sind unterschiedlich, Inhalte und Ziele aber gleich.

TQM setzt ein umfassendes Qualitätsverständnis mit folgenden Prinzipien voraus:
- Kundenorientierung,
- Prozeßoptimierung,
- Integration der Lieferanten,
- Mitarbeiterorientierung.

Anforderungen und Wünsche der Kunden werden systematisch analysiert und alle dazu nötigen Unternehmensprozesse auf bestmögliche Erfüllung dieser Anforderungen ausgerichtet. Zulieferer und Dienstleister werden in die Maßnahmen des Qualitätsmanagements eingebunden. Die *systematische Orientierung am Kundennutzen* wird auf die innerbetrieblichen Abläufe übertragen: Mitarbeiter auf allen Ebenen eines Unternehmens sind einmal Kunde und ein anderes Mal Lieferant. Das präzise Definieren und schließlich Optimieren der internen und externen Kunden-Lieferantenbeziehungen führt schließlich zu Qualität und Kundenzufriedenheit.

> Ziel des TQM ist die *Steigerung der Qualität* bei fortlaufender *Senkung der Kosten* und die *Erschließung brachliegender Potentiale*.

Möglich wird dies durch die unternehmensweite Verbreitung des Qualitätsgedankens und der konsequenten Umsetzung von TQM-Grundsätzen. Dazu gehören Gruppenarbeit, Steigerung der Selbstverantwortlichkeit und eine an den neuen Aufgaben orientierte Qualifizierung der Mitarbeiter. TQM gibt eine Vielzahl von Methoden an die Hand, die geeignet sind, Kreativität zu steigern, schnell fundierte Entscheidungen herbeizuführen und ursächliche Probleme zu lösen. Die Anwendung solcher Methoden hat viele Unternehmen – zunächst in Japan, später auch in Deutschland – erfolgreich gemacht.

Es blieb nicht aus, daß Verantwortliche aus Wirtschaft und Wissenschaft daran arbeiteten, Unternehmen mit handfesten Modellen und Anreizen auf dem Weg des „Immer-Besser-werdens" bis zu *„Business Excellence"* zu unterstützen. Daher sollte ähnlich wie die DIN EN ISO 9000 für Qualitätsmanagement ein analoges *Bewertungsmodell für TQM* geschaffen werden.

1988 haben 14 europäische Unternehmen die *„European Foundation for Quality Management" (EFQM)* gegründet (vgl. European Foundation 1996). Heute zählt sie fast 1000 Mitglieder. Seit 1992 werden Richtlinien für Organisationen auf dem Weg zu Business Excellence veröffentlicht und der *Europäische Qualitätspreis* verliehen. Seit 1996 können sich auch kleine und mittlere Unternehmen um den Preis bewerben. Das Bewertungsmodell der EFQM teilt sich in zwei Gruppen von Kriterien: Befähiger- und Ergebnis-Kriterien. Dem Anwender stehen umfassende Fragenkataloge und Methoden zur Selbst- und Fremdbewertung zur Verfügung.

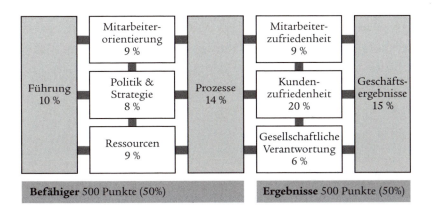

Für Unternehmen und Organisationen in Deutschland bietet sich jährlich die Möglichkeit, sich um den *Ludwig-Erhard-Preis* zu bewerben. Grundlage für die Bewertung ist das EFQM-Modell, dessen Kriterien und Punktesystem im wesentlichen übernommen wurden.

Zertifizierte Unternehmen können mit ihrem QM-System fast 90 Prozent der Befähiger-Kriterien abdecken. Die Anwendung der neuen DIN EN ISO 9000 : 2000 wird noch mehr dazu führen, daß auch in der Gruppe der Ergebnisse höhere Punktzahlen erreicht werden können.

Ein gut genutztes QM-System (zertifiziert oder nicht) auf der soliden ISO-9000-Basis mit den Kernelementen Unternehmensstrategie und -politik trägt immer auch die Merkmale, wie sie in der Literatur dem TQM zugeschrieben werden.

Zertifizierung

> Die Zertifizierung eines QM-Systems ist eine *vertrauensfördernde Maßnahme*, mit der ein Unternehmen seine Qualitätsfähigkeit nach innen (eigene Mitarbeiter) und nach außen (Kunden, Öffentlichkeit) dokumentiert.

Nachdem das QM-System mit all seinen Verfahren und Regelungen wirkungsvoll in die tägliche Praxis des Unternehmens eingeführt worden ist, findet das Zertifizierungsaudit (von lat. *audire* = zuhören) statt. Mit der Durchführung wird ein „zugelassener", unabhängiger Zertifizierer beauftragt. Der Zertifizierungsablauf gliedert sich in die Teilschritte:

- *Prüfung der Dokumentation* auf Übereinstimmung mit den Forderungen der Norm und
- *Begutachtung vor Ort*, ob das Unternehmen die Regelungen in die Praxis umsetzt.

Bei beiden Schritten werden Abweichungen von den Auditoren („Prüfern") in einem abschließenden Bericht zusammen mit Korrekturmaßnahmen festgehalten. Darüber hinaus bringen die Auditoren in der Regel zusätzliche *Vorschläge zur Verbesserung* des QM-Systems ein. Nach erfolgreicher Begutachtung schlägt der Zertifizierer das Unternehmen für die Erteilung des Zertifikats vor. Die Gültigkeitsdauer ist auf drei Jahre beschränkt und muß nach Ablauf durch ein weiteres Zertifizierungsaudit („Re-Audit") neu erlangt werden. Um zu gewährleisten, daß das QM-System auch innerhalb dieser Frist von drei Jahren im Unternehmen „gelebt" wird, findet jährlich ein Überwachungsaudit statt.

Das gesamte Verfahren der Zertifizierung stellt sich folgendermaßen dar

Zertifizierung in Zahlen (Statistische Auswertungen der DQS 1999):
- 300.000 Unternehmen sind derzeit weltweit zertifiziert. Der Anteil der Dienstleistungsunternehmen liegt inzwischen bei ca. 50 Prozent.
- 30.000 Unternehmen in Deutschland sind nach ISO 9000 zertifiziert.
- 1.400 Unternehmen haben (auch) ein zertifiziertes Managementsystem für Arbeitssicherheit (SCC) oder Umwelt (ISO 14001 oder EMAS).
- 70 Zertifizierungsgesellschaften sind in Deutschland für ISO 9000 und teilweise auch andere Regelwerke (QS 9000, VDA 6.1, ISO 14001, EMAS, SCC) akkreditiert.
- 7 Zertifizierungsgesellschaften stellten 80 Prozent der Zertifikate aus.

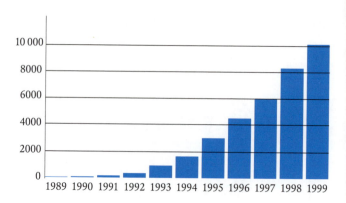

Gesamtzahl der DQS-Zertifikate 1989 – 1999

(Deutsche Gesellschaft zur Zertifizierung von Managementsystemen mbH Qualitäts- und Umweltgutachter).

Warum sich ISO 9000 auch für Sie lohnt

Vielleicht fragen Sie sich jetzt, ob auch Ihr Unternehmen aus der ISO 9000 Nutzen ziehen könnte. Ein großer Vorteil der ISO 9000 liegt im eingebauten Kontrollsystem der Auditierung. Denn allzu oft scheitern moderne Managementmethoden an der mangelhaften Umsetzung. Neuerungen beginnen oft mit Ideen im Kopf des Unternehmers: Mitarbeiter werden für Schulungen ausgewählt; in euphorischer Stimmung wird diskutiert, was man alles im Unternehmen verbessern könnte, aber nach ein, zwei Aktionen und ein paar Monaten hat die Alltagsarbeit alle eingeholt.

> Mit einem zertifizierten QM-System verpflichtet sich das Unternehmen, den Erfolg seines Systems regelmäßig selbst in internen Audits zu überprüfen. Spätestens beim jährlichen externen Audit durch die Zertifizierungsgesellschaft werden Defizite aufgedeckt und *neue Impulse* gesetzt. Darin liegt die Chance, eine beträchtliche Investition nicht im Sande verlaufen zu lassen, sondern langfristig zu nutzen.

Bei den Zertifizierungsgesellschaften liegt daher eine sehr hohe Verantwortung (s. Tips S. 234 f.). Um Ihnen die Entscheidung zu erleichtern, hier einige Hinweise:

Ihre Situation	Empfehlung
Vor Ihnen liegt ein Schreiben eines Hauptauftraggebers mit der Aufforderung, ISO 9000 einzuführen.	*Suchen Sie das Gespräch mit Ihrem Hauptauftraggeber und erfragen Sie dessen Wünsche und Erwartungen, die er an die ISO 9000 knüpft. Wenn Sie diese erfüllen können und wollen, gehen Sie sie systematisch an.*
Ihre Mitbewerber sind bereits zertifiziert bzw. stehen kurz davor.	*Entscheiden Sie sich für eine Zertifizierung, wenn Ihre Kunden diese honorieren.*
Ihnen als Unternehmer laufen nicht automatisch oder nicht rechtzeitig wichtige Informationen zu.	*Ein Qualitätsmanagement-Berater, der mit Ihrer Branche und Unternehmen Ihrer Größenordnung vertraut ist, kann Ihnen beim Steuern und Automatisieren des Informationsflusses innerhalb eines (Qualitäts-)Managementsystems hilfreiche Dienste leisten.*
Sie sind nicht sicher, ob Ihre Abläufe optimal durchorganisiert sind.	*Lassen Sie von einem branchenerfahrenen Qualitätsmanagementberater einen kostengünstigen ISO-9000-Check durchführen.*
Rechtliche Anforderungen, z. B. aus dem Umweltrecht oder dem Arbeitsschutzgesetz, müssen in Ihrem Unternehmen umgesetzt werden.	*Die ISO 9000 eignet sich gut als Basis für ein integriertes Managementsystem, das auch andere Regelungen aufnehmen kann. Das gilt allerdings nur, wenn das System prozeßorientiert aufgebaut wird.*
Sie sind gegenüber einigen Aspekten aus den Managementsystemen für Qualität, Umwelt oder Arbeitssicherheit aufgeschlossen, sehen aber keinen Bedarf für eine Zertifizierung.	*Suchen Sie sich aus den Regelwerken die für Sie sinnvollen und notwendigen Elemente zusammen, und bauen Sie für Ihr Unternehmen ein individuelles Managementsystem.*

Darauf sollten Sie achten – 8 Tips für Ihren Erfolg

Zum Aufbau des Qualitätsmanagement-Systems

- Achten Sie darauf, daß die Dokumentation nicht ausufert. Überlegen Sie bei jedem neuen Schriftstück (Formblatt, Checkliste), ob es nicht durch Ergänzung bereits vorhandener Dokumente eingespart werden kann. Schriftliche Arbeitsanweisungen brauchen Sie lediglich für Know-how, das sicherheitsrelevant oder nur in wenigen Köpfen vorhanden ist. Was jeder Mitarbeiter weiß, liest ohnehin keiner mehr.
- Legen Sie Wert auf eine präzise Analyse des Informationsflusses. Lenken Sie Ihre Dokumente so, daß jeder Mitarbeiter die Informationen erhält, die er zur Erfüllung seiner Aufgaben braucht, aber reduzieren Sie jede Überinformation.
- Die Mitarbeiter müssen in den Aufbau des Systems einbezogen werden, und zwar *alle* Mitarbeiter in angemessenem Umfang, damit sie sich mit dem System identifizieren können.
- Legen Sie das System so an, daß es als Werkzeug für die Umsetzung Ihrer Unternehmensstrategie dient. Dazu eignen sich hervorragend die Instrumente Qualitätspolitik, Zielplanung, -setzung und -überwachung durch das Management-Review.

Zur Zertifizierung

- Suchen Sie sich eine Zertifizierungsgesellschaft, bei der Sie Kundenorientierung erfahren.
- Lehnen Sie einen Auditor ab, der mit dem Verweis auf Normen argumentiert und Ihnen Auflagen erteilt, die Ihrem Unternehmen nichts bringen. Zertifizierungsgesellschaften räumen Ihnen einmal pro Audit das Recht dazu ein.
- Unternehmen werden von Zertifizierungsgesellschaften nach einem internationalen Branchenschlüssel (NACE-Code) in sogenannte *scopes* eingeteilt. Holen Sie nur von solchen Zertifizierern ein Angebot ein, die auch für Ihre Branche zugelassen sind.

- Wählen Sie einen Zertifizierer, der nicht nur Ihre Branche kennt, sondern auch mit Ihrer Unternehmensgröße bzw. -struktur vertraut ist.

Wenn Sie planen, ein Managementsystem in Ihrem Unternehmen einzurichten – sei es für Qualität, Umwelt, Arbeitssicherheit oder eine Kombination daraus –, sollten Sie in jedem Fall einen branchenerfahrenen Berater befragen. Er wird Ihnen einen klaren Leitfaden von der Bestandsaufnahme bis zur erfolgreichen Zertifizierung vorlegen können. Außerdem leistet er wertvolle Hilfe bei der Bestandsaufnahme, bei Lösungsvorschlägen zu Defiziten bezüglich der Norm, bei der Zeitplanung, bei der Motivation der Mitarbeiter und bei der Auswahl eines geeigneten Zertifizierers.

Der zeitliche Einsatz des Beraters wird sich daran bemessen, wieviel Zeit Sie und Ihre Mitarbeiter für ein solches Projekt reservieren können. Damit Ihr Managementsystem Ihre Handschrift und nicht die des Beraters bzw. die einer Mustervorlage trägt, sollten Sie bzw. Ihre Mitarbeiter so umfassend wie möglich in die inhaltliche Arbeit einbezogen werden. Der Nutzen, den Sie aus dem Einsatz eines Beraters ziehen, liegt in der effizienten und gezielten Vorgehensweise, dem geringeren internen Zeit- und damit Kostenaufwand, der sicheren Erfüllung der Normen und den durchdachten, erprobten und idealerweise für Sie maßgeschneiderten Lösungen für Ihr Managementsystem.

Literatur

DIN Deutsches Institut für Normung e.V., E DIN EN ISO 9001 : 1998-09 „Qualitätsmanagementsysteme – Forderungen (ISO/CD 9001 : 1998)", Berlin: Beuth Verlag GmbH 1998.

European Foundation for Quality Management: „Selbstbewertung 1997. Richtlinien für Unternehmen.", Brüssel: EFQM 1996.

Simon, Walter: Die neue Qualität der Qualität. Grundlagen für den TQM- und KAIZEN-Erfolg, Offenbach 1996.

Statistische Auswertungen der DQS, Deutsche Gesellschaft zur Zertifizierung von Managementsystemen mbH Qualitäts- und Umweltgutachter, Frankfurt August 1999.

Logistik und Gebäudeplanung | 237

Wenn es zu eng wird im Betrieb –
Neue am Bedarf orientierte Betriebskonzepte für Umbau oder Neubau schaffen Platz

Erhard F. Gläser

Einführung

Der wachsende Erfolg eines Unternehmens macht es ebenso wie permanente Sortimentsänderungen und -erweiterungen notwendig, daß irgendwann erweitert werden muß. Auch wenn die innerstädtische Lage oder die Verkehrsverhältnisse ungünstig sind, stehen Sie als Unternehmer vor der Frage: Erweitern, in ein größeres Betriebsgebäude umziehen oder ganz neu bauen auf der grünen Wiese? In jedem Fall muß neu geplant werden!

> Die Planung eines neues Betriebskonzeptes ist eine *Riesenchance* für eine künftige *bessere* Entwicklung des Unternehmens, besonders wenn nach der bewährten 7-Punkte-Gläser-Methode, die sich an der EKS orientiert, vorgegangen wird. Das Durchlaufen der sieben Schritte ergibt eine hervorragende Basis für bedarfsorientierte, auf die Zukunft ausgerichtete Planungsdaten:

1. Feststellung der Ist-Situation und Bewußtmachen der speziellen Stärken des Unternehmens in Form einer aufschlußreichen Betriebsanalyse.
2. Analyse, welche Produkte und Produktgruppen die erfolgversprechendsten sind = Voraussetzungen für eine mögliche Konzentration der vorhandenen Kräfte.
3. Feststellung, welche Kunden die erfolgversprechendste Zielgruppe darstellen. Sich auf diese zu konzentrieren kann wesentlich erfolgreicher machen.
4. Erkennen des brennendsten Problems dieser Zielgruppe und Entwickeln eines besonderen Lösungsangebotes, das das Unternehmen von den Mitbewerbern unterscheidet und hervorhebt.
5. Innovationsstrategie: Die bisherigen Erkenntnisse zeigen neue Ansätze für innovative Entwicklungen, mit denen Sie Ihren Vorsprung am Markt weiter ausbauen können.
6. Kooperationsstrategie: Kooperieren macht erfolgreicher als konkurrieren. Ihre Marktchancen können durch die richtige Kooperation wesentlich gesteigert werden.
7. Die stärkere Ausrichtung auf das zentrale Grundbedürfnis Ihrer Kunden schafft Ihnen neue Chancen und dauerhafte Kundenbindungen.

> Die Gläser-Planung orientiert sich von vornherein am künftigen gewünschten Unternehmenserfolg und unterscheidet sich damit wesentlich von einer reinen Gebäude- oder Einrichtungsplanung. Die Gläser-Planung geht vom jetzigen und vom zukünftigen Bedarf der erfolgversprechendsten Zielgruppe aus. Dadurch lassen sich hohe Fehlinvestitionen vermeiden.

Der Unterschied zur herkömmlichen Planung besteht in der *kundenorientierten Strategie*. Schon bei der Planung steht der Kundennutzen im Vordergrund:

- hohe Lieferbereitschaft: Sie erfordert ein breites Sortiment und ausreichende, jedoch
- nicht zu hohe kapitalbindende Bestände.
- Schnelle pünktliche Auslieferung: Sie wird erreicht durch eine gute Ablauforganisation.
- Der beste Service auf allen Gebieten.
- Günstigere Preise durch niedrigere Betriebskosten. Diese sind schon bei der Planung durch niedrige Investitionskosten sowie rationelle Arbeitsabläufe positiv zu beeinflussen.

Bei der Planung selbst stehen folgende Grundsätze im Mittelpunkt, die sich in der Praxis sehr bewährt haben:
- Bedarfsgerechtes Planen,
- von innen nach außen,
- in mehreren Schritten –
- einschließlich der Entwicklung interessanter Alternativen.

Die Planung durch erfahrene Profis spart Ihnen eine Menge Kosten. Zudem gibt Ihnen die systematische Planung die Sicherheit, daß Sie z. B. einen Neubau entsprechend Ihren speziellen Anforderungen gestalten, ein neues Grundstück oder ein bestehendes Gebäude in der richtigen Größe erwerben können. Weiterhin sparen Sie dabei häufig einige hunderttausend Mark an Investitionskosten am Gebäude und an den Einrichtungen, sowie viele (hundert) Stunden Ihrer kostbaren Zeit.

Die nachfolgenden Beschreibungen wurden speziell entwickelt für die Zielgruppe mittelständische Handelsunternehmen der Branchen Kfz-Teile-Handel und Technischer Handel mit Umsätzen von 3 bis 50 Millionen DM.

Die grundsätzlichen Empfehlungen sind jedoch auch in anderen Handelsbranchen unter Berücksichtigung der firmenspezifischen Anforderungen anwendbar.

Gestaltung von Gebäude und Lagereinrichtung

Das Gebäude

Strategische Anordnung des Lagers und dessen Gestaltung

Das Lager ist ein zentraler Bereich im Betrieb. Ideal ist, wenn es so angeordnet wird, daß es eine direkte Anbindung an den Wareneingang, den Versand und den Verkaufsraum sowie an eventuelle Werkstätten hat. Ein wichtiger Punkt sind kurze Wege. Um diese zu gewährleisten,

- ordnen Sie auf einer Seite des Lagers Wareneingang und Versand an und
- um 90 Grad versetzt davon den Verkaufsraum.
- Die Fachbodenregale, aus denen sich erfahrungsgemäß die meisten Entnahmen im Lager ergeben, ordnen Sie so an, daß die kürzesten Wege in der Hauptabgangsrichtung der Ware liegen. In den meisten Fällen ist dies der Versand. Es kann jedoch auch der Verkaufsraum sein. Auf die Palettenregale entfallen meist weniger Zugriffe (mit Ausnahme einiger Artikel), so daß dieser Bereich weiter entfernt von der Abgangsrichtung angeordnet werden kann.
- Der Grundriß des Lagers sollte möglichst quadratisch geplant werden oder in einer Rechteckform mit dem Verhältnis Breite zu Länge von 2 : 3. Lange, schmale Lagerhallen, sogenannte „Schlauchlager" sollten vermieden werden. Diese Regel gilt auch für das Gebäude insgesamt.

> Ermitteln Sie die betrieblichen Warenflußdaten durch eine speziell ausgerichtete Gläser-Betriebsanalyse, und gestalten Sie darauf aufbauend das Lager.

Beim Lagern umweltgefährdender Flüssigkeiten müssen Sie sicherstellen, daß diese nicht beim Auslaufen aus Fässern, Kanistern oder ähnlichen Behältern in die Kanalisation oder in den Boden laufen können. Geeignete Maßnahmen hierfür sind Auffangwannen unten in den Regalen, im Boden oder Abgrenzungen (Schwellen) am Boden.

Das Lagern feuergefährlicher Artikel erfordert einen speziellen Raum, der vom übrigen Lager abgetrennt ist. Für die Ausführung gelten Bestimmungen, wie z. B. die feuerfeste Ausführung der Wände und Türen, eine Auffangwanne für 10 Prozent der Flüssigkeit, der Luftaustausch, bei größeren Mengen eine ständige Luftumwälzung. Die genauen Vorschriften sind in den VbF-Richtlinien aufgeführt. Geringe Mengen bzw. der sogenannte Tagesbedarf können frei im Lager oder im Verkaufsraum aufbewahrt werden.

Wareneingang

Der Wareneingang sollte eine separate Abstellfläche haben, ebenso der Versand. Das Wareneingangstor sollte 2,5 bis 3,5 m breit und ca. 3 m hoch sein. Ein Vordach außen mit einer Tiefe von 4 bis 5 m bietet Schutz gegen Witterungseinflüsse. Außen ist ausreichend Platz zum Verladen vorzusehen. Das Hineinfahren von LKWs in das Lager ist zu vermeiden. Im Normalfall ist das ebenerdige Verladen auf dem Hof ausreichend und gut durchführbar. Für Großbetriebe ist eine Rampe empfehlenswert. Für das Ent- und Beladen von Großmengen sind, sofern LKWs keine Ladebühnen haben, auch Gabelhochhubwagen oder Stapler gut geeignet.

Versand

Die Anzahl der Tore richtet sich nach der Anzahl der Auslieferrouten bzw. den unterschiedlichen Versandarten mit größeren Mengen an auszuliefernden Sendungen. Größe der Tore: 1,5 bis 2,5 m breit und 2,5 m hoch. Außen sollte ein Vordach mit einer Tiefe von 4 bis 5 m vorgesehen werden. Die Tore können innen zusätzlich mit Plastikpendeltoren versehen werden, um das Eindringen von Kaltluft zu reduzieren.

Nachtanlieferung

Die Größe des Raumes richtet sich nach der Anliefermenge, ca. 3 bis 8 m². Der Raum darf keinen Zugang zum Lager haben. Er muß auch nachts, wenn eventuelle Hoftore geschlossen sind, gut erreichbar sein. Dies ist möglich, wenn

- dieser Raum an einer von außen erreichbaren Wand angeordnet ist,
- wenn der Raum vom Hof aus erreichbar ist und
- wenn bei Vorhandensein eines Hoftores die anliefernden Spediteure Schlüssel vom Hoftor haben,
- wenn als Raum eine Nachtanlieferungs-Box neben dem Hoftor aufgestellt wird.

Anordnung des Verkaufsraumes

Der Verkaufsraum ist, gut erreichbar für die Kunden, möglichst an der Vorderfront des Gebäudes anzuordnen. Von der Bedienungstheke aus sollten die gängigsten Warengruppen im Lager schnell erreichbar sein. Größe und Ausstattung richten sich nach Anzahl und Art der Kunden (gewerbliche Kunden/Privatkunden). Wichtig ist auch die Nähe zum Verkaufsbüro oder zum Versand, damit ein flexibler Mitarbeitereinsatz entsprechend der unterschiedlichen Kundenfrequenz möglich ist.

Gestaltung der Lagereinrichtung

Gestaltung des Lagers

Die Fachbodenregalanlage sollte als selbsttragende Stahlkonstruktion mit zwei Etagen ausgeführt sein. Bei knapper Grundfläche oder bei einer erforderlichen Grundfläche von mehr als 800 m² ist auch eine dritte Etage eine sinnvolle Alternative. Treppen zu den oberen Etagen sind nicht im Gebäude, sondern als Bestandteil der Regalanlage einzurichten.

Eine Bauweise der Etagen in Beton mit frei darauf aufgestellten Regalen ist nicht empfehlenswert. Dies würde wesentlich mehr umbauten Raum erfordern, auch eine größere Gebäudehöhe, die Transporte erschweren und insgesamt höhere Kosten für das Gebäude verursachen.

Generell gilt, daß Bauen in die Tiefe (Keller) teurer ist als Bauen in die Höhe. Innerhalb der Lagerfläche sollten möglichst wenig Gebäudestützen vorhanden sein. Stahlstützen erfordern weniger Platz als Betonstützen.

Lichte Raumhöhe im Lager

Die lichte Raumhöhe ergibt sich wie folgt aus der Höhe der Fachbodenregalanlage:

	bei zwei Etagen	bei drei Etagen
Regalhöhe in EG	2,5 m (2,2 m)	2,5 m (2,2 m)
Regalhöhe im 1. OG	2,2 m	2,2 m
Regalhöhe im 2. OG		2,2 m
Regalhöhe gesamt	4,7 m	6,9 m
Sicherheitsabstand bis UK-Binder	0,1 m	0,1 m
Lichte Raumhöhe mindestens	4,8 m	7,0 m

Raumhöhen von 3 bis 4 m sind ungünstig, da eine spätere Aufstockung auf 2 Etagen nicht möglich ist, ebenso Höhen von ca. 6 m, da bei der Regalanlage in 2 Etagen oben freier Raum übrig bleibt, der jedoch für eine dritte Etage nicht genutzt werden kann. Die Höhe der Palettenregale ist auf die Höhe der Fachbodenregalanlage bzw. auf die Hallenhöhe abzustimmen.

Reserven, Erweiterungen

Neubauten werden nicht nur für den augenblicklichen Bedarf, sondern für den Bedarf in den nächsten Jahren errichtet und dimensioniert. Dabei ist zu bedenken:

- Werden die Reserven innerhalb des Neubaus zu klein gewählt und ergeben sich daraus unter Umständen mehrere kleine Erweiterungen, so ist das Bauen insgesamt teurer im Vergleich zu größeren Bauabschnitten.
- Werden die Reserven zu groß dimensioniert, entstehen aus den erhöhten Baukosten Abschreibungen und sonstige laufende Kosten, denen zunächst keine Erträge gegenüberstehen. Das drückt die Rentabilität des Unternehmens.

> Dimensionieren Sie daher die Reserven für den Bedarf der nächsten 5 bis 6 Jahre. Dabei ist in den Bedarfsberechnungen darauf zu achten, daß Zuschläge für die gleichen Bestände nicht mehrfach vorgenommen werden.

Läßt sich die Entwicklung der Lagerbestände für die nächsten Jahre noch nicht genau genug umreißen, sollten Sie die Regalanlage nur für die nächsten 2 bis 3 Jahre dimensionieren und einen Teil der Grundfläche in der Halle freilassen. Dann können später die tatsächlich benötigten Regale angeschafft und aufgestellt werden.

Als Erweiterung für das Gebäude, insbesondere für das Lager, ist eine Vergrößerung von 50 bis 100 Prozent der Ausgangsfläche zu berücksichtigen. Die Erweiterungen sollten an solchen Stellen eingeplant werden, an denen keine Änderungen am Gebäude oder verlorene Bauaufwendungen entstehen.

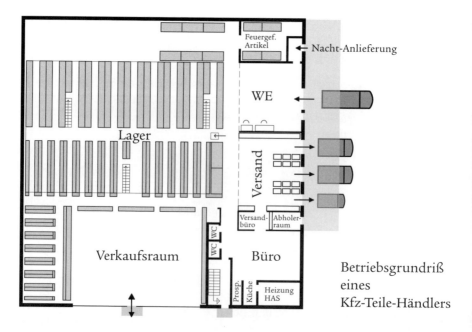

Betriebsgrundriß eines Kfz-Teile-Händlers

Lagereinrichtung

Regaltypen

Folgende Punkte sind bei der Auswahl der Regale wichtig:

- Stecksysteme ergeben eine große Flexibilität im Lager. Die Fachböden und alle anderen Regaleinbauten können schnell und mit geringem Arbeitsaufwand versetzt werden.

- Wenn Regalanlagen später aufgestockt werden sollen, sind die unten stehenden Regalständer so stabil auszulegen, daß dieses Aufstocken später ohne zusätzliche Verstärkungen möglich ist.

- Bei den Regalzeilen besteht das erste Regalfeld (Grundfeld) aus zwei Ständern. Für jedes weitere Anbaufeld ist jeweils nur ein zusätzlicher Ständer erforderlich.

- Seiten- und Rückwände sind nur dort zweckmäßig, wo die Wände wirklich benötigt werden, z. B. für Schüttgut in größeren Mengen.

- Doppelregale sind mit einer Mittelstütze auszuführen. Sie können auch aus zwei hintereinander stehenden Regalen gebildet werden. Ungünstig ist es, wenn Doppelregale aus doppelt tiefen Einzelregalen gebildet werden. Dies erschwert das Versetzen von Fachböden, da hierbei jeweils auch gleichzeitig die andere Regalseite davon betroffen ist, was in den meisten Fällen nicht erwünscht wird. Dadurch unterbleibt meist das Versetzen von Fachböden, um den Platz im Regal bestmöglich zu nutzen.

- Für Kleinst- und Kleinteile in geringen Mengen sind Lagerbehälter günstig. Die Lagerbehälter sollten die gleiche Länge haben wie die Regaltiefe und eine einheitliche Höhe. Die Breite sollte so gewählt sein, daß die Feldbreite im Regal gut genutzt ist. Die Lagerbehälter sollten in der Tiefe durch Stecktrennwände 6- bis 8fach unterteilbar sein.

Lager-/Kommissioniersystem

Erste Überlegungen bei Neubauten gelten meist dem zukünftigen Lager- und Kommissioniersystem. Für kleine und mittlere Handelsunternehmen sind nach wie vor konventionelle Regalsysteme günstig, bestehend aus:

- Fachbodenregalen in 2 bis 3 Etagen,
- Palettenregalen mit Höhen von 5 bis 7 m,
- Spezialregale für sperrige Artikel oder Artikel mit besonderen Anforderungen,
- Bodenlagerung für Saison- und Aktionsware sowie große schwere Artikel.

Bei diesen Regalanlagen sind zur Verkürzung der manuellen Wege und der Rationalisierung Förderanlagen gut geeignet.

Weitere gebräuchliche Lager-/Kommissioniersysteme:

Lager-/Kommissioniersystem	Geeignet bei / zu beachten
Hochregale mit Bedienung durch am Boden oder auf Schienen fahrenden Geräte, Höhen 6 –10 m, bei großen Beständen auch höher	wenig Sofortentnahmen z. B. für Abholerkunden, Zeit erforderlich für Planung der wegeminimierten Entnahme
Paternosterregale	für Kleinteile mit hoher Zugriffshäufigkeit
Durchlaufregale	für schmales Sortiment mit sehr hohem Umschlag
Karussellanlagen	für kleine und mittelgroße Teile mit hoher Zugriffshäufigkeit
Automatisches Kleinteile-Lager (AKL)	für breites Sortiment mit mittlerer bis hoher Zugriffshäufigkeit

Logistik und Gebäudeplanung | 247

> Bei den automatisierten Lager- und Kommissioniersystemen ergeben sich kürzere Kommissionierzeiten und damit niedrigere Personalkosten. Dem stehen höhere Investitionen sowie das Problem einer guten Auslastung gegenüber.

Auch bei konventionellen Lager- und Kommissioniersystemen lassen sich maßgeschneiderte Systeme mit hohen Leistungen schaffen durch:
- Auswahl der am besten geeigneten Regaltypen,
- günstige Regalaufstellung,
- Planung der Kommissionierwege und des Kommissionierablaufs,
- Zuordnung der Lagerplatz-Nummern auf die Regale entsprechend dem Kommissionierweg,
- Zuordnung der Warengruppen auf die Regale unter Berücksichtigung der Zugriffshäufigkeit,
- Einsatz von Förderanlagen,
- EDV-Unterstützung in Form von Kommissionierbelegen zur Wege-Minimierung.

Die wesentlichen Faktoren bei der Auswahl der Regaltypen sind:
- die Abmessungen der einzelnen Artikel,
- die Abmessungen der Lagermenge pro Artikel,
- die Beschaffenheit der Artikel
  (z. B. Stapelbarkeit, Empfindlichkeit, Gewicht).

Aus der Zugriffshäufigkeit zu den Artikeln/Artikelgruppen ergeben sich Überlegungen zum Kommissioniersystem und zur Anordnung der Regale im Lager.

Bühnen

Als Bühnenboden eignen sich Holzböden und Gitterroste. Holzböden sind preiswerter und lassen sich besser befahren. Gitterroste sind günstig für die Heizung bzw. Luftumwälzung und für das Licht. Empfehlung:

- In den Hauptgängen und an Übergabestellen sollten Sie Holzplatten vorsehen mit einer Tragfähigkeit von 500 kg/m².
- In den Nebengängen sind Gitterroste wichtig mit einer Tragfähigkeit von 250 kg/m².
- Treppen sind in die Regalanlage zu integrieren und so anzuordnen, daß vom Versand, Wareneingang und Verkaufsraum kurze Wege in die Obergeschosse entstehen. Treppenbreite 0,8 bis 1,0 m.

Sicherheitsmaßnahmen für die Regalanlage

Maßgeblich für die Ausführung der Regalanlage sind die „Richtlinien für Lagereinrichtungen und -geräte", ZH 1/428, RAL 613/614 sowie die allgemein anerkannten Regeln der Technik wie DIN, VDE u.ä. Aus diesen Richtlinien ergeben sich u.a. folgende Maßnahmen bei der Ausführung der Regalanlage:

- Auf Bühnen stehende Regale (grundsätzlich alle Regale oberhalb von 2,0 m) sind an den Außenseiten der Bühne mit Wänden oder engmaschigen Gittern zu versehen, und zwar gegen das Herausfallen von Ware, sofern an diesen Stellen Gänge sind.
- Äußere Palettenregalständer sollten 0,5 m höher als die oberste Palettenebene sein.
- Über Durchgängen durch die Palettenregale sind Gitter anzuordnen.
- An gefährdeten Regalen sollte ein Anfahrschutz angebracht sein.

Licht in der Regalanlage

Natürliches Licht gelangt über Lichtkuppeln oder Lichtbänder in die Regalanlage. Es kostet nichts, mit Ausnahme der Anschaffungskosten für die Lichtkuppeln. Nachteilig ist, daß durch das Licht verschiedene Materialien schneller altern (z. B. Gummi) sowie Ware und Verpackungen schneller verblassen. Deshalb sollten nicht mehr Lichtkuppeln als notwendig in das Dach eingebaut werden.

Bei elektrischem Licht sind die Richtlinien vom Hauptverband der gewerblichen Berufsgenossenschaften zu beachten:

- Lichtstärke mind. 100 Lux in Höhe von 0,85 m über dem Boden. Bei höheren Ansprüchen wie Leseaufgaben und Kleinteilelagerung sind 200 Lux erforderlich.
- Für diese Lichtstärke sind Leuchtstoffröhren gut geeignet, die alle 2,0 m in den Gängen längs oder quer auf jeder Etage angebracht werden.

Regalanordnung der Hauptgänge

Die Hauptgänge sind so anzuordnen, daß zwischen Lager, Wareneingang, Versand und Verkaufsraum die Transporte gut durchführbar sind und daß die Regalzeilen nicht zu lang werden. Priorität haben Gänge zu Bereichen mit der höchsten Transportfrequenz. Dies ist meistens der Versand. Die Regalzeilen werden dann im rechten Winkel zum Hauptgang aufgestellt. Breite der Hauptgänge bei manuellen Transporten 1,5 bis 2,0 m, bei Staplertransport 2,5 m und mehr.

Nebengänge

Die Nebengangbreite orientiert sich an der Regaltiefe und teilweise an der Entnahmehäufigkeit. Wichtige Gesichtspunkte bei der Auslegung sind hierbei eine gute Raumnutzung sowie eine gute Bedienbarkeit der Regale.

Anordnung der Regale im Lager

Um kurze Wege im Lager und eine optimale Grundflächennutzung zu erhalten, ist folgendes zu beachten:
- Regale mit hoher Zugriffshäufigkeit sind in unmittelbarer Nähe zum Abgangsbereich, z. B. dem Versand oder dem Verkaufsraum anzuordnen.
- An den Außenseiten des Lagers sind Einzelregale, im Inneren des Lagers Doppelregale anzuordnen, die beidseits der Nebengänge liegen.
- Die beidseits der Nebengänge angeordneten Regale sollten die gleiche Tiefe und damit auch den gleichen Gangbreitenbedarf haben. Sonst müssen die Gänge nach der größeren Regaltiefe ausgelegt werden. Dies ergibt dann einen größeren Flächenbedarf.

- Günstige Regallängen bei den Fachbodenregalen sind 5 bis 8 m. Quergänge an den Außenseiten sind zu vermeiden. Bei sehr langen Regalzeilen sind zwischendurch schmale Quergänge vorzusehen.
- Eventuelle Gebäudestützen sollten sich innerhalb von Regalzeilen befinden, nicht in den Gängen.
- Bei Regalanlagen mit 2 oder 3 Etagen sind Regale gleicher Tiefe möglichst übereinander anzuordnen. Dann können die Regalständer auch durchgängig vom EG bis zum 1./2. OG gebaut werden.
- Um möglichst viele kurze Wege zu erzielen, kann es vorteilhaft sein, nicht alle Regale mit gleicher Tiefe übereinander anzuordnen, sondern in Teilbereichen im EG zusätzlich Regale mit Artikeln hoher Zugriffshäufigkeit vorzusehen.

Lagerorganisation

> Die wichtigsten Anforderungen an das Lager und die Lagerorganisation sind:
> - Übersicht und Ordnung,
> - schnelles Finden der benötigten Artikel,
> - direkter Zugriff auf die Ware,
> - kompakte Lagerung,
> - hohe Sicherheit.

Damit trägt die Lagerorganisation wesentlich zum rationellen Arbeiten im Lager bei.

Fallbeispiel für eine Neubauplanung

Die erfolgreiche Geschäftspolitik eines Handelsunternehmens in Mühldorf führte zu einem Umsatzwachstum über viele Jahre und eine starke Zunahme der Lagerbestände. Dadurch entstand Platzmangel im Lager, aber auch in allen anderen Bereichen. Eine Betriebserweiterung war nicht mehr möglich. Deshalb wurde ein neues Grundstück gekauft. Nach grober Ermittlung der erforderli-

Logistik und Gebäudeplanung | 251

chen Größenordnung für den Neubau wurde vom Architekten eine erste Bebauungsidee aufgestellt.

Aus Sicherheitsgründen wurde außerdem ein Logistik-Planungsbüro zur Durchführung einer Betriebs-/Bedarfsanalyse und der Neubau-Konzeptplanung hinzugezogen. Das erste Konzept basierte auf den vorliegenden Entwürfen des Architekten, und es entstand eine funktionsgerechte Lösung mit repräsentativem Aussehen.

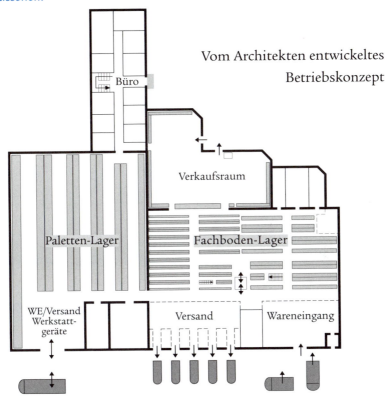

Vom Architekten entwickeltes Betriebskonzept

Zusätzlich wurde vom Planungsbüro eine Alternative in einer kompakteren kostensparenden Bauweise entwickelt, die gleichfalls günstige Betriebsabläufe und eine gleichgroße Lagerkapazität vorsah. Die Kosten für die gleichwertige Alternativlösung lagen nach Schätzung des Architekten um 750.000 DM niedriger als beim ersten Konzept.

Vom Logistik-Planungsbüro entwickeltes Alternativ-Konzept

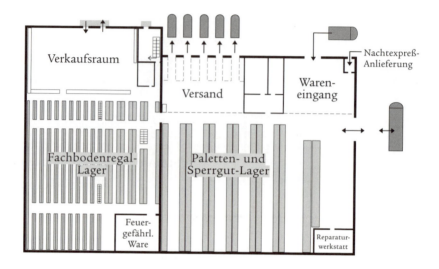

> Es empfiehlt sich, aus Gründen einer möglicherweise *ganz erheblichen Kostenersparnis* mehrere *alternative* Betriebskonzepte entwickeln zu lassen und neben Architekten z. B. auch Logistik-Planungsbüros einzuschalten. Die Entwicklung von verschiedenen Alternativlösungen dient ebenfalls dazu, die funktionale Gestaltung des/der Konzepte weiter zu *verbessern* und die Bausubstanz zu reduzieren.

Der Vorteil dieser Vorgehensweise besteht darin, daß Sie einen wesentlich höheren Nutzen aus dem Neubau ziehen und außerdem die Baukosten minimieren.

> Deshalb der *strategische Tip*: Die Konzeptplanung hat mit einem Anteil von 80 Prozent die größten Auswirkungen auf den späteren Erfolg. Der Planungskosten-Anteil dafür liegt jedoch nur bei ca. 20 Prozent. Es lohnt sich also, sich voll auf gute Lösungen bei der Konzeptplanung zu konzentrieren und hier nicht an Planungskosten zu sparen.

Ablauf einer Neubauplanung

Planungsgrundsätze

In der Praxis haben sich die folgenden Planungsgrundsätze sehr bewährt:
- ganzheitliche Planung,
- von innen nach außen,
- in mehreren Schritten,
- mit der Aufstellung von Alternativen.

> Dies bedeutet: Zuerst sollten Sie ganzheitlich das Innenleben und die optimalen Betriebsabläufe nach Ihren individuellen Erfordernissen gestalten (Lager, Warenfluß/Transporte, Arbeitsabläufe, Organisation und Informationsfluß), und zwar auf der Basis einer Betriebsanalyse, und dann sollten Sie das zweckmäßigste Gebäude drumherum planen.

Die vier Hauptschritte einer Planung sind:
- die Betriebsanalyse,
- die Erstellung von Planungsdaten, und zwar bedarfs- und zukunftsorientiert,
- die Konzeptplanung/Systemfindung für das Lager mit Vergleich der Alternativen,
- die Detailplanung und das Erstellen von Ausschreibungsunterlagen.

Die funktionsgerechte Anordnung der einzelnen Bereiche zueinander ergibt kurze Wege und rationelle Arbeitsabläufe. Eine kompakte Bauweise mit möglichst wenig umbautem Raum verursacht niedrige Baukosten. Das kundenfreundliche Aussehen des Gebäudes und die absatzfördernde Verkaufsraum-Gestaltung fördern hohe Umsätze mit Abholerkunden (sofern erwünscht).

Die am *Anfang* einer Planung getroffenen Entscheidungen (Aufstellen der Planungsdaten, Gebäudegestaltung, Grundstücksbebauung) haben einen sehr großen Einfluß auf das Gesamtkonzept und dessen Erfolg. Nachfolgende Entscheidungen bringen in der Regel nur noch Verbesserungen im *Detail*. Ungünstige generelle Festlegungen am Anfang der Planung können durch nachfolgende bessere Erkenntnisse meist nicht mehr korrigiert werden – z. B. eine Mauer an der falschen Stelle, wenn zunächst nur die Gebäudeplanung und erst später die Lagereinrichtungsplanung aufgestellt wird.

> Durch eine schrittweise und gründliche Konzept-Planung gewinnen Sie dreifach:
> 1. einen gutgestalteten Neubau mit rationellen Betriebsabläufen,
> 2. möglicherweise mehrere 100.000 DM niedrigere Baukosten,
> 3. mehr Zeit für Ihr Tagesgeschäft, da systematisch vorgegangen wird und später kaum Berichtigungen vorzunehmen sind.

Ermittlung des Regalbedarfs

Als erstes sind Regaltypen festzulegen, in denen die Lagerbestände in Zukunft zu lagern sind. Damit ist noch keine Festlegung über das Lager-/Kommissioniersystem verbunden, sondern lediglich eine Strukturierung der Bestände. *Als zweites* sind die vorhandenen Lagerbestände zu erfassen, auf das Planungsziel hochzurechnen und den Regaltypen zuzuordnen. Wenn die jetzigen Regaltypen weitgehend die gleichen sind wie die im Neubau vorgesehenen, so ist die Ermittlung schnell durchgeführt. Bei vielen Veränderungen zwischen der jetzigen Lagerung und den neuen Regaltypen ist die Erfassung und Hochrechnung mittels einer Liste empfehlenswert. *Drittens* sind die zukünftigen Regallängen für jeden Regaltyp bzw. die Anzahl der Palettenplätze zu errechnen.

Die Berechnung des Grundflächenbedarfs für die Regale setzt voraus, daß das Lager-/Kommissioniersystem grundsätzlich umrissen ist. Aus den Einzelelementen des Systems und dessen Flächenbedarf läßt sich dann der Flächenbedarf für das gesamte Lager ermitteln. Auch für alle anderen Bereiche des Betriebes ist der Flächenbedarf zu ermitteln.

Flächenbedarf für das Gebäude und das Grundstück

Die nachfolgende Checkliste bietet einen Überblick über die Bereiche, die oft eingeplant werden müssen. Sie ist entsprechend den firmenspezifischen Anforderungen zu verändern und zu ergänzen. Der ermittelte Flächenbedarf ist gleichzeitig der entsprechenden Gebäudeebene zuzuordnen, wo der Bereich bzw. Raum eingeplant werden soll. Aus der Summe der EG-Flächen ergibt sich der Grundflächenbedarf für das Gebäude. Die Daten sind gleichzeitig so strukturiert, daß sich anhand dieser Werte die Neubauplanung gut durchführen läßt.

Das folgende Beispiel zeigt die Planung des Grundstücksbedarfs:

Errechnete Brutto-Gebäudefläche	1.600 m²
Gebäudeerweiterung 50 %	800 m²
Gesamtbebauung	2.400 m²
Grundstücksbedarf einschließlich Außenflächen bei einer Bebauung von 50 %	4.800 m²

Wichtige Faktoren für ein neues Grundstück

- Verkehrslage: Wie gut erreichbar für Abholerkunden und Mitarbeiter? Wie stark ist der Verkehr auf den Zubringerstraßen, gibt es dadurch evtl. Zeitverzögerungen für Kunden und eigene Auslieferfahrzeuge? Welche Werbewirkung ergibt sich an diesem Standort?
- Entfernung des neuen Standortes vom jetzigen Standort: Bei größerer Entfernung: Wie viele Abholerkunden könnten verlorengehen? Wie viele neue Abholerkunden könnten gewonnen werden?
- Grundstücksformen vom Quadrat bis zum Rechteck mit Seitenlängen im Verhältnis 2 : 3 bieten gute Voraussetzungen für optimale Gebäudekonzepte.
- Bodenbeschaffenheit: Baugrund tragfähig? Welche Höhenunterschiede? Umweltbelastung aus früherer Nutzung z. B. durch Öl, Chemikalien?

Tabelle mit Flächenbedarf für den Betrieb (Raumprogramm)

Bereichs- bzw. Raumbezeichnung	Fläche Ist	Flächenbedarf mit Zuordnung auf			Hinweise
		EG	1./2. OG	Hof	
Lagerbereich Fachbodenregale Palettenregale usw.					
Zwischensumme					
Abstell-/Arbeitsflächen Wareneingang Versand usw.					
Zwischensumme					
Verkaufsraum					
Werkstatt					
Bürobereich Verkauf Einkauf usw.					
Zwischensumme					
Sozialräume Pausenraum Umkleide-/Waschräume usw.					
Zwischensumme					
Sonstige Bereiche Parkplätze Abstellplatz, Altmaterialien usw.					
Zwischensumme					
Netto-Fläche gesamt					
Brutto-Fläche: + 5 % für Wände, Stützen					

- Bebaubarkeit: Welche Einschränkungen gibt es durch Baugrenzen, Sichtlinien, max. Bebauung (GFZ = Grundflächenzahl) der Grundfläche und in der Höhe, evtl. Vorgaben für Zufahrten von der Straße, sonstige Auflagen.

Kosten eines Neubaus

Bei allen Bauvorhaben besteht die Notwendigkeit, in einem möglichst frühen Planungsstadium über die Kosten des Neubaus einigermaßen zuverlässige Werte zu erhalten. Erreichbar ist dies, indem anhand der Planungsdaten und aktueller Einheitswerte (Erfahrungswerte) Kostenschätzungen aufgestellt werden. Eine Neubau-Konzeptplanung ist dafür noch nicht erforderlich.

Anhand der Kostenschätzung ist folgendes durchführbar:
- Gespräche mit Banken, Aufstellen von Finanzierungsmodellen und Ermittlung der Kosten daraus, wobei die Verwertung vorhandener Immobilien (Verkauf, Vermietung) und die Verwendung der Erlöse daraus mit einbezogen werden sollten. Was geschieht mit bestehenden Darlehen?
- Durchführung von Wirtschaftlichkeits- und Liquiditätsberechnungen für die Zukunft.
- Gezielte Beschaffung eines passenden Grundstücks, alternativ Kauf eines bestehenden Gebäudes.

> Durch Kostenschätzungen und die sich daraus ergebenden Möglichkeiten können frühzeitig Korrekturen am Konzept vorgenommen werden, wenn sich ungünstige Werte aus der Wirtschaftlichkeitsberechnung ergeben – und zwar *bevor* größere Aufwendungen an Zeit und Kosten für eine undurchführbare Planung entstehen.

Bezeichnung	Fläche/ Ausgangswert	Preis min.	Preis max.	Kosten min.	Kosten max.
Gebäudekosten Lager WE, Versand Verkaufsraum Werkstatt Büro Sozialräume					
Zwischensumme					
Außenanlagen Befestigte Flächen Grünflächen Zaun, Hoftor u.ä.					
Zwischensumme					
Zwischensumme Gebäude + Außenanlagen					
Grundstück Grundstück Erschließung Anschlüsse W. K. St. Tel.					
Zwischensumme					
Baunebenkosten Honorare Genehmigungen					
Zwischensumme					
Ausstattung Regale Stapler, Förderer Sonst. im Lager Verkaufsraum Werkstatt Büro Technik (EDV, Tel. u.ä.) Alarmanl., Brandmelder					
Zwischensumme					
Gesamtsumme					

Checkliste Neubaukosten

Die nebenstehende Checkliste ist sehr grob gegliedert, enthält aber alle Hauptpositionen und ergibt dadurch einen guten Gesamtüberblick. Bei den Einheitspreisen sind Minimal- und Maximalwerte anzugeben, die zu minimalen und maximalen Kosten führen. Dies schafft Handlungs- und Entscheidungsspielraum.

Strategische Konzeptplanung

> Eine strategische Konzeptplanung ist der wichtigste Teil der Planung, auch wenn er nur 10 bis 20 Prozent vom gesamten Planungsumfang ausmacht. Die hierbei getroffenen Festlegungen bestimmen Größe und Art des Bauvorhabens und damit die Höhe der Investitionskosten sowie die bedarfsgerechte Gestaltung. Und dies ist eine wichtige Basis für rationelle Betriebsabläufe. Ausgefeilte Konzepte erfordern ein intensives Hineindenken, einiges an Erfahrung und volle Konzentration auf die angestrebten Ziele.

In eine erste gute funktionelle Lösung sollten direkt auch bauliche Aspekte mit einfließen, z. B. die Anordnung auf dem Grundstück, sofern dies schon vorhanden ist, Bauraster, Zufahrt zum Grundstück, spätere Erweiterungen u. ä. Bei umfangreicheren oder schwierigeren Kommissionier- und Lagersystemen sind vorab Untersuchungen und das Aufstellen von Skizzen über deren Gestaltung zweckmäßig.

Literatur

Gläser Erhard F.: „In die Zukunft geplant." In: AMZ-auto motor zubehör 6/93, Seite 77 f.

Gläser Erhard F.: „Logistik par excellence, für das Jahr 2000 gerüstet."
  In: Technischer Handel 4/89, Seite 133 ff.

Image und Farbe –
Mit sinnvoller Farbigkeit von Gebäuden zum Unternehmenserfolg

Alfred Schleicher

Michael A. Roth ist ein bekannter Teppichhändler, der in Nürnberg das größte Orientteppichlager Europas vorweisen kann. In über 120 Filialen werden ARO-Teppiche verkauft. Zumeist dienen dazu angemietete Verkaufshallen, die zweckmäßig aussehen und dem Kunden schon äußerlich visualisieren, daß es hier preiswerte Ware gibt.

In seiner Heimat Kitzingen wollte Roth ein besonderes Zeichen setzen und beauftragte ein Architekturbüro, das Teppichhaus ARO architektonisch zu gestalten. Außerdem wurde ein Farbdesigner hinzugezogen.  *Architekt und Farbdesigner schufen gemeinsam eine Teppichhalle, die das Unternehmen in Form und Farbe visualisiert.*

Bereits im ersten Quartal stieg der Umsatz in diesem Gebäude um über 300 Prozent, da das äußere Erscheinungsbild des Unternehmens an Attraktivität und Qualität deutlich gewonnen hatte. Bald kamen auch neue Käufer-Zielgruppen hinzu.

Der Teppichhandel von außen: Die farbliche und architektonische Gestaltung signalisiert „preiswerte und qualitätsbewußte Ware".

Die Bedeutung der Farbe

Für den Erfolg (oder Mißerfolg) einer Immobilie, eines Produktes oder einer Dienstleistung sind eine Reihe von Faktoren verantwortlich: Neben Kundennutzen, Preis, Marktbedarf und Kundenservice ist heute auch mehr und mehr *die Farbe* als sichtbarer Teil des äußeren Erscheinungsbildes maßgeblich.

Die farbliche Gestaltung sollte Antwort sein auf die Fragen des Unternehmens:
- Wer sind wir – für uns selbst und in den Augen anderer?
- Wie wollen wir und unsere Produkte oder Dienstleistungen wahrgenommen werden?

Mit anderen Worten: Die Farbe hat zu tun mit der *Identität* des Unternehmens, mit der *Corporate Identity*, mit dem *Corporate Design* und mit dem äußeren Erscheinungsbild.

Logistik und Gebäudeplanung | 263

> Wirtschaftsgebäude können durch Farbe eine eindeutige Firmenidentität erhalten und nach außen darstellen. Dies trägt nicht nur zur Wahrnehmung bei der Zielgruppe, den Käufern, bei, sondern steigert auch den Imagewert des Gebäudes, der beim Verkauf bis zu 50 Prozent des Verkehrswertes ausmachen kann.

Wenn ein Gebäude von außen farbig neu gestaltet wird, so verhilft ihm dies zu einer neuen Identität, ganz gleich ob es sich um ein Wohngebäude, um ein Industrie- oder ein öffentliches Gebäude handelt. Selbstverständlich sollte die Identität je nach Zweck des Gebäudes verschieden sein, da ein Wohngebäude z. B. andere Funktionen erfüllt als ein Industriegebäude.

Alle Unternehmen, die mit der Herstellung von Waren beschäftigt sind, aber auch Handwerker, Wohnungsbaugesellschaften, Industriebetriebe usw. visualisieren *Erscheinungsbilder*, oft ohne sich dessen bewußt zu sein. Ohne kundenorientiertes, gezieltes Marketing sind heute keine Erfolge mehr zu erzielen – und Marketing ist ohne „Imagepflege" nicht möglich. Dazu gehört in erster Linie das äußere Erscheinungsbild.

Wichtig ist vor allem, daß eine sinnvoll eingesetzte Farbigkeit geplant wird. Farbe wirkt immer „vordergründig", da wir vor der Form zuerst die Farbe sehen. Schon wenn der Maurer einen Kalksandstein mauert, der Gärtner einen Baum pflanzt oder der Architekt eine kühne Betonkonstruktion plant, betreiben sie, vielleicht ungewollt, Farbgestaltung.

> Farbe ist nicht nur „Anstrich", da alle Werkstoffe vordergründig „Farbe" haben. Weil diese Farbe unsere Empfindungen und das Unterbewußtsein ansteuert, ist sie immer ein *Einflußfaktor*, der unterschwellig z. B. auch Kaufentscheidungen lenkt.

Innerbetrieblich ist die Motivation der Mitarbeiter das wichtigste, um einen Betrieb mit geringstmöglichen Störungen arbeiten zu lassen. Dazu gehört auch ein ansprechendes Arbeitsumfeld, in dem die Farbe ein wichtiger Bestandteil ist.

Die Identität des Unternehmens

Die Identität, die *Corporate Identity*, eines Unternehmens trägt wesentlich zur Mitarbeitermotivation und zum Selbstbewußtsein eines jeden Mitarbeiters bei.

Identität entsteht in der Beziehung zwischen innen und außen, während Selbstbewußtsein nur von innen kommt. Dieses verständliche Selbstbewußtsein wird jedoch durch die richtige Identität eines Unternehmens gestärkt.

> In der Kommunikation eines Unternehmens ist die Identität die Summe von Kennzeichen, die das Unternehmen beschreibbar und exakt unterscheidbar macht.

Gestalterisch gehören zur Identität – neben der äußeren und inneren Farbgebung von Firmengebäuden – natürlich auch
- die Beschaffenheit des Firmenlogos (auf Drucksachen, Visitenkarten, Werbeunterlagen),
- die Gestaltung von Produkten (Verpackung, Form) sowie
- die architektonische Bauform mit ihrer symbolischen Aussage (Fassadengestaltung, Beschriftung, Wahl der Baumaterialien und Anordnung der Bauelemente).

Alle diese Elemente müssen in einer harmonischen Einheit zueinander stehen bzw. eine kongruente Botschaft kommunizieren. Sie dürfen sich also nicht gegenseitig widersprechen, um nicht Irritationen in der Wahrnehmung von Käufern, Mitarbeitern, Geldgebern usw. auszulösen.

Logistik und Gebäudeplanung | 265

Checkliste für die Gestaltung von Industriegebäuden

Für die Außengestaltung eines Unternehmensgebäudes ist folgende Checkliste hilfreich:

1	Wie ist das Corporate Design des Unternehmens?
2	Welche Funktion hat das Gebäude?
3	Welche Tätigkeiten werden in den Gebäuden durchgeführt?
4	Welche Personen führen diese Tätigkeit aus?
5	Welche Produkte werden für die Außengestaltung eingesetzt?
6	Wie wird der natürliche und künstliche Lichteinfall beeinflußt?
7	Welche Normen sind für die „Hausfarben" vorgesehen oder vorgegeben?
8	Welche Bedeutung hat die Farbe als ordnendes und strukturierendes Mittel?
9	Welche Bedeutung hat die Architektur als ordnendes und strukturierendes Mittel?
10	Sind eher beruhigende oder eher anregende Farben zweckmäßig?
11	Stehen für das Unternehmen ästhetische oder praktische Gesichtspunkte im Vordergrund?
12	Welche Produkte werden in dem Gebäude hergestellt?
13	Welche Zielgruppe benötigt das/die Produkt(e)?
14	Wer sind die Hauptabnehmer des/der Produkte(s)?
15	Welche bauphysikalischen Gegebenheiten sind zu berücksichtigen?
16	Wie kann man mit farblich-gestalterischen Mitteln die Gebäudeproportionen verändern?
17	Was ergibt sich daraus?
18	Wie ist die neue Wirkung?
19	Wie sind die Wirkungspolaritäten des Gebäudes oder der Gebäudeteile heute (Ist-Zustand)?
20	Welche psychologischen Wirkungspolaritäten sind erwünscht bzw. ergeben sich aus den genannten Kriterien (Soll-Zustand)?

Bei einer Gestaltung von Industriegebäuden geht der Farbdesigner die Liste mit dem Bauherrn bzw. Auftraggeber durch, wobei Punkt 16 ganz besondere Beachtung verdient. Dabei ergibt sich die Frage: Wie lassen sich die psychologischen Wirkungspolaritäten erfassen und erkennen?

Dazu entwickelten wir im letzten Jahr das sogenannte *Identitätsprofil*, in dem wir Wirkungspolaritäten einander gegenüberstellen. Dieses Identitätsprofil ermöglicht einerseits einen Soll-Ist-Vergleich zwischen dem „alten" Industriegebäude und der gewünschten Identitätswirkung; und andererseits einen Soll-Ist-Vergleich zwischen der angestrebten Identität und unserem Gestaltungsentwurf. Somit ist das Identitätsprofil ein sehr wirkungsvolles Kontroll- und Feedbackinstrument, um Gestaltungsdefizite zu ermitteln und Korrekturen im Sinne der erwünschten Identität vorzunehmen.

Identitätsprofil

Arbeitet man systematisch mit der Checkliste und dem Identitätsprofil, so können von vornherein einige Farbkombinationen ausgeschlossen werden, die aufgrund der gegebenen Kriterien nicht passen.

> Farbgestaltung ist nicht nur eine Sache des persönlichen Geschmacks, sondern auch das Ergebnis von detaillierten und systematisch erarbeiteten Kriterien.

Das Ergebnis einer entsprechenden Unternehmensberatung mit den detaillierten Erhebungen ergibt, verbunden mit der notwendigen künstlerischen Sensibilität, ein optimales Gesamtkunstwerk, dessen Wirkung mit den Unternehmenszielen harmonisch übereinstimmt.

Logistik und Gebäudeplanung | 267

Identitätsprofil

Wirkung	4	3	2	1	0	1	2	3	4	Wirkung
leicht										schwer
nah										fern
gediegen										oberflächlich
imposant										bescheiden
warm										kalt
sauber										schmutzig
fröhlich										traurig
lebhaft										ruhig
vertraut										fremdartig
luxuriös										bescheiden
vielfältig										eintönig
nüchtern										überladen
preiswert										teuer
hell										dunkel
dynamisch										statisch
farbig										farblos
modern										zeitlos
ungiftig										giftig
entgegenkommend										abweisend
großzügig										kleinlich
anregend										langweilig
aktiv										passiv
hart										weich
laut										leise
leicht										schwer
abwechslungsreich										eintönig
kultiviert										gewöhnlich

Objekt/Entwurf: _____   Soll-Zustand (Wirkung) _____
Name: _____   Ist-Zustand (Empfindung) _____
Datum: _____
© Farbatelier Schleicher

Varianten der begleitenden Farbgestaltung

Die Architektur eines Gebäudes ist zuerst das Ergebnis einer Zweckoptimierung, die entsprechend der Funktion entwickelt wurde (Form folgt der Funktion). Die äußere Gebäudehülle eines Unternehmens ist die Visitenkarte und das Identitätsmerkmal für Besucher. Außerdem dient es der Identifizierung und damit indirekt der Motivation der Mitarbeiter.

Die Farbgestaltung kann nicht unabhängig von der Architektur erfolgen, sondern muß mit ihr in Einklang stehen. Es gibt fünf Varianten der Farbgestaltung, von denen aber nicht alle gleichermaßen günstig sind.

1. Die „klassische" Architekturgestaltung

Die klassische Gestaltung benützt die Linienführung der Gebäudetektur unter Berücksichtigung des natürlichen und künstlichen Umfeldes. Die Farbigkeit ist unauffällig hell; die Firmenkennung erscheint lediglich durch entsprechende Beschriftungen, die man oft auch noch suchen muß.

Das Unternehmen gehört in diesem Fall zum „VAU", zum „Verband Anonymer Unternehmer". Die Chance, das Erscheinungsbild wie auch den tatsächlichen Wert der Immobilie durch sinnvolle Farbigkeit um mindestens 20 Prozent zu erhöhen, wurde vertan!

2. Die moderne High-Tech-Architekturgestaltung

Bei der technikorientierten Gestaltung wird bewußt die Technik in modernem Design zur Schau gestellt. Die Materialien stehen stellvertretend für die Farbe, kräftige Akzente in kühlen Farben zeigen „High-Tech". Da die Akzentfarben willkürlich gewählt sind, bleibt auch in diesem Fall das Unternehmen „anonym".

3. Architektur mit der Firmenfarbe

Solche Gebäude sieht man allerorten: Eine neue Firmenhalle wird hell (weiß, grau) gestrichen und alle Stahlelemente wie Fenster, Türen, Dachkanten, Jalousieverkleidungen erhalten die einheitliche Firmenfarbe. Dies hat meines Erachtens nichts mit Farbgestaltung zu tun, da auch hier die Farbe – und damit die Firma – austauschbar ist. Es fehlt zudem jegliche Spannung: Durch die monochrome „Farbigkeit" wirken solche Gebäude sehr monoton, langweilig und steril.

> Lassen Sie nicht zu, daß Ihr Firmengebäude – und damit die Identität Ihres Unternehmens – durch willkürliche, zufällige, monochrome oder rein materialbedingte Farbgebung „anonym" bleibt. Sonst verschenken Sie eine wesentliche Chance, sich nach außen zu profilieren!

4. Die „Kunsthalle"

Das Unternehmen beauftragt einen Künstler (z. B. Friedensreich Hundertwasser), das Gebäude zu gestalten. Damit erhält das Unternehmen zumeist die Identität des Künstlers, verliert jedoch seine eigene. In drei Fällen kann man dies gutheißen:

- Wenn der Künstler seinen Stil nur bei *dieser einen* Firma verwendet, sich also mit ihr identifiziert (bzw. umgekehrt). Dabei sollte der künstlerische Stil und der Kundennutzen, den das Unternehmen bietet, zusammenpassen.
- Wenn das gesamte Firmengelände aus einem in vielen Jahrzehnten entstandenen Konglomerat von mehreren Gebäuden besteht und die künstlerische Spielart integrierender Bestandteil des CD und der Philosophie des Unternehmens wird. Trifft dies nicht zu, so verliert das Unternehmen seine eigene Identität und wird zum reinen PR- bzw. Selbstdarstellungs- und Kunstobjekt des Künstlers.
- Das Unternehmen ist noch auf der Suche nach einem eigenen Profil und möchte sich mit dem Ausdrucksmittel des Künstlers vom Wettbewerb abheben.

Kunst am Bau wird dann bedenklich, wenn eine Schokoladenfabrik, ein Möbelhaus und im nächsten Ort eine Computerfirma gleich aussehen. Das erreicht man allerdings ebenso bei der ersten Gestaltungsvariante.

> Eine zu kunstorientierte Gestaltung birgt die Gefahr, daß das Unternehmen seine eigene Identität verliert und statt dessen diejenige des Künstlers annimmt. Schlimmstenfalls verwässert dies den Kundennutzen derart, daß es bei konträrer Botschaft von Künstler und Produkt zu Umsatzeinbußen kommt und Käufer fernbleiben.

Die ersten vier Gestaltungsvarianten zeigen, daß die falsche farbliche Gestaltung von Unternehmensgebäuden sogar zu einem *Engpaß* des Unternehmens werden kann. Dies sollte umso mehr beachtet werden, als Farben unterschwellig und unbewußt wirken. Es zeigt sich hier, wie notwendig die Erstellung eines Identitätsprofils ist, um nicht unbeabsichtigt schädliche Wirkungen zu erzeugen.

5. Die komplexe Architektur- und Farbgestaltung als Gesamtkunstwerk

Die komplexe Farbgestaltung orientiert sich an der CI des Unternehmens, am Umfeld der Architektur und nicht zuletzt an der Zielgruppe. Die Farbgestaltung muß, wenn sie erfolgreich sein soll, zudem mit dem von Ihnen anvisierten Kundennutzen übereinstimmen. Erreicht werden kann dies, wenn bereits der Architekt das Unternehmen mit einer eigenen entsprechenden architektonischen Identität versieht. Architekt und Farbdesigner sollten kooperativ mit dem Unternehmer zusammenarbeiten. So werden Farbe und Architektur zum integrierenden und mitschwingenden Bestandteil des gesamten Firmenerscheinungsbildes.

Mit den Varianten der begleitenden Farbgestaltung sollte sich jedes Unternehmen vor Beginn einer Neubau- oder Sanierungsmaßnahme auseinandersetzen. Die Art der Gestaltung und damit die Darstellung der Unternehmensarchitektur ist das Ergebnis einer vorherigen Strategie-Gestaltungsberatung.

„Die Neue Palla" in St. Egidien

Die Becker-Gruppe aus Aachen engagierte einen Architekten, der jahrzehntelange Erfahrung im Bau von Spinnereien und Webereien hatte. Die Produktionsvorgaben mit Spinnerei, Färberei und Weberei ergaben ein neues Fabrikationsgebäude mit einer Gesamtlänge von 350 Metern, dazu ein Hochregallager mit 44 Metern Höhe. Diese gewaltigen Massen mußten auch „gebändigt" werden, damit sie sich in die Umgebung einfügten.

Bauherr, Architekt und Farbdesigner setzten sich zusammen, um die Daten für das äußere Erscheinungsbild zu besprechen. Ein Soll-Identitätsprofil wurde erstellt. Danach wurden vom Designatelier einige Farbentwürfe komponiert.

Unterschiedliche Farbentwürfe zeigten, daß bei gleicher architektonischer Gebäudeform durch unterschiedliche Farbigkeit ein unterschiedliches Erscheinungsbild entstehen kann. Die Farbe Rot beispielsweise akzentuiert ein Gebäude und hebt es deutlich von der Umgebung ab, während Grün in einer landschaftlichen Umgebung beruhigend wirkt.

Gemeinsam entschied man sich für einen Entwurf, der die neue Firma mit über 500 neuen Arbeitsplätzen als künstlerisches Gesamtobjekt harmonisch in die Landschaft einfügt. In der Bauphase erschien das Gebäude noch – bedingt durch viel Beton – als riesiger, ungebärdiger Koloß; fertig stellt sich die „Neue Palla" jedoch als leichtes, elegantes und „selbstverständlich vorhandenes" Gebäude dar.

Das Gebäude in der Bauphase – ein mächtiger Koloß

Das fertige Gebäude fügt sich durch seinen grünen Farbton
in die Landschaft ein

Auch die Innengestaltung wurde vom Farbdesigner vorgenommen. In den Fabrikationsräumen spielen jedoch weniger identitäts- als farbpsychologische Gesichtspunkte eine Rolle. Sicherlich läßt sich Lärmbelastung nicht mit Farbe herabsetzen – aber den subjektiven Eindruck des Lärms kann man durch eine falsche, schrille Farbgestaltung ungünstig verstärken.

Das Gebäude von innen: „Leise" Farben wirken beruhigend
und mindern optisch die Lärmbelästigung

Das D.E.S.-Einkaufszentrum in Darmstadt

Die Objektgesellschaft in Kronberg hat es sich zur Aufgabe gemacht, Industriebrachen an strategisch wichtigen Standorten neu zu beleben. Während der Planungsphase am D.E.S.-Einkaufszentrum wurde neben einem Architekturbüro auch das Farbatelier des Autors beauftragt, farbige Entwurfsideen zu entwickeln und zu präsentieren. Zuerst wurden in einem Besprechungstermin alle Planungsdaten und Projektziele erfaßt. Wichtig war dabei auch, die Interessen der unterschiedlichen Einzelhandelsunternehmen des Zentrums zu koordinieren. Jedes Unternehmen sollte seine Identität unter dem ganzheitlichen Erscheinungsbild innerhalb des Werbekonzeptes darstellen können.

Die Farbe spielte schon im frühen Planungsstadium eine große Rolle. Sie half wesentlich, den Sanierungsfortgang zu optimieren und kostenkonform zu arbeiten. Außerdem erleichterte die Farbplanung die Zustimmung des Bauamtes.

Die gute Aufarbeitung der architektonischen Beziehungen, der Nutzung wie auch der Marketingvorgaben ergaben eine Farbgebung, die sich an künstlerischen Vorlieben und an objektiven Kriterien orientiert.

Anhand von verschiedenen Vorentwürfen kam man mit allen Beteiligten sehr schnell zu einer einvernehmlichen Lösung: Der Gesamteindruck des Gebäudes ist hell, freundlich, frisch und warm. Er geht weg von dem vorher vorzufindenden Einheitsgrau und verbindet die Einzelgeschäfte harmonisch zu einem ganzheitlichen Einkaufs- und Dienstleistungszentrum: Lebensmittelmarkt, Metzgerei, Drogerie, Getränkemarkt, Tierfuttergeschäft, Apotheke, Wäscherei, China-Restaurant und nicht zuletzt ein Fitnesscenter sowie ein Ärztezentrum finden integriert Platz unter einem Dach.

Image und Farbe

Das Gebäude **vor** der farblichen und architektonischen Sanierung

Das Einkaufszentrum **nach** der Sanierung

Fazit

Wir empfinden Farben als leicht oder schwer, passiv oder aktiv, kalt oder warm, hell oder dunkel. Farbe wirkt auf unsere Empfindungen und auf unsere Sinne, aber ebenso auf das Unterbewußtsein. Eine gekonnte und sinnvolle Farbgebung verhilft zu einer humaneren, lebenswerteren Umwelt.

Farbgebung sollte nicht nur eine Sache des persönlichen „Geschmacks" des Unternehmers sein, sondern sich an objektiven Kriterien und an der Identität des Unternehmens orientieren, um den Menschen und ihren Bedürfnissen zu dienen.

Das Ergebnis einer professionellen Farbgebung ist eine strategisch optimierte, auf das Unternehmen ausgerichtete Farbgestaltung ohne persönliche Vorlieben. Damit wird eine optische, ideelle Wertsteigerung des Unternehmens wie auch der Immobilien erreicht; die Anziehungskraft des Unternehmens steigert sich bei Kunden, Mitarbeitern, Zulieferern und in der Kommune. Motivation und Leistungsfähigkeit der Mitarbeiter führen zu wachsender Effizienz eines Unternehmens, und eine bessere Wohnqualität steigert den Ertrag des Immobilienbesitzes.

Checkliste:
Vorgehensweise zur Gestaltung des Unternehmensprofils

1. Alle Briefbogenvarianten des Unternehmens, auch ältere, sammeln
2. Bisherige Farbverwendungen aufstellen; Verkaufsförderungsunterlagen sammeln
3. Erfassen des Erscheinungsbildes des Unternehmens (gute Fotos anfertigen):
   - Gebäude außen
   - Briefbögen
   - Empfang
   - Büroräume
   - Arbeits- und Produktionsräume
4. Umfrage bei den Mitarbeitern nach deren Farbvorlieben (Betriebsrat einbinden); Identitätsprofil kopieren und spontan von Mitarbeitern die Ist-Wirkung ausfüllen lassen
5. Ist-Identitätsprofil erstellen
6. Soll-Identitätsprofil erstellen; durch den Vergleich von Soll und Ist Gestaltungsdefizite feststellen und bewerten (bei Altbau)
7. Chancenanalyse: Welche architektonischen und gestalterischen Maßnahmen können schnell zu einer Verbesserung des Erscheinungsbildes führen? (Für professionelle Chancenanalyse einen Fachmann hinzuziehen)
8. Ganzheitliche Farbgestaltung: über architektonische Maßnahmen hinaus weitere Arbeitsfelder wie Betriebsklima, Ausstattung der Geschäftsberichte, Prospektmaterial usw. berücksichtigen (Corporate Identity)
9. Umsetzung der Neugestaltung und Renovierungsintervalle einplanen. Prioritäten setzen und Ordnen nach
   - Gestaltungsdefiziten,
   - technischen Notwendigkeiten,
   - Realisierung des Konzeptes kurz-, mittel-, langfristig

10. Checkliste entwickeln für die diversen Gestaltungsfelder (z. B. für Außengestaltung von Industriegebäuden)
11. Farbpsychologische Einflüsse berücksichtigen
12. Erstellen von künstlerischen Entwurfsideen, Gestaltungsskizzen und farbigen Ansichten als Diskussions- und Entscheidungsgrundlage
13. Erstellen von Identitätsprofilen der verschiedenen Farbvorschläge, dabei auch Prüfung der Firmenidentität (CI)
14. Feststellen der besten Entwürfe nach dem objektivierenden Soll-Vergleich
15. Diskussion und Entscheidung der verschiedenen Gestaltungsentwürfe
16. Umsetzung des Farbkonzeptes: bei Neubau sofort, bei Renovierung stufenweise

Die in diesem Beitrag abgebildeten sowie weitere Fotos finden Sie in farbiger Ausgestaltung im Internet unter: *www.farbatelier.de*

Nicht genutzte Gewerbeimmobilien erfolgreich wiederbeleben

Gerd Brüggemann / Wolfgang Guth

**Der Augsburger Gewerbehof –
erfolgreiche Vermietung einer Industrieimmobilie**

Vor 15 Jahren gab es in Augsburg eine leerstehende Industrieimmobilie (Michelwerke), die aus dem Wirtschaftskreislauf herausgefallen war und auf eine neue Zukunft wartete. Sie war von gesunder Grundstruktur, aber etwas in die Jahre gekommen und von unansehnlichem Äußeren.

Jahrelang hatten sich die Eigentümer und viele Makler bemüht, möglichst schnell einen Mieter zu interessieren – erfolglos. Es war aber auch wirklich nicht leicht, jemanden zu finden, der diesen Gebäudeschatz „wachküßte", zumal er die beachtliche Größe von ca. 18.000 m^2 auf 5 Stockwerken hatte.

Im gesamten Umfeld sah es durch viele Veränderungsprozesse nicht nach Wirtschaftsbelebung aus, im Gegenteil: Es wurden immer mehr Gewerbeflächen frei, die sich als böse Konkurrenz darstellten. Der Direktor der Hausbank des Eigentümers hatte daraufhin die Idee, zwei Berater einzuschalten, die auf der Basis der EKS vorgingen, um das Problem zu lösen. Die Berater sahen trotz der tristen Immobilie und des schwierigen Umfeldes die Chance, einen neuen anderen Weg zur Wiederbelebung zu gehen.

Er bestand in einem Suchprozeß und der Kombination von harten und weichen Faktoren, was zu einer Vision für diese spezielle Art von Ansiedlungsstandort führte. Es sollte ein Platz für kleine und mittlere Unternehmen werden, mit vielfältigen Dienstleistungen und einem Führungsstil, der durch das Gemeinschaftsgefühl getragen wurde. Es sollten auch Gründer angezogen werden, die nach einer besonderen Art (dem Hausarztprinzip) betreut wurden.

Diese Vision wurde vielen Menschen nahegebracht und verdichtete sich später zu einem schriftlichen Konzept. Das Ganze wurde **AGH – Augsburger Gewerbehof** *genannt, um die Bedeutung des Standortes mit dem Namen der Stadt und einem ganzheitlichen Ansatz zu verbinden.*

Bei der Umsetzung des Projektes ging das „Miniteam" der Berater nach der Formung und Installierung einer kleinen Managementgesellschaft entsprechend den Schritten der EKS vor, nützte die kybernetischen Grundgedanken von Frederic Vester und berücksichtigte alle Faktoren, die gelten, wenn man ein solches Objekt als **System** *sieht.*

Für eine Renovierung fehlte zunächst das Geld. Deswegen mußten mit besonderen Aktivitäten aus einer schnellen Vermietung, z. B. von Lagerflächen, die ersten Mittel für die Instandsetzung gewonnen werden.

Die sorgfältig geplante und durchgeführte Vorstellung des Projektes **Augsburger Gewerbehof** *in der Öffentlichkeit erzeugte große Anziehungskraft und führte zu wachsender Nachfrage und Vertragsabschlüssen.*

Im Inneren des Gebäudes wurden während dieses Prozesses immer nur diejenigen Räume und Flächen renoviert und hergerichtet, für die Mietverträge vorlagen – ganz im Sinne eines kybernetischen Vorgehens. Es wurde also immer nur der nächstliegende Engpaß bzw. das nächstliegende Problem gelöst. Die Bank hatte eine Finanzierung für das Gesamtprojekt bei einer Vermietung von 40 Prozent der Leerflächen zugesagt. Dies wurde konkret bereits nach vier Monaten erreicht.

Es wurde an vielen Stellen renoviert und gebaut, während gleichzeitig die Mietpartner ihrer Arbeit nachgingen. Einem der beiden Berater als Geschäftsführer

Logistik und Gebäudeplanung | 281

der AGH GmbH gelang es, bei allen Mietpartnern dafür Verständnis zu finden. Denn alle Mieter inklusive der Handwerker waren auf das Konzept eingeschworen, so daß diese Arbeitsweise ohne Probleme durchgehalten werden konnte.

Nach zwei Jahren war der Gesamtkomplex voll belegt. Dann erst wurde die Außenfassade renoviert und das Umfeld voll instand gesetzt.

Alle Überlegungen für das Einbringen von Subventionen wurden ausgeschlossen, weil das Team davon überzeugt war, daß der privatwirtschaftliche Ansatz, *die Flexibilität und die daraus mögliche zeitlich schnelle Handlungsfähigkeit den Erfolg garantieren würden.*

Aus dieser starken Position war es den Beratern möglich, alle Kräfte des Umfeldes, die Stadt und ihre Ämter, die IHK, die Berufsgruppen und sogar den Lehrstuhl für Wirtschaftsgeographie der ansässigen Universität (durch Diplomarbeiten und Seminare) mit ihren Kräften in dem Projekt AGH wirken zu lassen.

Nach zwei Jahren war das Projekt der größte privatwirtschaftliche Gewerbehof in Augsburg. Das Kürzel AGH *wurde zum* Markenzeichen *und genauso bekannt wie MAN oder NCR – genau das, was die Berater in der Visionsphase formuliert hatten! Alle großen Zeitungen und Zeitschriften vom Handelsblatt bis zum Industriemagazin berichteten über den AGH und verschafften ihm überregionale Anziehungskraft.*

Das Grundproblem von Gewerbeimmobilien heute

Die Dynamik des wirtschaftlichen Wandels hat uns jahrzehntelang Fortschritt und einen hohen Lebensstandard gebracht. Seit einigen Jahren scheint es so, als ob sich daraus immer mehr und schwierigere Probleme ergeben würden. Ganze Branchen werden im Zuge der Globalisierung und technischen Entwicklung umstrukturiert und müssen sich neu ausrichten. Betriebsteile werden verlagert, Produktionen in neuer Form an anderen Standorten konzentriert oder marktnah angesiedelt.

> Was nach der Verlagerung von Produktionsstätten an andere Standorte zurückbleibt, sind einerseits die Arbeitskräfte, die große Mühe haben, sich diesen Entwicklungen anzupassen, und andererseits die *Gebäude*, in denen bisher gearbeitet wurde und die jetzt leerstehen.

Diese Erscheinung gab es bis vor ein paar Jahren vorwiegend in den großen, produzierenden Branchen. Mittlerweile hat der Veränderungsprozeß aber auch den Handel bis hin zum Einzelhandel in den Städten erfaßt.

> Neue Formen des Handels, Veränderungen durch firmenrechtliche Neustrukturierungen, Fusionen, Kettenbildungen oder Filialisierungen führen auch im Handel zunehmend zu leerstehenden Gewerbeimmobilien in den Städten.

Alle diese Vorgänge finden auf dem Hintergrund einer seit Jahren ständig weiter ausufernden Gesetzgebung (Baurecht, Nutzungsrecht, Gewerberecht, Öffnungszeiten, Denkmalschutz usw.) statt, die Anpassungsmaßnahmen immer schwieriger werden lassen.

Für die Eigentümer von Immobilien, die durch diese Vorgänge aus dem Wirtschaftsprozeß herausgefallen sind, bedeutet das, zeitnah über deren sinnvolle und nachhaltige Nutzung nachzudenken.

Die bisher übliche Einschaltung von Maklern oder eigene Aktivitäten führen zweifellos *zufällig* zum Erfolg; häufig werden aber nur die „Filet-Stückchen" vermietet. Sinnvoll ist es daher, sich grundsätzlich mit der Frage der neuen Nutzung zu beschäftigen, um den Wert der betreffenden Immobilien nachhaltig zu verbessern und zu erhalten.

Dies erfordert einen entsprechenden finanziellen Aufwand, der als Erhaltungsinvestition für das Wirtschaftsgut Immobilie anzusehen ist.

Eigentümer sollten sich möglichst schnell dazu entschließen, aktiv eine neue Nutzung für eine leerstehende Gewerbeimmobilie zu suchen. Wenn ein Objekt erst längere Zeit leersteht, leidet nicht nur die Bausubstanz, sondern es kommt auch zu einem Imageverlust des Standortes – vor allen Dingen, wenn durch ungezielte Maßnahmen ohne strategischen Ansatz der Standort „sauer" gemacht wird.

Der privatwirtschaftliche Ansatz

Eine Immobilie ist ein Wirtschaftsgut, das den Gesetzen des Marktes und der Wirtschaftlichkeit unterliegt. Alle Überlegungen, die bei einer Neunutzung angestellt werden, müssen daher diesen Gesetzen Rechnung tragen.

Man hat sich in den vergangenen Jahrzehnten oft von Faktoren beeinflussen lassen, die als Anreize einer bestimmten Wirtschaftspolitik gedacht waren, an der echten Wirtschaftlichkeit aber vorbeigingen. In diesem Fall standen oft steuerliche Aspekte im Vordergrund, während die Wirtschaftlichkeit des Objektes dahinter zurücktrat. Das kann eine Zeitlang gut gehen; wohin es aber letztlich führt, kann man heute in Ost- wie in Westdeutschland an den vielen leerstehenden Immobilien ablesen.

> Grundsätzlich sollten bei der Suche nach einer neuen Nutzung die realen wirtschaftlichen Verhältnisse, wie sie im Markt herrschen, nicht jedoch steuerliche oder subventionsbedingte Ansätze als Basis dienen.

Wichtig ist es auch, kurzfristig erfolgreiche Vorbilder, die an anderer Stelle oft unter ganz anderen Verhältnissen Erfolg hatten, nicht zu imitieren.

Jede Immobilie hat ihren eigenen Charakter, ihre Standortqualität, ihr besonderes Umfeld und ist in ein Netzwerk von immateriellen Faktoren eingebunden, die betrachtet werden müssen.

Das ganzheitliche Denken

Das Finden von neuen Nutzungen für eine Gewerbeimmobilie beginnt mit der Aufnahme und Bewertung aller Faktoren, die von Einfluß sein können.

Man muß sich bei der Bewertung und Einordnung der Faktoren bewußt sein, daß sie letztlich in ein Netzwerk von anderen Faktoren eingebunden sind, die aufeinander wirken und so das Projekt positiv oder negativ beeinflussen. Die Beziehung zwischen den Faktoren ist also wichtiger als die Faktoren selbst.

Man kann demnach nur Erfolg mit einem Projekt haben, wenn man es unter einem *ganzheitlichen Ansatz* sieht. Denn das Ganze ist etwas anderes als die Summe einzelner Teile.

Es nützt dementsprechend nichts, nur lineare Ansatzfaktoren herauszugreifen und diese zu optimieren, sondern es ist bei allen Überlegungen die Ganzheitlichkeit zu bedenken.

> Praktisch heißt das: Statt in einer linearen Ursache-/Wirkungslogik muß in Kreisläufen und Wirkungsnetzen gedacht und gehandelt werden. Unter diesem Aspekt ist eine Immobilie, die nach einer Nutzung sucht, Teil eines Netzwerkes, aus dem sie herausgefallen ist und in das sie nun wieder integriert werden soll.

Grundsätzliches zum Vorgehen

Die Wiedereingliederung in den Wirtschaftskreislauf ist ein Prozeß, der bewußt angeregt und gesteuert werden muß. Es geht darum herauszufinden, wo die *Stärken* des Objektes oder Standortes liegen, die für eine bestimmte Gruppe von Nutzern interessant und anziehend sein können.

Jede entwickelte Idee sollte zunächst nur grob skizziert und mit Partnern einer dafür besonders geeigneten Zielgruppe diskutiert werden. Aus diesem Prozeß (Feedback) kommt entweder eine Zustimmung oder der Hinweis auf eine Abänderung oder Verbesserung der Leistung. Wird die Idee abgelehnt, braucht man den Weg nicht weiterzuverfolgen. „Unternehmerisches Handeln" bedeutet, nicht jede Idee spontan umzusetzen, sondern durch kluges Handeln im Feedback die richtige Lösung zu finden.

Das Voranbringen dieses Prozesses ist eine unternehmerische Leistung, die zu einer Profilierung des Objektes führt. Das Profil ist später in einem Entwicklungskonzept niederzulegen, um die schriftlich festgelegte Darstellung des Angebotes für die Umsetzung zur Verfügung zu haben.

Diese Vorgänge sollten möglichst stattfinden, ohne daß am Objekt selbst Investitionen vorgenommen werden, damit die Kosten und das Risiko möglichst klein gehalten werden.

Entwicklung einer Vision

Eine Immobilie hat neben den sachlichen („harten") Faktoren auch immaterielle Faktoren, die z. B. bei bisherigen Nutzern, im Umfeld oder der Geschichte des Standortes liegen können. Sie sollten bei der Erstellung des Profils unbedingt mitbedacht werden, weil sich daraus oft eine Vision entwickeln läßt, die die Basis für die Anziehungskraft abgibt.

Der Prozeßablauf

Der in der Abbildung dargestellte Prozeßablauf zur Reaktivierung von Gewerbeimmobilien vollzieht sich nach der EKS in sieben Phasen (vgl. dazu den Beitrag von Bernd Brogsitter: „Die Zukunft sichern"), die im folgenden kurz in Bezug auf Immobilien erläutert werden.

Analysen

Um ein nachhaltiges Konzept zur Reaktivierung entwickeln zu können, ist es notwendig, die Ist-Situation zu beschreiben. Mit den Standort-, Umfeld-, Gebäude- und Geländeanalysen werden umfassende Basisdaten erarbeitet:

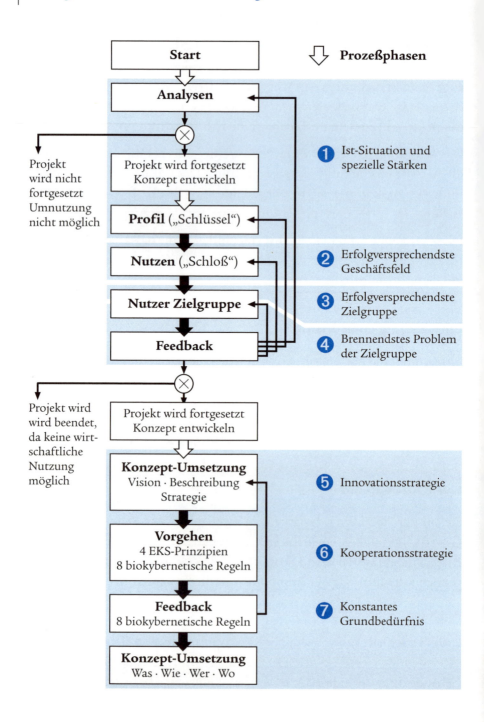

Standort-Untersuchung

- Lage
- Verkehrsstruktur
- Flächennutzungsplan
- Bebauungsplan
- Denkmalschutz
- Umwelt (z. B. Altlasten)

Umfeld-Untersuchung

- Politische Verhältnisse
- Historische Entwicklung
- Freizeitmöglichkeiten
- Wohnen im engeren und weiteren Umkreis
- Schulen
- Forschungseinrichtungen
- Kommunen/Verbände

Gebäude- und Gelände-Untersuchung

- Bausubstanz
- Statik
- Raum-, Gebäude-Struktur
- Fenster/Treppen/Gänge/Aufzüge
- Gas, Wasser, Heizung, Kommunikationstechnik
- Altlasten
- Untersuchung der Nachhaltigkeit

Objektprofil

Die untersuchten Segmente erlauben die Darstellung eines Objektprofils, das Stärken, Schwächen, Chancen und Risiken berücksichtigen und bewerten sollte. Dabei ist genau zu prüfen, was als Stärke und was als Schwäche zu bewerten ist.

> *So hatten z. B. die Gebäude der ehemaligen Michelwerke, der spätere AGH Augsburger Gewerbehof, viele Stützsäulen, und die Decken konnten nur gering belastet werden. Sind das Stärken oder Schwächen?*
>
> *Durch die vielen Stützsäulen war eine kleinräumige Aufteilung möglich. Nachfrager nach stützfreien, großen Räumen waren somit keine Zielgruppe mehr. Die kleinräumige Aufteilung ist jedoch für kleine und mittlere Unternehmen eine Stärke, die das Objekt anziehend macht.*

Das erarbeitete spezifische Objektprofil ist der Schlüssel, zu dem nun das Schloß gefunden werden muß.

Nutzung

> Auf der Basis des speziellen Objektprofils und durch einen systematischen Suchprozeß ergeben sich neue Nutzungsmöglichkeiten für die betreffende Immobilie.

Durch eine Bewertung, bei welcher Nutzungsart die meisten Profilsegmente des Objekts erschlossen werden, ergibt sich eine Darstellung der erfolgversprechenden Nutzung, des „Schlosses".

Nutzer bzw. Zielgruppen

Wenn das Objektprofil und die Nutzung deutlich sichtbar gemacht worden sind, ist eine systematische Suche der entsprechenden Zielgruppen, also der potentiellen Mieter, möglich; gleichzeitig fallen Zielgruppen, die nicht ins Profil passen, durch das Suchraster. Somit wird Zeit und Energie gespart. *(Im Falle des AGH kamen Unternehmen, die große, stützfreie Flächen benötigen, nicht mehr als Zielgruppe in Frage.)*

Die erkannten und ausgewählten potentiellen Mieter werden angesprochen. Man erfährt nun ihre Wünsche, aber auch, welche ihrer Bedürfnisse zwingend befriedigt werden müssen. Für die verschiedenen Zielgruppen werden Anforderungsprofile erstellt und gewichtet.

Logistik und Gebäudeplanung

Feedback

Die Forderungen der Zielgruppen werden nun mit den Gegebenheiten des Standortes, des Umfeldes, der Gebäude und den Nutzungsmöglichkeiten rückgekoppelt. Dieses Feedback gibt die Sicherheit, wirklich alle Fragen gestellt zu haben, z. B. Altlasten oder zukünftige Veränderungen der Verkehrsinfrastruktur berücksichtigt zu haben.

Konzeptentwicklung

Da nun die Bedingungen bekannt sind, können die Vision und die Strategie entwickelt werden. Die Vision soll den Nutzen des Objektes für eine ausgewählte Zielgruppe darstellen. Sie soll:
- einfach und eingängig formuliert sein,
- dem Kunden nutzen sowie seine Bedürfnisse ansprechen,
- Leitlinie für alle im Projekt Tätigen sein,
- eine besondere Leistung herausstellen,
- einfach zu kommunizieren sein,
- die Anziehungskraft auf Partner und Kunden stärken,
- weiterentwickelbar sein.

> Die ausformulierte Vision ist der Fixstern, der für alle am Projekt Beteiligten gilt. Während der Zeit der Umsetzung des Projektes muß die Vision ständig kommuniziert werden, und zwar mit allen Menschen, die mit dem Projekt in Kontakt kommen, weil sich dabei oft neue Impulse ergeben, die das Ganze stärken und immaterielle Energie zuführen.

Vorgehen

Das weitere Vorgehen erfolgt nach den vier EKS-Prinzipien von Wolfgang Mewes und den acht biokybernetischen Regeln von Frederic Vester.

Zu den EKS-Prinzipien gehört

1. die Konzentration aller Kräfte und die Spezialisierung auf das, womit potentiellen Mietern der größte Nutzen geboten werden kann,
2. das Ansetzen am kybernetisch wirkungsvollsten Punkt, also am Kernproblem,
3. die Berücksichtigung des Minimumfaktors, also das Anbieten dessen, was die potentiellen Mieter am dringendsten benötigen,
4. die konsequente Nutzenorientierung statt einer einseitigen Gewinnmaximierung.

Auf diese Weise wird eine *Erfolgsspirale*, ein *Selbstorganisationsprozeß*, in Gang gesetzt: Der deutlich herausgestellte und klar erkennbare Nutzen für die anvisierte Zielgruppe führt zu wachsender Anziehungskraft der Immobilie, die einen Nachfragesog erzeugt. So kann nach und nach, wie beim AGH, die Immobilie komplett vermietet werden. Die daraus erwachsenden Umsätze führen zu höheren Gewinnen und besserer Liquidität.

Durch den Einsatz der acht biokybernetischen Regeln wird sichergestellt, daß das Entwicklungskonzept ein vernetztes System beschreibt und nachhaltig sicher ist. Sowohl für die Entwicklung eines Nutzungskonzeptes als auch für die Umsetzung und das spätere Betreiben ist es wichtig, nach Grundsätzen zu handeln, die den heutigen komplexen Verhältnissen und den zukünftigen Veränderungsprozessen gerecht werden. Das Entwicklungskonzept muß so konzipiert werden, daß die Lebensfähigkeit des Objektes langfristig garantiert wird.

Sieht man das Objekt und das Umfeld als System, so bietet sich als Vorbild das einzige lebensfähige System an, dessen Teil wir sind: *das biologische System*.

Logistik und Gebäudeplanung | 291

Nach den gleichen Grundregeln, wie das biologische System funktioniert, verhalten sich offenbar auch wirtschaftliche und soziale Systeme, wie in den letzten Jahren immer mehr erkannt wird.

Frederic Vester hat einige der wichtigsten Regeln, an die man sich bei solchen Prozessen halten kann, zusammengefaßt und beschrieben. Es sind ebendiese acht biokybernetischen Regeln, die man als Entscheidungshilfe heranziehen und mit denen man die Vorgänge immer wieder überprüfen kann. Das führt dazu, daß laufend über alle für das System und sein Überleben wichtigen Faktoren nachgedacht wird und entsprechend gehandelt werden kann.

Beim Augsburger Gewerbehof und anderen Projekten (wie dem Vorarlberger Wirtschaftspark in Götzis und dem Augusta Park in Augsburg) wurde ständig nach diesen Regeln gearbeitet.

Die acht biokybernetischen Grundregeln nach Frederic Vester und ihre Anwendung auf die Gewerbeimmobilie AGH

	Biokybernetische Grundregel	Erläuterung	Anwendung auf den AGH
1	Negative Rückkopplung muß über positive Rückkopplung dominieren.	Positive Rückkopplung bringt die Dinge durch Selbstverstärkung zum Laufen. Negative Rückkopplung sorgt für Stabilität gegen Störungen und Grenzwertüberschreitungen.	*Die Vermietung an eine Vielzahl von kleinen Betrieben garantiert die Stabilität des Gesamtprojektes.*
2	Die Systemfunktion muß unabhängig vom quantitativen Wachstum sein.	Der Durchfluß an Energie und Materie ist langfristig konstant. Das verringert den Einfluß von Irreversibilitäten und das unkontrollierte Überschreiten von Grenzwerten.	*Das Konzept ist so angelegt, daß Leistungen verändert und ausgetauscht werden können und das System dabei überlebt.*

3	Das System muß funktionsorientiert und nicht produktorientiert arbeiten.	Eine entsprechende Austauschbarkeit erhöht Flexibilität und Anpassung. Das System überlebt auch bei veränderten Angeboten.	*Das Konzept ist nicht auf Wachstum angelegt, sondern funktionsorientiert.*
4	Nutzung vorhandener Kräfte nach dem Jiu-Jitsu-Prinzip statt Bekämpfung nach der Boxer-Methode.	Fremdenergie wird genutzt, während eigene Energie vorwiegend als Steuerenergie dient. Profitiert von vorliegenden Konstellationen, fördert die Selbstregulation.	*Alle in und um das System AGH vorhandenen Energien werden so beeinflußt, daß sie mit wenig Aufwand viel Nutzen bringen.*
5	Mehrfachnutzung von Produkten, Funktionen und Organisationsstrukturen.	Reduziert den Durchsatz, erhöht den Vernetzungsgrad, verringert den Energie-, Material- und Informationsaufwand.	*Gemeinschaftsangebote ermöglichen Leistungen zu niedrigen Preisen.*
6	Recycling: Nutzung von Kreisprozessen zur Abfall- und Abwasserverwertung.	Ausgangs- und Endprodukte verschmelzen. Materielle Flüsse laufen gleichförmig. Irreversibilitäten und Abhängigkeiten werden gemildert.	*Es sollen Betriebe als Mieter gewonnen werden, bei denen Abfallprodukte des einen beim anderen genutzt werden können.*
7	Symbiose: Gegenseitige Nutzung von Verschiedenartigkeit durch Kopplung und Austausch.	Begünstigt kleine Abläufe und kurze Transportwege; verringert Durchsatz und externe Abhängigkeit; erhöht interne Abhängigkeit; verringert den Energieverbrauch.	*Besonderes Augenmerk auf Firmen, die sich ergänzen, die Dienstleistungen an gemeinsame, spezielle Zielgruppen anbieten.*
8	Biologisches Design von Produkten, Verfahren und Organisationsformen durch Feedback-Planung.	Berücksichtigt endogene und exogene Rhythmen. Nutzt Resonanz und harmonisiert die Systemdynamik. Ermöglicht organische Integration neuer Elemente nach den 8 Regeln.	*Äußere Gestaltung sowie Betrieb und Leben im AGH sollen Gesundheit und Wohlbefinden der Menschen dienen und Belange der Natur beachten.*

Feedback

Am entwickelten Gesamtkonzept wird in einer Feedback-Phase überprüft, ob es den acht biokybernetischen Regeln genügt.

Beschreibung des Konzeptes

Vor seiner Umsetzung wird das Konzept beschrieben, und zwar als System und mit den Angeboten für die jeweiligen Zielgruppen sowie einer Darstellung der Vorteile für alle Beteiligten (z. B. Nutzer, Eigentümer, Anleger, Betreiber, Kommune etc.). Dazu gehört auch eine Darstellung der Wirtschaftlichkeit und der Umsetzung (was, wie, wer, wann) mit Aktions- und Terminplan.

Literatur

Vester, Frederic: Neuland des Denkens, Stuttgart 1980.
Vester, Frederic: Ausfahrt Zukunft, München 1990.

Kurzvorstellung der Autoren

Brogsitter, Bernd, Dr. rer. pol.: Studium der Betriebswirtschaftslehre an der Universität zu Köln. Banken- und Industrieerfahrung, Geschäftsführer in mittelständischen Unternehmen. Seit 1984 als selbständiger Unternehmensberater für Unternehmen im In- und Ausland tätig. Beiratsmitglied im Strategie Forum e.V. Beratungsschwerpunkte: Karriere- und Strategieentwicklung für Führungskräfte und Firmen, Newplacement/Outplacement sowie Aufbau der Selbständigkeit einschließlich Unternehmenskauf. Leitung von EKS-Strategie-Workshops, Coaching von Führungskräften. Veröffentlichung mehrerer Bücher und Fachartikel zu Strategie- und Karrierethemen.
Homepage: *www.karriereberatung.de*
Kontakt: *Dr.Bernd.Brogsitter@t-online.de*

Brüggemann, Gerd: Diplom-Ingenieur, Studium Fachrichtung Steine und Erden an der TH Aachen. War 20 Jahre Gesellschafter und Geschäftsführer in mittelständischen Betrieben der Steine- und Erden-Industrie und baute die Forschungsgesellschaft eines Industrieverbandes mit interdisziplinärem Ansatz bei der Entwicklung neuer Produkte auf. Tätigkeit im Süddeutschen Institut für nachhaltiges Wirtschaften in Augsburg, das eine Lizenz für die Anwendung des Sensitivitätsmodell von Frederic Vester hat. Sein Schwerpunkt liegt auf der Beratung bei Gewerbeimmobilien sowie der Entwicklung gewerblicher Projekte und der Regionalentwicklung.
Kontakt: *sueddeutsches.institut@t-online.de*

Bürkle, Hans: Diplom-Kaufmann, BWL-Studium. Seit 1981 selbständiger Berater. 1987 Aufbau und Betrieb des Seminarhotels Villa Spiegelberg in Nierstein; 1989 Vorstandsmitglied der Schaerf AG, Worms (Marktfüh-

rer Büromöbel); 1994 Ausbau der Bürkle Strategie-Beratung. Beratungsschwerpunkte: Strategie-Entwicklung, Outplacement, Führungskräfteberatung; Beirat in mittelständischen Unternehmen. Seit 1996 außerdem Lehrbeauftragter für EKS-Strategie an den Universitäten in Stuttgart und in Halle/Merseburg (Martin-Luther-Universität).
Homepage: *www.karriereplus.com*
Kontakt: *Buerkle@karriereplus.com*

Fraenkler, Hans: Wirtschafts-Ingenieur, Studium des Maschinenbaus und der Betriebswirtschaft. Praxiserfahrung in leitenden Positionen, u.a. als Leiter der Arbeitsvorbereitung und als Betriebsleiter in mittelständischen Unternehmen. Fraenkler ist heute Geschäftsführer des Instituts für Absatzförderung, Fraenkler TeamConsulting GmbH & Co. KG in Greven/Westfalen und Unternehmensberater. Schwerpunkt: Entwicklung unternehmensspezifischer Lösungen, die sich auf konkrete Zielgruppen und deren brennendste Probleme konzentrieren, sowie Unterstützung der Führungskräfte bei der systematischen Umsetzung in die Praxis und dem notwendigen Controlling. Fraenkler ist Aufsichtsratsmitglied des Strategie Forums e.V.
Kontakt: *ifu.Greven@t-online.de*

Gläser, Erhard F.: Wirtschafts-Ingenieur. Bis 1976 Logistik-Praxis in Industrie- und Handelsfirmen, davon sieben Jahre in leitenden Positionen von Planungsfirmen. Seit 1977 selbständiger Logistik-Berater für mittelständische Handelsunternehmen, speziell den freien Kfz-Teile-Handel und den Technischen Handel. Für diese Branchen führt er Planungen von Lagereinrichtungen, Warenfluß, Rationalisierung der Arbeitsabläufe, Lagerorganisation, Disposition und das Aufstellen ganzheitlicher Logistik-Konzepte durch; bisher 180 Planungen. In den letzten Jahren hatte er besondere Erfolge beim Entwickeln von wirtschaftlichen Betriebskonzepten für Neubauten und Erweiterungen.
Kontakt: *Glaeser.LOGISTIK@t-online.de*

Gruhn, Günther H.: Logistikexperte. Entwickelt und optimiert als selbständiger Trainer, Coach und Berater branchenspezifische Logistikkonzepte. Seine praktische Erfahrung basiert auf 15jährigem Logistikmanagement in Stab und Linie in Handel, Industrie und Dienstleistung. Seit 1983 coacht er Firmen, Logistikführungskräfte und den Logistik-Führungsnachwuchs innerbetrieblich und in offenen Seminaren sowie Lehrgängen zum Thema Service & Logistik. Er berät Verlader und Dienstleister in Supply-Chain-Strategien und in operativen Fragen der Unternehmensführung mit Service & Logistik. Außerdem Tätigkeit als Gastreferent, u.a. für das RKW und diverse Handelskammern. Mitglied in mehreren Logistikverbänden und Regionalleiter des Strategie Forums e.V. in Düsseldorf.
Homepage: *www.guenther-gruhn.de*
Kontakt: *EKS@guenther-gruhn.de* und *besser-liefern@service-control.de*

Guth, Wolfgang: Maschinenbautechniker und Betriebswirt (Marketing); Spezialist für die Einführung neuer Produkte und Systeme sowie für Entwicklung und Betrieb von Gewerbeparks und Einkaufszentren. Langjährige Erfahrung in den Bereichen Marketing, Vertrieb, Produkt- und Qualitätsmanagement, Konzeptentwicklung und -umsetzung.

Jebens, Thomas, Dr. rer. nat.: Nach dem Studium der Chemie wandte er sich Verkauf, Marketing und Strategie zu. Das Verkaufshandwerk erlernte er von der Pike auf im Pharma-Außendienst. Seit 1994 ist er überzeugter Anwender der EKS-Strategie. Die Dr. Jebens Unternehmerberatung berät naturwissenschaftliche Unternehmer in den Bereichen Strategieentwicklung, bedürfnisorientierte Marketingkonzepte und erfolgreicher Verkauf.
Kontakt: *Dr.Jebens-Unternehmensberatung@t-online.de*

Jedelhauser, Erich, Dr. jur.: Rechtsanwalt mit Einzelkanzlei in München; seit mehr als 20 Jahren Beratung in Fragen der Unternehmensnachfolge, die den ausschließlichen Arbeitsschwerpunkt bildet. Daneben Tätig-

keit als Referent und Seminartrainer für Industrie- und Handelskammern, Management-Zentren, Handwerkskammern, Innungen, Verbände, Banken und Unternehmen.
Kontakt: *Jedelhauser@t-online.de*

Klug, Sonja, Dr. phil.: Nach einer Tätigkeit als Marketingassistentin und in der Erwachsenenbildung seit 1991 selbständig als PR-Beraterin und -trainerin mit dem Schwerpunkt „Bücher". Sie berät Unternehmen und Business-Autoren bei der Publikation und übernimmt einen Buch-Komplett-Service, der von der Konzeptentwicklung, über die Recherchen und das Verfassen des Textes bis zur Verlagssuche reicht. Neben ihrer Mitarbeit an mehr als 90 Büchern verschiedenster Unternehmen hat Klug unter ihrem Namen 8 Bücher und über 50 Presse- und Fachartikel veröffentlicht.
Kontakt: *Dr.S.Klug@t-online.de*

Lederer-Käppler, Gunda, Dr. rer. nat.: Nach der Promotion im Fach Chemie Weiterbildung zum Qualitätsmanager (DGQ), Auditor (DGQ), Umweltmanager (DGQ) und TQM-Assessor. Seit 1993 selbständige Unternehmensberatung für Qualitätsmanagement und Integrierte Managementsysteme; Zielgruppe sind Unternehmen der Baubranche: Bauchemie, Bauzulieferindustrie, Hoch- und Tiefbau sowie Planungsbüros. Daneben Dozentin der DGQ (Deutsche Gesellschaft für Qualität) e.V. „Qualitätsmanagement für kleine und mittlere Unternehmen".
Kontakt: *LedererQM@aol.com*

Maly, Michael: Diplom-Betriebswirt. Nach dem Studium der Betriebswirtschaftslehre Übernahme von Fach- und Führungsaufgaben im Personalwesen, insbesondere Ideenmanagement, Personalentwicklung/Führungskräftetraining; Leiter Personalentwicklung. Seit 1997 Trainer, Moderator und Berater für Personal- und Organisationsentwicklung sowie Strategieentwicklung.
Kontakt: *m.maly@t-online.de*

Mewes, Wolfgang: War zunächst Kostenrechner, Bilanzbuchhalter, Prüfer in einer Wirtschaftsprüfungsgesellschaft und Leiter des Rechnungswesens in einem Zeitschriftenkonzern, bis er ab 1951 ein betriebswirtschaftliches Lehrinstitut aufzog. Er ist Autor zahlreicher Lehrwerke wie *Bilanzbuchhalter, Kostenrechner, Controller, Praktischer Betriebswirt, Steuerbevollmächtigter, Machtorientierte Führungslehre* und schließlich der *EKS-Strategie*. Insgesamt verzeichnete Mewes ca. 160.000 Lehrgangsteilnehmer. 1990 erfolgte sein Verkauf des Verlags und der Werknutzungsrechte an der EKS-Strategie an die Frankfurter Allgemeine Zeitung GmbH, die diese Rechte 1997 an die Deutsche Weiterbildungsgesellschaft (DBW) weiterveräußerte. Mewes war Vorsitzender des Finanz- und Steuerausschusses der IHK Frankfurt am Main, Mitglied des Finanz- und Steuerausschusses des Deutschen Industrie- und Handelstages und Lehrbeauftragter für Unternehmenspolitik an der Universität Würzburg. Er hat zahlreiche Auszeichnungen erhalten, darunter das Bundesverdienstkreuz am Bande und die Verdienstmedaille sowie Ehrenplakette der Industrie- und Handelskammer Frankfurt.
Homepage: *www.wolfgangmewes.de*

Sawtschenko, Peter: Hat sich nach jahrelanger Arbeit in internationalen Dialog-Marketing-Agenturen wie Ogilvy & Mather Direkt, TBWA und Wundermann 1991 mit der Sawtschenko Werbeagentur für strategisches Dialog-Marketing selbständig gemacht. Der Tätigkeitsschwerpunkt liegt in der Positionierung und Re-Positionierung von Produkten, Dienstleistungen und Unternehmen. Daneben als Strategie- und Marktnischenberater Durchführung von internen Seminaren für namhafte Unternehmen wie Rewe, Convotherm, AT & T, Dow Corning.
Homepage: *www.sawtschenko.de* und *www.patema.de*
Kontakt: *agentur@sawtschenko.de*

Schleicher, Alfred: Diplom-Farbdesigner BEF im IACC (International Association of Colour-Consultants); Studium bei der IACC, Salzburg, mit Schwerpunkt Farbenpsychologie und Farbensystematik. Seit 1980 frei-

schaffende Tätigkeit als Farbberater und -designer im gesamten Bundesgebiet mit den Arbeitsschwerpunkten: Arbeitsplatz- und Industriegestaltung, Siedlungsdesign, Hochhäuser, Ortsbildgestaltung, Entwicklung von Farbtrends und Farbkollektionen. Zahlreiche Veröffentlichungen, Vorträge und Seminare zum Phänomen der künstlerischen Gestaltung mit Farbe.
Homepage: *www.farbatelier@de*
Kontakt: *farbatelier@t-online.de*

Schmid, Wolfhard H. A.: Diplom-Ingenieur, Partner der W.H.A. Schmid Unternehmens- und PR-Beratung sowie von Consulting Company AG, Netzwerk für angewandte Unternehmenssicherung in München. Bis 1992 in verschiedenen vertriebsorientierten Führungsaufgaben bei global operierenden Mittelständlern und Großkonzernen tätig, hat er sich als Unternehmensberater besonders auf Interim-Management, Kooperationen und qualitative Marktrecherchen spezialisiert. Seine Zielgruppe sind mittlere bis große mittelständische Industrie- und Dienstleistungsunternehmen.
Homepage: *www.uuhome.de/wha.schmid-consulting*
Kontakt: *wha.schmid-consulting@uumail.de*

„Ihre Strategie ist falsch!"

Haben Sie eigentlich je über Ihre Strategie, also wie Sie Ihre Fähigkeiten, Kenntnisse und Kräfte am wirkungsvollsten einsetzen, konsequent nachgedacht?

Sie können arbeiten, lernen, produzieren und investieren, soviel Sie wollen. Solange Sie nicht über die richtigen Strategien verfügen, werden Sie sich weiter verzetteln und Energien verschwenden. Super-Erfolgreiche verdanken ihren Erfolg meist der Tatsache, daß sie – bewußt oder unbewußt – nach einer ganz bestimmten Strategie vorgegangen sind.

Die richtige Strategie entscheidet über Erfolg oder Mißerfolg!

Mit der richtigen Strategie gelangen Sie zu konkurrenzloser Spitzenleistung. Und das, ohne Ihre Anstrengungen zu vergrößern. Wer die Wirkungsweise der EKS-Strategie begriffen hat, erzielt fast schlagartig mit den gleichen Kräften wie zuvor ein Vielfaches an Wirkung. Lassen Sie keinen weiteren Tag vergehen und nutzen Sie die nachweisbaren Wirkungen der EKS. Denn EKS ist die Erfolgs-Strategie, die jeder lernen und anwenden kann. EKS gibt Ihnen in jeder Situation die nötige Entscheidungssicherheit. Ein Handwerkszeug, das Ihnen zum Erfolg verhilft.

Fordern Sie deshalb noch heute die EKS-Broschüre „Das Geheimnis der richtigen Erfolgs-Strategie" an. Sie erhalten die Broschüre natürlich kostenlos und unverbindlich.

Informieren Sie sich noch heute!

EKS Die Strategie
Wolfgang Mewes GmbH
Abt. EA 610
Gutenbergstraße 2
64319 Pfungstadt

Telefon: 0 61 57/80 64 06
Telefax: 0 61 57/80 64 02

EKS®
DIE STRATEGIE

Unsere Partner unterstützen Sie
bei der Zukunftssicherung Ihres Unternehmens

diskret ■ **Kooperationsanbahnungen**

kompetent ■ **Qualitative Marktuntersuchungen**

zuverlässig ■ **Interim-Management**

W.H.A. Schmid Unternehmens- und PR-Beratung

Böhmerwaldstraße 10   Tel + (0) 88 03/36 41
D-8230 Peißenberg   Fax + (0) 88 03/6 05 78

E-mail: wha.schmid-consulting@uumail.de
Homepage: www.uuhome.de/wha.schmid-consulting

Für Führungskräfte, die beruflich weiterkommen wollen
Karriere-Coaching · Neupositionierung mit der EKS-Strategie

Nutzen Sie unsere jahrzehntelange Erfahrung als Spezialisten für aktives Karriere-Management und New-/Outplacement. Unsere hohe Erfolgsquote beruht auf zwei Prinzipien: Erarbeitung Ihrer Top-Fähigkeiten und Herbeiführung von qualifizierten Firmenkontakten. Fordern Sie rechtzeitig Informationen ab für: Positionswechsel im In- und Ausland, Aufbau der Selbständigkeit, Coaching, MBI.

Dr. Brogsitter & Bürkle
Newplacement & Karriere-Strategie

Dr. Bernd Brogsitter
Am Kurgarten 79
53489 Bad Bodendorf b. Bonn
Telefon (0 26 42) 4 37 71 · Fax 4 49 53
http://www.karriereberatung.de

Dipl.-Kfm. Hans Bürkle
Villa Spiegelberg
55283 Nierstein bei Mainz
Telefon (0 61 33) 6 10 46 · Fax 5472
http://www.karriereplus.de

Die Berater sind Pioniere der Karriereberatung in Deutschland und Autoren der Fachbuch-Bestseller: u. a. »Aktive Karrierestrategie« und »Die Kunst, sich zu vermarkten«.

Den Trainigserfolg steigern im Klausurhotel:
Die Villa Spiegelberg

Die Villa mit dem herrlich gepflegten Gartenpark verfügt über zwölf elegant und komfortabel eingerichtete Doppelzimmer mit Internetanschluss, Fernsehgerät usw. Die Villa Spiegelberg gehört zu den wenigen Klausurhotels, für die sich der »Knoten im Taschentuch« auch preislich lohnt. Sie wurde 1998 von CAPITAL als eines der 50 besten Trainingshotels in Deutschland ausgewählt.

Professionelles Medienangebot einschließlich Beamer, Großleinwand, PC, Internet-Zugang und Moderationstechnik bieten dem Veranstalter die Sicherheit eines optimalen Seminarablaufes. Service: Vom Empfang bis zum Tischservice sind Hausherrin Carola Bürkle und ihr Team professionell auf Seminargruppen eingestellt, so dass der Tagungserfolg optimal durch das Hotel unterstützt wird.

EKS-Seminare werden hier regelmäßig zusammen mit der EKS-Akademie durchgeführt.

Villa Spiegelberg (Tagungshotel), Familie Bürkle
Hinter Saal 21 · D-55283 Nierstein · Fon (0 61 33) 51 45 · Fax (0 61 33) 5 74 32
Internet: www.villa-spiegelberg.de · e-mail: villa@karriereplus.com
Homepage der EKS-Akademie: www.eks-akademine.de